왕초보가 수다를 떨 수 있는

영어 회화 사전

ENGLISH
CONVERSATION
DICTIONARY

이동만 편저

신라출판사

Preface

세계화의 도도한 물결 속에서 현대인에게 있어 영어의 필요성은 두말할 필요가 없을 것입니다. 그러나 오랫동안 손을 놓고 있던 영어를 다시 시작하고 싶은데 어떻게 어디서부터 시작해야 할지 몰라 망설이는 분들이 많습니다. 그래서 필자는 영어회화를 다시 시작하려는 분들과 당장 급하게 필요한 분들을 위해 그 동안의 경험을 충분히 살려 영어회화사전을 집필하게 되었습니다.

유창하게 영어회화를 하기 위해서는 어떤 상황에서든 자유자재로 막힘없이 표현할 수 있는 능력을 충분히 길러야 합니다. 현재 시판되고 있는 영어회화 교재는 대부분 일상회화, 여행회화, 비즈니스회화로 나뉘어져 있습니다. 때문에 각기 원하는 분야의 영어회화 책을 별도로 구입하는 불편이 있습니다. 따라서 이 책은 일상생활을 하는 데 있어서 다양하게 접할 수 있는 여러 가지 장면을 언제 어디서는 원하는 대화문을 찾아보기 쉽도록 필수 회화 표현만을 집대성하여 사전 형식으로 엮었습니다.

이 책의 특징은.....

❶ 이 책은 외국인과 대화를 할 때 모든 상황에 대처할 수 있도록 일상회화, 여행회화, 비즈니스회화를 총 망라한 기초 수준의 영어회화사전입니다.
❷ 주제별로 구성하여 언제 어디서든 필요한 회화 표현을 쉽게 찾아보면서 활용할 수 있도록 PART 1의 기본 영어회화에서는 30개의 Chapter, PART 2의 실용 영어회화에서는 57개의 Chapter로 구성하였습니다.
❸ 가능한 긴 문장은 피하고 단문 형식의 쉬운 영어회화 표현만을 수록하여 영어의 기초만 알고 있으면 누구나 쉽게 접근할 수 있도록 하였습니다.
❸ 영어를 잘 모르더라도 한글만 읽을 줄 알면 저절로 회화가 가능해지도록 영어 문장 아래 원음에 충실하여 그 발음을 한글로 표기하였습니다.

외국어 학습은 왕도가 없습니다. 많은 반복 연습만이 지름길이므로 몇 번이고 반복하고 입에서 저절로 나올 때까지 숙지하시기 바랍니다. 끝으로 이 책이 나오기까지 여러모로 도와주신 분들께 깊은 감사를 드립니다.

엮은이

Contents

PART 1 기본 영어회화   Basic English conversation

Chapter 01 자연스런 응답 ···16
- 긍정의 마음을 전할 때 ··16
- 부정의 마음을 전할 때 ··18
- 불확실·의심의 마음을 전할 때 ·································19

Chapter 02 되물음의 표현 ···21
- 되물을 때 ···21
- 잘 알아듣지 못했을 때 ··22

Chapter 03 설명의 요구와 이해 ···24
- 설명을 요구할 때 ··24
- 이해 여부를 확인할 때 ··25
- 이해를 했을 때 ···25
- 이해를 못했을 때 ··27

Chapter 04 맞장구 ··28
- 맞장구를 칠 때 ···28
- 확실하게 맞장구를 칠 때 ···28
- 애매하게 맞장구를 칠 때 ···29
- 동의의 맞장구 ··29
- 긍정의 맞장구 ··30
- 부정의 맞장구 ··31
- 잠시 생각할 때 ···32

Chapter 05 동의와 찬성 ··33
- 동의할 때 ···33
- 찬성할 때 ···34
- 동감할 때 ···35
- 부드럽게 동의·찬성할 때 ···35
- 부분적으로 동의·찬성할 때 ·····································36

Chapter 06 부동의와 반대 ··37
- 동의하지 않을 때 ··37
- 반대할 때 ···38
- 부드럽게 부동의·반대할 때 ·····································39
- 동의를 보류할 때 ··41

Chapter 07 확답을 피하는 응답 ··42
- 추측을 나타낼 때 ··42
- 확답을 피할 때 ···43
- 대답을 유보할 때 ··45

Chapter 08 감탄과 칭찬 ··47
- 감탄의 기분을 나타낼 때 ···47
- 성과를 칭찬할 때 ··48
- 외모를 칭찬할 때 ··49
- 능력과 재주를 칭찬할 때 ···51
- 그밖에 여러 가지 칭찬 ··52
- 칭찬에 대한 응답 ··54

Chapter 09 놀라움과 두려움 ···55
- 놀랐을 때 ···55

	상대방이 놀랐을 때	57
	믿겨지지 않을 때	57
	무서울 때	58
	진정시킬 때	59
Chapter 10	동정과 위로	61
	걱정을 물을 때	61
	위로할 때	63
	격려할 때	64
Chapter 11	축하와 기원	66
	축하할 때	66
	축하와 함께 기원할 때	68
	환영할 때	69
Chapter 12	희로애락의 감정	71
	기쁨과 즐거움	71
	기쁜 소식을 들었을 때	73
	그밖에 기쁨의 표현	73
	자신이 화가 날 때	74
	상대방이 화가 났을 때	75
	언행이 지나칠 때	76
	화를 진정시킬 때	77
	슬플 때	78
	우울할 때	79
	슬픔과 우울함을 위로할 때	80
Chapter 13	불평과 불만	81
	귀찮을 때	81
	불평·불만을 나타낼 때	81
	지겹고 짜증날 때	83
	실망할 때	84
Chapter 14	비난과 험담	85
	비난할 때	85
	말싸움을 할 때	88
	변명을 할 때	90
	꾸짖을 때	90
	화해할 때	91
	욕을 할 때	92
Chapter 15	감사의 표현	93
	기본적인 감사 표현	93
	수고·노고에 대한 감사 표현	94
	배려에 대한 감사 표현	95
	선물을 줄 때	96
	선물을 받을 때	97
	감사 표시에 대한 응답	98
Chapter 16	사과·사죄의 표현	100
	사과·사죄를 나타낼 때	100
	실례할 때	100
	행위에 대한 사과·사죄	101
	실수했을 때	102
	용서를 구할 때	103
	사과·사죄에 대한 응답	104
Chapter 17	호출과 호칭	106
	가족을 부를 때	106

부르는 인사말 ··········· 106
모르는 사람을 부를 때 ··········· 107
직함을 부를 때 ··········· 107
단체 호칭 ··········· 108
이름을 부를 때 ··········· 108
이름을 물을 때 ··········· 109

Chapter 18 일상적인 인사 ··········· 110
자주 만나는 사이의 인사 ··········· 110
우연히 만났을 때 ··········· 112
안녕을 물을 때 ··········· 114
안부를 묻고 답할 때 ··········· 116
오랜만에 만났을 때의 인사 ··········· 119

Chapter 19 헤어질 때의 인사 ··········· 121
밤에 헤어질 때 ··········· 121
헤어질 때의 기본 인사 ··········· 121
방문을 마치고 헤어질 때 ··········· 123
주인으로서의 작별인사 ··········· 127
안부를 전할 때 ··········· 128
전송할 때 ··········· 129

Chapter 20 부탁과 의뢰 ··········· 130
부탁을 할 때 ··········· 130
구체적으로 부탁할 때 ··········· 131
부탁을 들어줄 때 ··········· 133
부탁을 거절할 때 ··········· 135
간접적으로 거절할 때 ··········· 136

Chapter 21 도움과 양해 ··········· 137
도움을 청할 때 ··········· 137
도와줄 때 ··········· 137
도움을 거절할 때 ··········· 138
양해를 구할 때 ··········· 139
행위에 대해 양해를 구할 때 ··········· 139

Chapter 22 제안과 권유 ··········· 140
제안할 때 ··········· 140
권유할 때 ··········· 142
제안·권유에 응할 때 ··········· 144
제안·권유에 거절할 때 ··········· 145

Chapter 23 조언과 주의 ··········· 146
조언을 할 때 ··········· 146
주의를 줄 때 ··········· 147
충고할 때 ··········· 149

Chapter 24 예정과 결심·결정 ··········· 151
예정을 말할 때 ··········· 151
결심할 때 ··········· 152
상대의 의중을 확인할 때 ··········· 154
상대를 설득할 때 ··········· 155

Chapter 25 희망과 의지 ··········· 157
희망을 물을 때 ··········· 157
희망을 말할 때 ··········· 158
의향을 물을 때 ··········· 161
자신의 의지를 말할 때 ··········· 162

Chapter 26 질문과 의문 ··········· 163

질문할 때	163
질문에 답변할 때	165
의문사 [When]	165
의문사 [Where]	166
의문사 [Who]	168
의문사 [What]	169
의문사 [Which]	170
의문사 [Why]	171
의문사 [How]	172

Chapter 27 대화의 시도 …… 174
- 말을 걸 때 …… 174
- 대화 도중에 말을 걸 때 …… 175
- 용건을 물을 때 …… 176
- 모르는 사람에게 말을 걸 때 …… 177

Chapter 28 대화의 연결 …… 178
- 말이 막힐 때 …… 178
- 적당한 말이 생각나지 않을 때 …… 178
- 말하면서 생각할 때 …… 180

Chapter 29 대화의 진행 …… 181
- 말을 재촉할 때 …… 181
- 간단히 말할 때 …… 181
- 화제를 바꿀 때 …… 182
- 말이 막힐 때 …… 182
- 말을 꺼내거나 잠시 주저할 때 …… 183

Chapter 30 의견의 표현 …… 184
- 의견을 물을 때 …… 184
- 의견에 대해 긍정을 할 때 …… 187
- 의견에 대해 부정을 할 때 …… 190
- 상대의 의견을 칭찬할 때 …… 192

PART 2 실용 영어회화 — Advanced English conversation

Chapter 01 초면인사와 소개 …… 196
- 처음 만났을 때 …… 196
- 소개할 때 …… 197
- 이름을 말할 때 …… 199
- 그밖에 소개에 관한 표현 …… 199
- 자기 자신을 소개할 때 …… 200

Chapter 02 초대의 표현 …… 202
- 초대할 때 …… 202
- 초대에 응할 때 …… 203
- 초대에 응할 수 없을 때 …… 203

Chapter 03 방문의 표현 …… 205
- 방문한 곳의 현관에서 …… 205
- 음료와 식사 대접 …… 206
- 방문을 마칠 때 …… 207

Chapter 04 시간과 연월일 …… 208
- 시각을 물을 때 …… 208
- 시각을 답할 때 …… 208
- 시간에 대해 묻고 답할 때 …… 210
- 시계에 대해 말할 때 …… 211

　　　　년(年)에 대해 말할 때 ···212
　　　　월(月)에 대해 말할 때 ···212
　　　　요일에 대해 말할 때 ··212
　　　　일(日)에 대해 말할 때 ··213

Chapter 05　약속 시간과 장소 ···214
　　　　약속을 신청할 때 ···214
　　　　스케줄을 확인할 때 ··214
　　　　약속 제안에 응답할 때 ··215
　　　　약속시간을 정할 때 ··216
　　　　약속장소를 정할 때 ··216

Chapter 06　계절과 날씨 ··217
　　　　계절을 말할 때 ···217
　　　　날씨를 물을 때 ···218
　　　　날씨를 말할 때 ···219
　　　　더위를 말할 때 ···220
　　　　추위를 말할 때 ···220
　　　　비가 올 때 ···221
　　　　바람이 불 때 ··222
　　　　눈이 내릴 때 ··222
　　　　일기예보 ···223

Chapter 07　가족과 친척 ··224
　　　　가족에 대해 말할 때 ···224
　　　　자녀에 대해 말할 때 ···226

Chapter 08　신체와 외모 ··228
　　　　신장에 대해 말할 때 ···228
　　　　체중에 대해 말할 때 ···228
　　　　용모에 대해 말할 때 ···229
　　　　패션에 대해 말할 때 ···231
　　　　화장에 대해 말할 때 ···232

Chapter 09　사람의 성격 ··233
　　　　성격을 물을 때 ···233
　　　　자신의 성격을 말할 때 ···233
　　　　상대방의 성격을 말할 때 ··234
　　　　좋지 못한 성격을 말할 때 ··235
　　　　태도를 말할 때 ···236

Chapter 10　연애와 결혼 ··238
　　　　연애 타입에 대해 말할 때 ··238
　　　　데이트에 대해 말할 때 ···239
　　　　청혼과 약혼에 대해 말할 때 ···239
　　　　결혼에 대해 말할 때 ···240
　　　　별거와 이혼에 대해 말할 때 ···241

Chapter 11　식성과 음식맛 ···242
　　　　식욕에 대해 말할 때 ···242
　　　　식성에 대해 말할 때 ···243
　　　　음식맛에 대해 말할 때 ···244

Chapter 12　식사 제의와 예약 ··247
　　　　식사를 제의할 때 ···247
　　　　자신이 사겠다고 할 때 ···248
　　　　음식을 배달시킬 때 ···249
　　　　식당을 찾을 때 ···249
　　　　식당을 예약할 때 ···252

	식당 예약을 취소할 때	253
Chapter 13	**식당에서**	**255**
	식당에 들어서서	255
	음식을 주문받을 때	256
	음식을 주문할 때	257
	먹는 법·재료를 물을 때	259
	필요한 것을 부탁할 때	259
	주문에 문제가 있을 때	260
	나온 음식에 문제가 있을 때	261
	주문을 바꾸거나 취소할 때	262
	요리를 추가할 때	262
	디저트	264
	식사를 마칠 때	264
	식비를 계산할 때	265
	패스트푸드점	267
Chapter 14	**음주에 대해서**	**270**
	음료를 권할 때	270
	술을 권할 때	271
	술을 주문할 때	272
	술을 추가로 주문할 때	274
	건배를 할 때	274
	술을 마시면서	275
	주량에 대해서	276
	금주에 대해서	277
Chapter 15	**흡연에 대해서**	**278**
	담배에 대해서	278
	흡연을 허락받을 때	279
	금연에 대해서	280
Chapter 16	**가게를 찾을 때**	**281**
	쇼핑센터를 찾을 때	281
	매장을 찾을 때	282
	가게로 가고자 할 때	283
Chapter 17	**쇼핑의 기본표현**	**284**
	가게에 들어서서	284
	물건을 찾을 때	284
	구체적으로 찾는 물건을 말할 때	285
	물건을 보고 싶을 때	286
	색상을 고를 때	288
	디자인을 고를 때	289
	사이즈를 고를 때	289
	사이즈가 맞지 않을 때	290
	품질을 물을 때	291
Chapter 18	**물건 구입**	**292**
	생활용품을 구입할 때	292
	야채와 과일을 구입할 때	292
	생선과 고기를 구입할 때	293
	빵과 과자를 구입할 때	294
	옷을 구입할 때	294
	신발을 구입할 때	296
	모자와 가방을 구입할 때	296
	화장품을 구입할 때	297
	보석과 액세서리를 구입할 때	298

	문구를 구입할 때	299
	책을 구입할 때	300
	기념품을 구입할 때	300
	가전제품을 구입할 때	301
	면세점에서	302
Chapter 19	물건값의 흥정	303
	값을 흥정할 때	303
	값을 물을 때	304
	구입을 결정할 때	305
	계산할 때	305
	지불 방법을 결정할 때	306
	거스름돈과 영수증	306
Chapter 20	배달과 배송	307
	포장을 원할 때	307
	배달을 원할 때	307
	배송을 원할 때	308
Chapter 21	물건에 대한 클레임	309
	교환을 원할 때	309
	반품을 원할 때	310
	환불을 원할 때	311
Chapter 22	출신과 종교	312
	거주지를 말할 때	312
	고향과 출신지에 대해 말할 때	313
	종교에 대해 말할 때	314
Chapter 23	학생과 학교생활	315
	출신학교에 대해서	315
	전공에 대해서	317
	학교생활에 대해서	317
	학교수업에 대해서	319
	성적에 대해서	319
Chapter 24	전화를 받을 때	321
	전화가 걸려왔을 때	321
	전화를 받을 때	321
	전화를 바꿔줄 때	322
	전화를 받을 상대가 없을 때	323
	통화하기를 원할 때	325
	잘못 걸려온 전화를 받았을 때	326
	교환을 이용할 때	327
Chapter 25	전화를 걸 때	329
	전화를 걸 때	329
	메시지를 부탁할 때	331
	국제전화를 걸 때	333
	공중전화를 이용할 때	334
Chapter 26	우체국과 은행	336
	우체국과 우표를 살 때	336
	편지를 부칠 때	337
	소포를 부칠 때	338
	은행을 찾을 때	338
	환전을 할 때	338
	잔돈을 바꿀 때	339
	계좌를 개설할 때	340

　　　　예금·송금할 때 ·· 340
Chapter 27　이미용과 세탁 ·· 341
　　　　이발소에서 ·· 341
　　　　미용실에서 ·· 342
　　　　세탁소에서 ·· 344
Chapter 28　건강과 운동 ·· 345
　　　　건강에 대해 말할 때 ·· 345
　　　　컨디션을 물을 때 ·· 346
　　　　감기에 걸렸을 때 ·· 347
Chapter 29　병원에서의 화제 ·· 350
　　　　병원에 가기 전에 ·· 350
　　　　병원에서 ·· 350
　　　　통증을 호소할 때 ·· 352
Chapter 30　다양한 진료과목 ·· 354
　　　　내과에서 ·· 354
　　　　외과에서 ·· 355
　　　　산부인과에서 ··· 357
　　　　소아과에서 ··· 359
　　　　피부과에서 ··· 361
　　　　비뇨기과에서 ··· 362
　　　　치과에서 ·· 363
　　　　안과에서 ·· 364
　　　　귀가 아플 때 ·· 365
　　　　코가 아플 때 ·· 366
　　　　목이 아플 때 ·· 367
　　　　정신과에서 ··· 367
　　　　신경외과에서 ··· 369
Chapter 31　병문안과 약 ·· 370
　　　　입원소식을 들었을 때 ·· 370
　　　　환자의 상태를 물을 때 ·· 371
　　　　병문안을 할 때 ··· 372
　　　　처방전으로 조제받을 때 ·· 373
　　　　약을 살 때 ··· 374
Chapter 32　스포츠와 레크리에이션 ·· 375
　　　　운동에 대해서 ··· 375
　　　　스포츠 관전 ··· 376
　　　　스포츠 중계 ··· 378
　　　　축구에 대해서 ··· 378
　　　　야구에 대해서 ··· 379
　　　　골프에 대해서 ··· 379
　　　　테니스에 대해서 ·· 379
　　　　수영에 대해서 ··· 380
　　　　스키에 대해서 ··· 381
　　　　조깅에 대해서 ··· 381
Chapter 33　여가와 취미·오락 ·· 382
　　　　여가 활용에 대해서 ·· 382
　　　　취미에 대해서 ··· 383
　　　　나이트클럽에서 ·· 384
　　　　디스코텍에서 ··· 384
　　　　바(bar)에서 ··· 385
　　　　카지노에서 ··· 386

Chapter 34 일상의 문화생활 ··388
독서에 대해서 ···388
신문과 잡지에 대해서 ···389
텔레비전에 대해서 ···391
음악에 대해서 ···391
그림에 대해서 ···393
영화에 대해서 ···394
여행에 대해서 ···396

Chapter 35 길안내와 묻기 ···397
길을 물을 때 ···397
시간과 거리를 물을 때 ···398
길을 가르쳐줄 때 ···399
자신도 길을 모를 때 ···401
길을 잃었을 때 ···402

Chapter 36 열차를 이용할 때 ···403
열차표를 살 때 ···403
열차를 탈 때 ···404
열차 안에서 ···405
열차 트러블 ···406

Chapter 37 지하철을 이용할 때 ···407
지하철역을 찾을 때 ···407
출입구를 찾을 때 ···407
타고자 하는 지하철을 물을 때 ·····························408
표를 살 때 ···408
지하철을 탔을 때 ···409

Chapter 38 버스를 이용할 때 ···410
시내버스 ···410
시외버스 ···411
관광버스 ···412

Chapter 39 택시를 이용할 때 ···413
택시를 잡을 때 ···413
택시를 탈 때 ···414
택시에서 내릴 때 ···415

Chapter 40 비행기를 이용할 때 ···417
항공권 예약 ···417
체크인과 탑승 ···417

Chapter 41 자동차를 이용할 때 ···419
차종을 고를 때 ···419
렌터카를 이용할 때 ···419
렌터카 요금과 보험 ···420
도로를 물을 때 ···421
차를 운전할 때 ···421
주차를 할 때 ···423
주유를 할 때 ···424
세차를 할 때 ···425
고장이 났을 때 ···425
사고가 났을 때 ···427
교통법규를 위반했을 때 ·······································428

Chapter 42 호텔 체크인 ···429
호텔을 찾을 때 ···429
전화로 호텔을 예약할 때 ·····································429

	체크인할 때	431
	방을 확인할 때	432
	방으로 안내받을 때	432
	체크인 트러블	433
Chapter 43	**호텔 이용**	**434**
	호텔 프런트에서	434
	룸서비스	434
	클리닝	435
	시설물을 물을 때	436
	전화를 할 때	437
	방에 들어갈 수 없을 때	439
	문제가 생겼을 때	439
	수리를 원할 때	440
	청소·비품이 없을 때	440
Chapter 44	**호텔 체크아웃**	**441**
	체크아웃을 준비할 때	441
	체크아웃할 때	441
	계산을 할 때	442
Chapter 45	**비행기 안에서**	**444**
	좌석을 찾을 때	444
	기내 서비스	445
	기내 식사	445
	입국카드 작성	446
	면세품을 구입	446
	몸이 불편할 때	447
	통과·환승	447
Chapter 46	**입국 수속**	**448**
	방문 목적	448
	체재 장소	448
	기타 질문	449
	짐을 찾을 때	450
	세관 검사	450
Chapter 47	**입국 공항에서**	**452**
	환전을 할 때	452
	공항내의 관광안내소에서	453
	포터를 부를 때	454
Chapter 48	**귀국할 때**	**455**
	귀국편 예약	455
	예약 재확인	456
	항공편의 변경 및 취소	456
	공항으로 이동	457
	물건을 놓고 왔을 때	458
	탑승수속	459
	비행기 안에서	460
Chapter 49	**관광 안내**	**461**
	관광안내소에서	461
	거리·시간 등을 물을 때	463
	투어를 이용할 때	463
Chapter 50	**관광을 하면서**	**466**
	관광버스 안에서	466
	입장료 구입	467

   관광지에서 ··· 468
   기념품점에서 ·· 469
   사진촬영을 허락받을 때 ··· 469
   사진촬영을 부탁할 때 ··· 470
   현상·인화를 부탁할 때 ··· 471

Chapter 51 관람을 할 때 ·· 472
   미술관에서 ··· 472
   박물관에서 ··· 473
   극장에서 ··· 473
   티켓을 구입할 때 ··· 474

Chapter 52 긴급상황의 대처 ·· 476
   말이 통하지 않을 때 ··· 476
   난처한 상황에 빠졌을 때 ··· 477
   상황이 위급할 때 ··· 478
   도움을 요청할 때 ··· 480

Chapter 53 도난·분실·사고 ·· 481
   도둑맞았을 때 ··· 481
   분실했을 때 ··· 482
   분실물을 신고할 때 ··· 483
   교통사고를 당했을 때 ··· 485
   교통사고를 냈을 때 ··· 486
   교통사고를 진술할 때 ··· 486

Chapter 54 직업과 사업 ·· 488
   직업을 물을 때 ··· 488
   직업을 말할 때 ··· 489
   사업에 대해 말할 때 ··· 490

Chapter 55 직장 생활 ·· 492
   직장에 대해서 ··· 492
   근무에 대해서 ··· 493
   급여에 대해서 ··· 494
   승진에 대해서 ··· 495
   출퇴근에 대해서 ··· 496
   휴가에 대해서 ··· 496
   상사에 대해서 ··· 497
   사직·퇴직에 대해서 ··· 498

Chapter 56 거래처 방문 ·· 499
   방문 약속 ··· 499
   회사 방문 ··· 499
   방문객의 접수 ··· 500
   인사를 나눌 때 ··· 501
   회사를 안내할 때 ··· 501

Chapter 57 비즈니스 ·· 503
   회사 소개 ··· 503
   제품 소개 ··· 503
   제품 권유 ··· 504
   판매 대응 ··· 505
   가격과 조건을 교섭할 때 ··· 505
   계약할 때 ··· 507
   제품의 문의 ··· 508
   클레임 제기 ··· 508
   클레임 대응 ··· 509

PART 1

기본 영어회화

Basic English Conversation

ENGLISH CONVERSATION DICTIONARY

Chapter 01 자연스런 응답

긍정의 마음을
전할 때

☐ 좋아요.
Sure. / Certainly. / You bet.
슈어   써튼리   유 벹

  A : *Can you help me?*
    캔 유 헬프 미
    (거들어줄래?)
  B : *Sure.*

☐ 좋아.
Fine. / That'll be fine. / That's fine.
파인   댙일 비 파인   대츠 파인

☐ 알겠습니다.
Yes, sir. / Yes, madam. / Yes, miss.
예스 써   예스 마담   예스 미스

☐ 맞습니다.
Exactly. / That's right. / You're right.
익잭틀리   대츠 롸잇   유어 롸잍

☐ 과연....
I see.
아이 씨

☐ 예.
Yes. / Sure. / Certainly.

  A : *Are you here on business?*
    아 유 히어 온 비지니스
    (일 때문에 오셨습니까?)
  B : *Yes, I am.*

◻ 네, 부탁합니다.
Yes, please.
예스 플리즈

   A : *May I help you?*
   메이 아이 헬프 유
   (뭘 도와드릴까요?)

   B : *Yes, please.*

◻ 네, 그렇게 합시다.
Yes, let's.
예스 레츠

   A : *Let's go shopping, shall we?*
   레츠 고 샤핑 쉘 위
   (쇼핑 갈래요?)

   B : *Yes, let's.*

◻ 전적으로 말씀하신 대로입니다.
You said it. / Absolutely.
유 셀 잍 앱설루트리

◻ 물론이죠.
Of course.
업 코스

   A : *Will you make coffee?*
   윌 유 메익 커피
   (커피를 끓여 줄래?)

   B : *Yes, of course.*

◻ 기꺼이 할게요.
With pleasure. / I'd be glad to.
윋 플레저 아이드 비 글랟 투

◻ 저도 그렇게 생각합니다.
Yes, I think so. / I agree with you.
예스 아이 씽(크) 쏘 아이 어그리 윋 유

◻ 저도 같은 의견입니다.
That's my opinion, too.
댙츠 마이 어피니언 투

17

부정의 마음을 전할 때

☐ 아니오.
No.
노

　A : Did you go there yesterday?
　　 딛 유 고 데어 예스터데이
　　 (어제 거기에 갔었니?)
　B : No, I didn't.

☐ 한번도 없어요.
I never have.
아이 네버 햅

　A : Have you ever been to Canada?
　　 햅 유 에버 빈 투 캐나다
　　 (캐나다에 간 적이 있습니까?)
　B : No, I never have.

☐ 아니, 지금은 됐어요.
No..., not now, thanks.
노　　낱 나우　쌩스

☐ 유감스럽지만, 안되겠어요.
I'm afraid not.
아임 어프레이드 낱

　A : Is this ticket valid?
　　 이즈 디스 티킽 밸릳
　　 (이 표는 유효합니까?)
　B : I'm afraid not.

☐ 그건 몰랐습니다.
I didn't know that.
아이 디든트 노우 댙

☐ 그건 금시초문입니다.
That's news to me.
대츠　뉴스　투　미

☐ 그렇지 않아요.
No, sir. / No, madam. / No, miss.
노　써　 노　마담　　노　미스

18

자연스런 응답

□ 그렇게 생각하지 않아요.
I don't think so.
아이 돈트 씽(크) 쏘

□ 괜찮아요. (사죄에 대한 응답)
That's all right. / That's OK. / Don't worry.
대츠 올 롸잍   대츠 오케이   돈트 워리

□ 아무것도 아니에요.
Don't mention it. / Not at all. / It's nothing.
돈트 멘션 잍   낱 앹 올   이츠 낫씽

□ 아직요.
Not yet.
낱 옛

> A : *Have you had lunch?*
>   햅 유 햌 런취
>   (점심 먹었니?)
> B : *No, not yet.*

□ 물론 다릅니다.
Of course not. / Certainly not.
업 코스 낱   써튼리 낱

불확실·의심의 마음을 전할 때

□ 있을 수 있어요.
It's possible. / It's quite possible.
이츠 파써블   이츠 콰잍 파써블

□ 그럴지도 모르겠어요.
You could be right. / I suppose so.
유 쿧 비 롸잍   아이 써포우즈 쏘

□ 아마도….
Maybe….
메이비

□ 그렇대요.
So I hear. / So I've heard.
쏘 아이 히어   쏘 아이브 허드

19

◻ ...라고 합니다.
I hear.... / I understand....
아이 히어   아이 언더스탠드

◻ 그렇다면 좋겠는데....
I hope so.
아이 호웊 쏘

> A : *The weatherman says it'll be fine tomorrow.*
> 더 웨더맨   세즈 잍일 비 파인 터머로우
> (내일 예보로는 맑을 것 같아.)
> B : *I hope so.*

◻ 그건 경우에 따라 다릅니다.
That depends. / It depends.
댙   디펜즈   잍 디펜즈

◻ 어쩐지....
I doubt it.
아이 다웉 잍

◻ 믿을 수 없어.
I can't believe it. / It's doubtful.
아이캔(트) 빌리브 잍   이츠 다웃풀

◻ 정말로?
Really? / Are you really?
리얼리   아 유 리얼리

◻ 본심이야?
Are you serious?
아 유 시어리어스

ENGLISH CONVERSATION DICTIONARY

Chapter 02
되물음의 표현

되물을 때

☐ 뭐라고요?
Excuse me?
익스큐즈 미

☐ 뭐라고?
What?
왙

☐ 뭐라고 했지?
You said what?
유 셑 왙

☐ 방금 뭐라고 말씀하셨죠?
What did you say just now?
왙 딛 유 세이 저스트 나우

☐ 누가 그렇게 말했니?
Who said that?
후 셑 댓

☐ 맞습니까?
Is that right?
이즈 댙 롸잍

☐ 그렇습니까?
Is that so?
이즈 댙 쏘

☐ 정말인가요?
Really?
리얼리

21

- 그랬습니까?
  Did you?
  딛 유

- 그러세요?
  Are you?
  아 유

- 네?
  Sorry?
  쏘리

  > A : *Excuse me. Is this the right exit for the Hilton Hotel?*
  > 익스큐즈 미 이즈 디스 더 롸잍 엑싵 포 더 힐튼 호텔
  > (실례합니다. 힐튼 호텔은 이 출구입니까?)
  > B : *Sorry?*

- 농담이시죠.
  You're kidding.
  유어 키딩

- 농담하지 마세요.
  No kidding.
  노 키딩

잘 알아듣지 못했을 때

- 다시 말씀해 주시겠어요?
  Beg your pardon?
  벡 유어 파던

- 다시 한번 말씀해 주십시오.
  Please say that again.
  플리즈 세이 댙 어게인

- 잘 모르겠는데요.
  Sorry. I don't quite get you.
  쏘리 아이 돈트 콰잍 겥 유

  > A : *Do you understand it?*
  > 두 유 언더스탠드 잍
  > (이해하시겠어요?)
  > B : *Sorry. I don't quite get you.*

◻ 잘 못 알아듣겠습니다.

I'm sorry, but I can't follow you.
아임 쏘리 벋 아이 캔(트) 팔로우 유

◻ 말이 너무 빨라서 모르겠습니다.

You're speaking a little too quickly for me.
유어 스피킹 어 리틀 투 퀴클리 포 미

◻ 천천히 말씀해 주시겠어요?

Could you possibly slow down a bit?
쿧 유 파서블리 슬로우 다운 어 빋

◻ 더 분명하게 말씀해 주시겠어요?

I don't quite hear you. Could you speak more clearly?
아이돈트 콰일 히어 유 쿧 유 스피크 모어 클리어리

◻ 미안합니다만, 안 들립니다.

Sorry, but I can't hear you.
쏘리 벋 아이캔(트) 히어 유

◻ 더 큰소리로 말씀해 주시겠어요?

Would you speak a little louder?
욷 유 스피크 어 리틀 라우더

◻ 무슨 뜻입니까?

What does that mean?
왇 더즈 댇 민

◻ 제인 다음은 무엇입니까?

Sorry? Jane what?
쏘리 제인 왇

  A : *My name is Jane Cavillrei*
    마이 네임 이즈 제인 카빌레이
    (제 이름은 카빌레이입니다.)

  B : *Sorry? Jane what?*

◻ 스펠링은?

How do you spell that?
하우 두 유 스펠 댇

ENGLISH CONVERSATION DICTIONARY

Chapter 03 설명의 요구와 이해

설명을 요구할 때

☐ 다시 한 번 설명해 주시겠어요?
Will you explain it again?
윌 유 익스플레인 잍 어게인

☐ 다른 말로 설명해 주시겠어요?
Could you say it in other words?
쿨 유 세이 잍 인 아더 워−즈

☐ 더 쉬운 말로 다시 말씀해 주시겠어요?
Could you please say that again in simpler language?
쿨 유 플리즈 세이 댙 어게인 인 심플러 랭귀지

☐ 예를 들어 주시겠습니까?
Could you give us some examples?
쿨 유 깁 어스 썸 익잼플스

☐ 더 구체적으로 설명해 주시겠습니까?
Could you be more specific?
쿨 유 비 모어 스피시픽

☐ 그것을 설명할 데이터가 있습니까?
Do you have any data to prove it?
두 유 햅 에니 데이터 투 프루브 잍

☐ 그의 설명에 대해 어떻게 생각하십니까?
What do you think of his explanation?
왙 두 유 씽크 옵 히즈 엑스플러네이션

> A : What do you think of his explanation?
> B : I think it's an excellent idea.
> 아이 씽크 이츠 언 엑설런트 아이디어
> (아주 좋은 생각입니다.)

24

이해 여부를 확인할 때

☐ 설명할 수 있겠어요?
Could you explain that, please?
쿠 유 익스플레인 댙 플리즈

☐ 이해하시겠어요?
Do you understand it?
두 유 언더스탠드 잍

☐ 그것을 이해하겠니, 존?
Do you understand that, John?
두 유 언더스탠드 댙 쟌

☐ 제 말 뜻을 이해하시겠어요?
Do you understand what I mean?
두 유 언더스탠드 왇 아이 민

> A : Do you understand what I mean?
> B : Sure, sure, I understand what you mean.
> 슈어 슈어 아이 언더스탠드 왇 유 민
> (네, 말씀하시는 뜻을 알겠습니다.)

☐ 제가 한 말을 알겠어요?
Do you understand what I'm saying?
두 유 언더스탠드 왇 아임 세잉

☐ 지금까지 제가 한 말을 이해하시겠어요?
Are you with me so far?
아 유 윋 미 쏘 파

☐ 무슨 뜻인지 이해하시겠어요?
Do you understand the meaning?
두 유 언더스탠드 더 미닝

이해를 했을 때

☐ 이해했어요.
I understand.
아이 언더스탠드

☐ 아, 알겠습니다.
Oh, I've got it.
오 아이브 같 잍

설명의 요구와 이해

25

◘ 아, 알겠어요.

Oh, I see.
오 아이 씨

◘ 알겠군요.

I get the picture.
아이 겥 더 픽쳐

> A : Do you get the picture?
> 두 유 겥 더 픽쳐
> (내용을 알겠습니까?)
> B : I get the picture.

◘ 이해가 되는군요.

It makes sense to me.
잍 메잌스 센스 투 미

◘ 아, 무슨 말씀인지 알겠습니다.

Oh! I see what you mean.
오 아이씨 왇 유 민

> A : Can you understand what I said?
> 캔 유 언더스탠드 왇 아이 셑
> (제 말을 이해하시겠어요?)
> B : Sure, sure, I understand what you mean.

◘ 와, 그러니까 감이 잡히는군요.

Wow, that really tells a story.
와우 댙 리얼리 텔스 어 스토리

◘ 이해할만하군요.

That's understandable.
대츠 언더스탠더블

◘ 당신의 입장을 이해합니다.

I understand your position.
아이 언더스탠드 유어 포지션

◘ 시간이 지나면 알게 될 겁니다.

Time will tell.
타임 윌 텔

이해를 못했을 때

❏ 이해가 안 됩니다.
I don't understand.
아이돈트 언더스탠드

❏ 무슨 말을 하는지 모르겠어요.
I don't follow you.
아이돈트 팔로우 유

> A : Are you following me?
> 아 유 팔로잉 미
> (제가 하는 말 알겠습니까?)
> B : I don't follow you.

❏ 이해하기 어렵군요.
It's tough to figure.
이츠 텁 투 피거

❏ 도무지 감이 잡히질 않습니다.
I can't get the hang of it.
아이 캔(트) 겥 더 행 업 잍

❏ 무슨 말인지 전혀 모르겠어요.
You're confusing me too much.
유어 컨퓨징 미 투 머취

❏ 당신 말씀을 이해할 수 없습니다.
I couldn't make out what you mean.
아이 쿠든트 메잌 아웉 왙 유 민

> A : You know what I mean?
> 유 노우 왙 아이 민
> (내가 말하는 의미를 알겠어요?)
> B : I couldn't make out what you mean.

❏ 그걸 전혀 이해할 수가 없군요.
I can't make heads or tails of it.
아이 캔(트)메잌 헤즈 오어 테일즈 업 잍

❏ 그건 이해가 안 되는군요.
It's out of my depth.
이츠 아웉 업 마이 뎁쓰

설명의 요구와 이해

27

ENGLISH CONVERSATION DICTIONARY

Chapter 04 맞장구

맞장구를 칠 때

☐ 알겠어요.
I see.
아이 씨

☐ 네, 알겠습니다.
Yes, I know.
예스 아이 노우

☐ 알겠습니다.
I understand.
아이 언더스탠드

확실하게 맞장구를 칠 때

☐ 맞아요.
Right.
롸잍

☐ 바로 그겁니다.
That's it.
대츠 잍

☐ 물론이죠.
Of course.
엎 코스

☐ 틀림없어.
Sure. / It must be.
슈어   잍 머슷 비

☐ 확신해요.
I'm positive.
아임 포지티브

애매하게 맞장구를 칠 때

□ 당연하죠.
That'll be all right.
댙일 비 올 롸읱

□ 아마도
Maybe.
메이비

□ 그럴지도 모르겠어요.
Could be.
쿤 비

□ 그럴 거라고 생각합니다.
I suppose so.
아이 써포우즈 쏘

□ 그렇기를 바랍니다.
I hope so.
아이 호웊 쏘

동의의 맞장구

□ 저도 역시 그렇게 생각합니다.
Yes, I think so too.
예스 아이 씽(크) 쏘 투

□ 동의합니다.
I agree. / So am I.
아이 어그리 쏘 앰 아이

□ 저도 그래요.
So do I.
쏘 두 아이

□ 네, 그게 바로 제 생각입니다.
Yes, that's what I mean.
예스 대츠 왙 아이 민

□ 사실이에요.
That's true.
대츠 트루

29

☐ 그거예요.
That's it. / Quite so. / Exactly.
대츠 잍 콰잍 쏘 익잭트리

☐ 과연 그렇군요.
Absolutely.
앱설루트리

☐ 좋아요.
Fine. / Good.
파인 굳

☐ 그거 좋군요.
That's good.
대츠 굳

☐ 좋은 생각이에요.
That's good idea. / That'll be fine.
대츠 굳 아이디어 댙일 비 파인

☐ 재미있겠군요.
That sounds interesting.
댙 사운즈 인터레스팅

☐ 예, 그렇고말고요.
Yes, indeed.
예스 인디드

긍정의 맞장구

☐ 그래요?
Is that so?
이즈 댙 쏘

☐ 어머, 그래요?
Oh, are we?
오 아 위

> A : *We're flying over the National Park.*
> 위어 플라잉 오버 더 내셔널 파크
> *(지금 국립공원을 날고 있어.)*
> B : *Oh, are we?*

□ 아, 그러셨어요?
Oh, you did?
오 유 딛

□ 그래요?
Have you?
햅 유

> A : I've been to Paris.
> 아이브 빈 투 패리스
> (파리에 간 적이 있습니다.)
>
> B : Have you?

부정의 맞장구

□ 설마!
Not really! / You don't say so!
낱 리얼리   유 돈트   세이 쏘

□ 아니오, 그렇게 생각지 않아요.
No, I don't think so.
노   아이돈트 씽(크) 쏘

□ 그래요? 저도 좋아하지 않습니다.
Don't you? Neither do I.
돈트 유   니더   두 아이

> A : I don't care for alcoholic drinks.
> 아이 돈트 케어 포 앨커홀릭 드링스
> (주류는 좋아하지 않습니다.)
>
> B : Don't you? Neither do I.

□ 모르겠어요.
I don't know.
아이 돈트 노우

□ 그건 잘 몰랐습니다.
I didn't know that.
아이 디든트 노우 댙

□ 기억이 나지 않습니다.
I don't remember.
아이 돈트 리멤버

31

- 확실히 모르겠어요.
  I'm not sure.
  아임 낫 슈어

- 참 안됐네요.
  That's too bad.
  대츠 투 뱃

- 그건 무리예요.
  It's impossible.
  이츠 임파써블

잠시 생각할 때

- 글쎄.
  Well.
  웰

- 글쎄(어디 보자).
  Let me see.
  렛 미 씨

- 참, 뭐더라.
  Well, let me see.
  웰 렛 미 씨

- 거 뭐랄까?
  What shall I say?
  왓 쉘 아이세이

Chapter 05

ENGLISH CONVERSATION DICTIONARY

동의와 찬성

동의할 때

□ 당신에게 동의합니다.
I'm with you.
아임 윌 유

□ 동의합니다.
I agree with you.
아이 어그리 윌 유

□ 전적으로 동의합니다.
I agree completely.
아이 어그리 컴플리트리

□ 예, 동의합니다.
Yes, it's a deal.
예스 이츠 어 딜

   A : *Is it a deal?*
      이즈 잍 어 딜
      (동의합니까?)
   B : *Yes, it's a deal.*

□ 지당하신 말씀입니다.
You've said a mouthful there!
유브 셀 어 마우쓰풀 데어

□ 알았어요. 당신 말이 맞습니다.
OK, OK. Point taken.
오케이 오케이 포인트 테이큰

□ 이의가 없습니다.
There is no objection on my part.
데어 이즈 노 옵젝션 온 마이 파트

33

□ 당신 말씀에 전적으로 동의합니다.
I agree strongly with what you said.
아이 어그리 스트렁리 윌 왙 유 셀

□ 정말 그렇습니다.
Exactly.
익잭틀리

□ 예, 물론이고말고요.
Yes, of course.
예스 업 코스

> A: *Do you really mean it?*
> 두 유 리얼리 민 잍
> (본심이세요?)
>
> B: *Yes, of course.*

□ 의심할 여지가 없습니다.
No doubt about it.
노 다웉 어바웉 잍

찬성할 때

□ 찬성합니다.
I'll buy that.
아윌 바이 댙

□ 그 계획에 찬성합니다.
I agree with the plan.
아이 어그리 윌 더 플랜

□ 그것에 찬성합니다.
I'm in favor of it.
아임 인 페이버 업 잍

□ 유감스럽지만, 찬성합니다.
I hate to say it, but I agree.
아이 헤잍 투 세이 잍 벝 아이 어그리

□ 당신의 모든 의견에 찬성입니다.
I agree with you in all your views.
아이 어그리 윌 유 인올 유어 뷰즈

동감할 때

▢ 동감입니다.
I feel the same way.
아이 필 더 세임 웨이

▢ 그 점에 대해서는 저도 동감입니다.
I'm with you on that.
아임 윝 유 온 댙

▢ 전적으로 동감입니다.
I couldn't agree with you more.
아이 쿠든트 어그리 윋 유 모어

▢ 저는 괜찮습니다.
I don't mind.
아이 돈트 마인드

부드럽게 동의·찬성할 때

▢ 저도 그렇게 생각합니다.
I think so, too.
아이 씽(크) 쏘 투

A : I think coffee is better than tea.
아이 씽(크) 커피 이즈 베터 댄 티
(차보다 커피가 좋은 것 같아요.)
B : Yes, I think so, too.

▢ 저도 그렇게 생각했어요.
I thought so, too.
아이 쏘트 쏘 투

▢ 당신 좋을 대로 하세요.
Whatever you say.
왙에버 유 세이

▢ 그렇게 생각할 수도 있죠.
You can think like that.
유 캔 씽크 라잌 댙

▢ 그렇게 말할 수도 있겠죠.
You could say that.
유 쿧 세이 댙

동의와 찬성

35

☐ 아마 당신 말이 맞을 거예요.
Perhaps you're right.
퍼햅스   유어   롸잍

☐ 그거 괜찮은데요.
That's not bad.
대츠   낱 밷

☐ 그럴지도 모르지요.
Could be so.
쿧   비 쏘

☐ 같은 생각입니다.
That makes two of us.
댙   메익스 투 업 어스

> A : *Are you thinking what I'm thinking?*
> 아 유 씽킹   왙   아임 씽킹
> (당신도 내 생각과 같으세요?)
> B : *Yes, that makes two of us..*

**부분적으로
동의·찬성할 때**

☐ 백번 옳은 이야기입니다만….
I couldn't agree more, but….
아이 쿠든트 어그리 모어   벝

☐ …에 전적으로 동의하지는 않습니다.
I don't entirely agree with….
아이 돈트 엔타이얼리 어그리   윋

☐ 무슨 말씀인지는 알겠습니다마는,
I see what you mean, but….
아이 씨 왙 유   민   벝

☐ 어느 정도는 그렇습니다마는….
To certain extent, yes, but….
투 써튼   익스텐트 예스 벝

Chapter 06 부동의와 반대

ENGLISH CONVERSATION DICTIONARY

동의하지 않을 때

❏ 안 됩니다.
Oh, no!
오 노

❏ 전혀 아닙니다.
Certainly not.
써튼리 낟

❏ 당치도 않습니다.
Not at all
낱 앹 올

❏ 아뇨, 당치도 않아요. 앉으세요.
No, of course not. Take a seat.
노 업 코스 낟 테익 어 시트

  A : Am I interrupting?
  엠 아이 인터럽팅
  (방해가 될까요?)
  B : No, of course not. Take a seat.

❏ 저는 그렇게 할 수 없습니다.
I can't do that.
아이 캔(트) 두 댙

❏ 그건 당신 생각이죠.
That's what you think.
대츠 왙 유 씽(크)

❏ 절대 그렇지 않아요.
Absolutely not so.
앱설루트리 낟 쏘

37

☐ 그건 말도 안 되는 소리예요.
It's out of the question.
이츠 아울 업 더 쿼스천

☐ 그것은 동의할 수 없습니다.
I cannot agree to it.
아이 캐낱 어그리 투 잍

☐ 미안하지만 할 수 없습니다.
I'm afraid we can't.
아임 어푸레이드 위 캔(트)

☐ 절대 안 돼요!
No way!
노 웨이

☐ 왜요? 그만두세요.
What for? You shouldn't do that.
왙 포 유 슈든트 투 댙

A : I'm going to go on a diet.
아임 고잉 투 고 온 어 다이잍
(다이어트를 할까 해요)

B : What for? You shouldn't do that.

☐ 아니요, 당신의 의견에 동의하지 않습니다.
No, I don't agree with your plan.
노 아이 돈트 어그리 윋 유어 플랜

☐ 그 점은 당신과 뜻을 함께 할 수 없습니다.
I can't go along with you there.
아이 캔(트) 고 얼롱 윋 유 데어

☐ 그 점에서 당신의 말에 전적으로는 동의하지 않습니다.
I don't quite agree with you there.
아이 돈트 콰잍 어그리 윋 유 데어

반대할 때

☐ 그것에 반대합니다.
I'm against it.
아임 어겐스트 잍

38

☐ 그 계획에 찬성할 수 없어요.
I can't agree to the plan.
아이 캔(트) 어그리 투 더 플랜

☐ 그 계획에는 반대합니다.
I'm opposed to the plan.
아임 어포우즈드 투 더 플랜

☐ 그건 절대 반대입니다.
I'm absolutely against it.
아임 앱설루트리 어겐스트 잍

☐ 당신 말에 찬성할 수 없습니다.
I can't agree with your remarks.
아이 캔(트) 어그리 윋 유어 리막스

☐ 그 의견에 반대합니다.
I'm against that plan.
아임 어겐스트 댙 플랜

☐ 당신이 말한 것에 반대합니다.
I'm against what you have said.
아임 어겐스트 왙 유 햅 셀

☐ 당신이 말하는 것에 반대합니다.
I disagree with what you are saying.
아이 디스어그리 윋 왙 유 아 세잉

부드럽게 부동의·반대할 때

☐ 저는 그렇게 생각하지 않아요.
I don't think so.
아이 돈트 씽(크) 쏘

> A : Don't you think?
> 돈트 유 씽크
> (그렇게 생각하지 않으세요?)
> B : No, I don't think so.

☐ 당신 의견을 지지할 수 없습니다.
I cannot support your opinion.
아이 캐낱 써포트 유어 오피니언

부동의와 반대

39

❏ 저는 그렇게 믿지 않아요.
I don't against it.
아이 돈트 어겐스트 잍

❏ 유감스럽지만, 아닙니다.
I'm afraid not.
아임 어푸레이드 낱

❏ 유감스럽지만 당신에게 동의할 수 없습니다.
I'm afraid I can't agree with you.
아임 어푸레이드 아이 캔(트) 어그리 윋 유

❏ 당신이 틀린 것 같아요.
I'm afraid you're wrong.
아임 어푸레이드 유어 렁

❏ 그건 옳지 않는 것 같군요.
I'm afraid it's not true.
아임 어푸레이드 이츠 낱 트루

❏ 그렇게 하고 싶지만 안 되겠어요.
I'd like to(yes), but I'm afraid I can't.
아이드 라잌 투(예스) 벋 아임 어푸레이드 아이 캔(트)

❏ 모르겠는데요.
I don't know about that.
아이 돈트 노우 어바웉 댙

> A : Are you with me so far?
> 아 유 윋 미 쏘 파
> (이제껏 한 말 알겠습니까?)
> B : I don't know about that.

❏ 저라면 그렇게 말하지 않겠어요.
I wouldn't say that.
아이 우든트 세이 댙

❏ 저는 그렇게 하고 싶지 않아요.
I don't feel right about doing it.
아이 돈트 필 롸잍 어바웉 두잉 잍

동의를 보류할 때

□ 그렇지도 않습니다.
Not exactly.
낱 익잭틀리

□ 반드시 그렇지만은 않습니다.
Not necessarily so.
낱 네써서러리 쏘

□ 아마 아닐 거예요.
Maybe not.
메이비 낱

□ 내키지 않아요.
I don't feel up to it.
아이 돈트 필 엎 투 잍

□ 미안하지만 저는 그것에 관해 말할 게 없어요.
I really don't have any opinion about it, I'm afraid.
아이 리얼리 돈트 햅 에니 어피니언 어바웉 잍 아임 어푸레이드

□ 무슨 말을 해야 할지 모르겠군요.
I really don't know what to say.
아이 리얼리 돈트 노우 왙 투 세이

□ 미안하지만 답변을 할 수 없습니다.
I'm sorry I can't answer….
아임 쏘리 아이 캔(트) 앤서

□ 그걸 뭐라고 꼬집어 말할 수는 없습니다.
I can't pinpoint it.
아이 캔(트) 핀포인트 잍

□ 내가 아는 바가 아닙니다.
Not that I know of.
낱 댙 아이 노우 엎

□ 나는 그런 것에 개의치 않아요.
I just don't bother with it.
아이 저스트 돈트 바더 윋 잍

Chapter 07 확답을 피하는 응답

ENGLISH CONVERSATION DICTIONARY

추측을 나타낼 때

☐ 그럴 줄 알았어!
It figures!
잍 피거즈

☐ 당신 추측이 딱 맞았어요.
Your guess was right on the nose.
유어 게스 워즈 롸잍 온 더 노우즈

☐ 결과가 우리 예상대로 되었어요.
The results came up to our expectations.
더 리절츠 케임 엎 투 아우어 익스펙테이션스

☐ 당신이 오리라고는 전혀 생각을 못했어요.
I had no idea that you were coming.
아이 햍 노 아이디어 댙 유 워 커밍

☐ 그렇군요.
I think so.
아이 씽(크) 쏘

 A : Don't you think it's too expensive?
 돈트 유 씽(크) 이츠 투 익스펜씨브
 (너무 비싼 것 같지 않아요?)
 B : I think so.

☐ 그건 전혀 예상 밖의 상황이었어요.
That's a whole new ball game.
대츠 어 호울 뉴 볼 게임

☐ 아직 모르는 일이에요.
The jury is still out.
더 져리 이즈 스틸 아웉

□ 전혀 짐작이 안 가요.
I haven't the faintest idea.
아이 해븐트 더 페인티스트 아이디어

□ 그 사람이 당선될 가능성이 전혀 없어요.
He doesn't have a fat chance.
히 더즌트 햅 어 팻 챈스

□ 속단하지 마세요.
Don't jump the conclusions.
돈트 점프 더 컨클루젼스

□ 최대한으로 추측해 보세요.
Make the best guess that you can.
메잌 더 베스트 게스 댙 유 캔

□ 예, 그럴 겁니다.
Yes, I hope it will.
예스 아이 호웊 잍 윌

> A : *Will the weather clear up this afternoon?*
> 윌 더 웨더 클리어 엎 디스 앺터눈
> (오후에는 날씨가 개일까요?)
> B : *Yes, I hope it will.*

확답을 피할 때

□ 그럴지도 모르겠군요.
That may be right.
댙 메이 비 롸잍

□ 그럴 거야.
I guess so.
아이 게스 쏘

□ 그럴지도 모르겠어.
That may be true.
댙 메이 비 트루

□ 아마 그럴 거야.
Sort of.
쏘트 업

43

❏ 경우에 따라서요.
It depends.
잍 디펜즈

❏ 아마도.
Probably.
프라버블리

> A : *Do you think it'll be fine tomorrow?*
> 두 유 씽(크) 잍일 비 파인 터머로우
> (내일 날씨가 좋을 것 같아요?)
> B : *Probably.*

❏ 아마 안 될 거예요.
Probably not.
프라버블리 낱

> A : *Do you think Sarah will pass the test?*
> 두 유 씽(크) 사라 윌 패스 더 테스트
> (사라는 시험에 합격할 것 같니?)
> B : *Probably not.*

❏ 어느 쪽이라고 단정할 수 없어.
Yes and no.
예스 앤드 노

❏ 확실히 모르겠어요.
I'm not sure.
아임 낱 슈어

❏ 그렇다면 좋겠어요.
I hope not.
아이 호웊 낱

> A : *I don't think it will rain this afternoon.*
> 아이 돈트 씽(크)잍 윌 레인 디스 앺터눈
> (오후에는 비가 내리지 않을 것 같습니다.)
> B : *I hope not.*

❏ 뭐라 말할 수 없군요.
It's hard to say.
이츠 하드 투 세이

❏ 응, 조금.
Well, more or less.
웰　　모어 오어 레스

❏ 아무래도 좋아요.
I don't care.
아이 돈트 케어

❏ 그렇게 생각할 수도 있겠죠.
You can think that way.
유　캔 씽(크)　댙 웨이

❏ 너 좋을 대로 해.
Whatever you like.
왙에버　　유　　라읶

❏ 좋아, 네가 그렇게 말한다면.
Okay, if you say so.
오케이　잎 유　세이 쏘

대답을 유보할 때

❏ 아마 당신 말이 맞을 겁니다.
You are probably right.
유　아　프라버블리　롸잍

❏ 글쎄요. 그저 그렇습니다.
Well. yes and no.
웰　　예스 앤드 노

  A : *Are you satisfied?*
    아　유 새티스파이드
    (만족합니까?)
  B : *Well. yes and no.*

❏ 지금 말하고 싶지 않습니다.
I'd rather not say right now.
아이드 래더　낱　세이　롸잍 나우

❏ 다시 생각해 볼게요.
I'll think twice.
아일 씽(크) 투와이스

확답을 피하는 응답

❐ 아직은 모르겠어요.

I'm not sure yet.
아임 낫 슈어 옐

❐ 지금 당장 결정할 수 없어요.

I can't decide it now.
아이 캔(트)디싸이드 잍 나우

> A : *What time will be convenient?*
> 왓 타임 윌 비 컨비니언트
> (몇 시가 편리하겠습니까?)
>
> B : *I can't decide it now.*

❐ 생각할 시간을 주세요.

I need some time to think about it.
아이 니드 썸 타임 투 씽크 어바웉 잍

❐ 어떻게 하면 좋을지 검토해 보겠습니다.

We'll discuss what we can do.
위일 디스커스 왓 위 캔 두

❐ 다시 그것을 생각해 봐야겠습니다.

I would have to think about it again.
아이 욷 햅 투 씽크 어바욷 잍 어게인

> A : *How would you feel about that?*
> 하우 욷 유 필 어바욷 댙
> (그것에 대해 어떻게 생각하십니까?)
>
> B : *I would have to think about it again.*

Chapter 08 감탄과 칭찬

ENGLISH CONVERSATION DICTIONARY

감탄의 기분을 나타낼 때

☐ 멋지네요! / 훌륭합니다.
Wonderful! / Great! / Fantastic!
원더풀 그레이트 팬태스틱

☐ 와, 정말 아름답네요!
Wow, beautiful!
와 뷰우터풀

☐ 경치가 멋지네요!
What a lovely view!
왙 어 러블리 뷰

> A : What a lovely view!
> B : Yes, it certainly is.
> 예스 잍 써튼리 이즈
> (정말이군요)

☐ 맛있네요!
Good! / Delicious! / Yummy!
굳 딜리셔스 여미

☐ 잘했어요!
Good job! / Good for you! / Excellent!
굳 잡 굳 포 유 엑설런트

☐ 재미있네요!
How interesting! / How exciting!
하우 인터레스팅 하우 익사이팅

☐ 엄청나네요!
That's really super!
대츠 리얼리 슈퍼

47

◻ 멋진 그림이군요!

What a wonderful picture!
왓 어 원더풀 픽쳐

> A : *What a wonderful picture!*
> B : *Do you think so? Thank you.*
> 두 유 씽크 쏘 쌩크 유
> (그렇습니까? 고맙습니다.)

◻ 정말 날씨가 좋죠!

What a glorious day!
왓 어 글로리어스 데이

◻ 아름다운 꽃이죠!

What lovely flowers!
왓 러블리 플라워즈

> A : *What lovely flowers!*
> B : *Yes, aren't they.*
> 예스 안트 데이
> (정말이군요.)

성과를 칭찬할 때

◻ 대단하군요!

Great!
그레이트

◻ 잘 하시는군요!

You're doing well!
유어 두잉 웰

◻ 잘 하셨어요!

You have done well!
유 햅 던 웰

◻ 정말 훌륭하군요!

How marvelous!
하우 마벌러스

◻ 그렇지요, 그렇게 해야지요.

That's the way.
대츠 더 웨이

48

❑ 참 잘하셨어요.
You did a fine job.
유 딛 어 파인 잡

A : You did a fine job.
B : Thank you for saying so.
쌩크 유 포 세잉 쏘
(칭찬해 주셔서 고맙습니다.)

❑ 나는 당신이 자랑스럽습니다.
I am very proud of you.
아이 앰 베리 프라우드 엎 유

❑ 초보로서는 상당히 잘 하는군요.
For a beginner, you're pretty good.
포 어 비기너 유어 프리티 굳

❑ 당신은 이 일에 안성맞춤입니다.
You are the right man for the job.
유 아 더 롸잍 맨 포 더 잡

❑ 그녀는 손재주가 좋아요.
She is quite good with her hands.
쉬 이즈 콰잍 굳 윋 허 핸즈

❑ 아주 잘 하고 있어요.
You are coming along well.
유 아 커밍 얼롱 웰

외모를 칭찬할 때

❑ 당신은 정말 신사이군요.
You're all gentleman.
유어 올 젠틀먼

❑ 멋있군요.
That's beautiful!
대츠 뷰우터풀

❑ 참 멋지군요.
You look like a million bucks.
유 룩 라잌 어 밀리언 벅스

감탄과 칭찬

❒ 나이에 비해 젊어 보이시는군요.

You look young for your age.
유 룩 영 포 유어 에이쥐

❒ 아이가 참 귀엽군요!

What a cute baby!
왙 어 큐트 베이비

❒ 당신은 눈이 참 예쁘군요.

You have beautiful eyes.
유 햅 뷰우터풀 아이즈

❒ 어마, 멋있군요!

Oh, that's keen!
오 대츠 킨

❒ 그거 참 잘 어울립니다.

You look stunning in it.
유 룩 스터닝 인 잍

> A : You look stunning in it.
> B : Really? I'm very happy to hear you say so.
> 리얼리 아임 베리 해피 투 히어 유 세이 쏘
> (정말요? 그렇게 말씀하시니 무척 기뻐요.)

❒ 그것은 정말 당신한테 잘 어울립니다.

It really looks good on you.
잍 리얼리 룩스 굳 온 유

❒ 이 사진에 아주 잘 나왔네요.

You came out beautiful in this picture.
유 케임 아웉 뷰우터풀 인 디스 픽쳐

❒ 사진보다 실물이 더 예쁘네요.

You're lovelier than your pictures.
유어 러블리어 댄 유어 픽쳐스

❒ 건강해 보이시는군요.

You look fit.
유 룩 핕

❏ 어떻게 그렇게 건강하십니까?
How do you keep fit?
하우 두 유 킾 핕

❏ 어쩜 그렇게 날씬하세요?
How do you keep in shape?
하우 두 유 킾 인 쉐잎

❏ 굉장하게 차려입었군.
You're all dressed up.
유어 올 드레스트 엎

❏ 새 셔츠를 입으니 보기가 좋군요.
You look nice in your new shirt.
유 룩 나이스 인 유어 뉴 셔트

❏ 나는 당신에게 반했습니다.
I fell in love with you.
아이 펠 인 럽 윋 유

❏ 인기가 대단하시겠어요.
You must be very popular.
유 머스트 비 베리 파퓰러

능력과 재주를
칭찬할 때

❏ 기억력이 참 좋으시군요.
You have a very good memory.
유 햅 어 베리 굳 메모리

❏ 당신은 능력이 대단하시군요.
You must be a man of ability.
유 머스트 비 어 맨 엎 어빌리티

A : *You must be a man of ability.*
B : *Really? I'm very happy to hear you say so.*
리얼리 아임 베리 해피 투 히어 유 세이 쏘
(정말요? 그렇게 말씀하시니 무척 기뻐요.)

❏ 어떻게 그렇게 영어를 잘하십니까?
How come you speak such a good English?
하우 컴 유 스피크 써치 어 굳 잉글리쉬

감탄과 칭찬

51

□ 마치 미국 사람처럼 영어를 잘하십니다.

You speak English without an accent.
유 스피크 잉글리쉬 위다웉 언 액센트

□ 영어를 훌륭하게 구사하시는군요.

You are in good command of English.
유 아 인 굳 커맨드 엎 잉글리쉬

□ 당신은 모르는 게 없군요.

You must be a walking encyclopedia.
유 머스트 비어 워킹 엔싸이클로피디어

□ 못하는 게 없으시군요.

Is there anything you can't do?
이즈 데어 에니씽 유 캔(트) 두

> A : Is there anything you can't do?
> B : I'm so flattered.
> 아임 소 플래터드
> (과찬의 말씀입니다..)

□ 당신의 입장이 부럽습니다.

I wish I were in your shoes.
아이 위쉬 아이 워 인 유어 슈즈

□ 정말 그는 수영을 잘하네요.

Look how well he's swimming.
룩 하우 웰 히즈 스위밍

□ 네가 나보다는 한 수 위야.

You are a cut above me.
유 아 어 컽 어밥 미

그밖에
여러 가지 칭찬

□ 아주 새 자전거를 가지셨군요.

You got a brand-new bike.
유 같 어 브랜드 뉴 바이크

□ 그거 잘 사셨군요.

That's a good buy.
대츠 어 굳 바이

▫ 그거 정말 좋은데요.
   It's so very nice.
   이츠 쏘   베리 나이스

▫ 좋은 시계를 차고 계시군요.
   That's a wonderful watch you're wearing.
   대츠   어 원더풀   워치   유어   웨어링

> A : *That's a wonderful watch you're wearing.*
> B : *Thank you. I bought it here in Japan.*
>   쌩크 유   아이 보트 잍 히어 인   재팬
>   (감사합니다. 일본에 와서 샀습니다.)

▫ 그것을 특별히 맞추었습니다.
   I had it specially made to order.
   아이 햅 잍 스페셜리   메일 투 오더

▫ 그래서 그렇게 훌륭하군요.
   No wonder it is so nice.
   노   원더   잍 이즈 쏘 나이스

▫ 정말 근사한데요.
   It's a real beauty!
   이츠 어   리얼 뷰티

▫ 멋진 집을 갖고 계시군요.
   You have a lovely home.
   유   햅   어 러블리 홈

▫ 그게 더 근사하네요.
   That's more like it!
   대츠   모어   라잌 잍

▫ 친절하기도 하셔라!
   You're so nice!
   유어   쏘 나이스

▫ 친절도 하시네요.
   That's very nice of you.
   대츠   베리   나이스 옾 유

감탄과 칭찬

53

▫ 잘 지적해 주셨어요.
You got a good point.
유 같 어 굳 포인트

▫ 어려운 결심을 하셨군요.
You made a tough decision.
유 메읻 어 터프 디씨견

▫ 당신은 참 부지런하시군요.
You're an early bird, aren't you?
유어 언 얼리 버드 안트 유

▫ 당신은 참 인사성이 밝으시군요.
You always know the right thing to say.
유 올웨이즈 노우 더 롸잍 씽 투 세이

칭찬에 대한 응답

▫ 칭찬해 주시니 고맙습니다.
Thank you, I'm flattered.
쌩크 유 아임 플래터드

> A : *You always know the right thing to say.*
> 유 올웨이즈 노우 더 롸잍 씽 투 세이
> *(당신은 참 인사성이 밝으시군요.)*
> B : *Thank you, I'm flattered.*

▫ 과찬의 말씀입니다.
I'm so flattered.
아임 소 플래터드

▫ 너무 치켜세우지 마세요.
Spare my blushes.
스페어 마이 블러쉬즈

▫ 비행기 태우지 마세요.
Don't make me blush.
돈트 메잌 미 블러쉬

▫ 그렇게 말씀해 주시니 고맙습니다.
It's very nice of you to say so.
이츠 베리 나이스 옆 유 투 세이 쏘

Chapter 09 놀라움과 두려움

놀랐을 때

☐ 저런, 세상에!
Oh, my God!
오 마이 갓

☐ 하느님 맙소사!
My goodness!
마이 굿니스

☐ 말도 안 돼!
No way!
노 웨이

☐ 아차!
Oh, dear!
오 디어

☐ 어머나!
Good God!
굿 갓

☐ 오, 안 돼!
Oh, no!
오 노

☐ 세상에! / 와! 신난다!
Yahoo!
야후

☐ 아이 깜짝이야!
Gee!
쥐

55

☐ 놀랍군요!
How surprising!
하우 써프라이징

☐ 아이, 깜짝 놀랐잖아.
Oh, I'm surprised.
오 아임 써프라이즈드

☐ 정말 놀랐어.
I was completely surprised.
아이 워즈 컴플리트리 써프라이즈드

☐ 놀라워!
What a surprise!
왙 어 써프라이즈

☐ 믿을 수 없어.
I don't believe it.
아이 돈트 빌리브 잍

> A : *I hate television.*
> 아이 해잍 텔레비젼
> (난 텔레비젼을 무척 싫어해요)
> B : *Really? I don't believe it.*

☐ 굉장한데!
That's awesome.
대츠 오썸

☐ 정말 충격이야.
It was a total shock.
잍 워즈 어 토털 쇽

☐ 믿어지지 않는데요.
Incredible!
인크레더블

☐ 이거 큰일 났군!
We really are in trouble!
위 리얼리 아 인 트러블

56

☐ 놀랍군요.
Amazing!
어메이징

☐ 너 때문에 놀랬잖아.
You startled me.
유 스타틀드 미

☐ 내 눈을 믿을 수가 없어.
I couldn't believe my eyes.
아이 쿠든트 빌리브 마이 아이즈

☐ 오, 애드거, 이 집 정말 환상적이구나!
Oh, Edgar, this house is fantastic!
오 애드거 디스 하우스 이즈 팬태스틱

상대방이 놀랐을 때

☐ 놀랐니?
Are you surprised?
아유 써프라이즈드

☐ 진정해.
Calm down.
캄 다운

☐ 여러분, 침착하세요. 놀랄 거 없어요.
Relax, everyone. There's no cause for alarm.
릴랙스 애브리원 데어즈 노 코즈 포 얼람

☐ 앉아서 긴장을 푸는 게 좋겠어.
You'd better go sit down and relax.
유드 베터 고 씯 다운 앤드 릴랙스

☐ 숨을 깊이 들이쉬세요.
Take a deep breath.
테익 어 딮 브레쓰

믿겨지지 않을 때

☐ 정말?
Really?
리얼리

놀라움과 두려움

57

▢ 믿을 수 없어!
　That's incredible!
　대츠 인크레더블

▢ 설마, 믿을 수 없어.
　No! I can't believe it.
　아이 캔(트) 빌리브 잍

> A: *My sister failed the entrance examination.*
>   마이 시스터 페일드 디 엔트런스 이그제미네이션
>   (난 텔레비전을 무척 싫어해요)
> B: *No! I can't believe it.*

▢ 농담하시는 건가요?
　Are you kidding?
　아유 키딩

▢ 진정인가요?
　Are you serious?
　아유 씨어리어스

▢ 그것은 금시초문인데요.
　That news to me.
　댙 뉴스 투 미

무서울 때

▢ 무서워요.
　I'm scared.
　아임 스케어드

▢ 그 생각만 하면 무서워요.
　I dread to think of that.
　아이 드렏 투 씽크 엎 댙

> A: *What are you afraid of?*
>   왙 아유 어프레이드 엎
>   (뭐가 무서우세요?)
> B: *I dread to think of that.*

▢ 등골에 땀이 나요.
　I have perspiration on my back.
　아이 햅 퍼스피레이션 온 마이 백

☐ 정말 무서운 영화였어.

That was a really scary movie.
댙 워즈 어 리얼리 스케어리 무비

☐ 간 떨어질 뻔 했어요.

I almost dropped a load.
아이 올모스트 드랍트 어 로우드

☐ 그것 때문에 소름이 끼쳤어요.

That gave me the creeps.
댙 게이브 미 더 크립스

☐ 내 팔에 소름 끼치는 것 좀 보세요.

Look at these goose bumps on my arms.
룩 앹 디즈 구스 범프스 온 마이 암즈

   A : Look at these goose bumps on my arms.
   B : I have goose bumps all over, too.
      아이 햅 구스 범프스 올 오버 투
      (저도 온몸에 소름끼쳐요.)

☐ 무서운 생각이야.

It's a frightening thought.
이츠 어 프라이트닝 쏘웃

☐ 난 무서워서 아무것도 할 수가 없었어.

I was too scared to do anything.
아이 워즈 투 스케어드 투 두 에니씽

   A : I was too scared to do anything.
   B : What's to be afraid of?
      왓츠 투 비 어프레읻 옾
      (두려워할 게 뭐가 있어?)

진정시킬 때

☐ 놀라지 마세요.

Don't alarm yourself.
돈트 얼람 유어셀프

☐ 전혀 놀랄 것 없어요.

There's no cause for alarm.
데어즈 노 코즈 포 얼람

☐ 놀랄 것까지는 없어요.
This is hardly a matter for surprise.
디스 이즈 하드리 어 매터 포 써프라이즈

☐ 무서워하지 마세요.
Don't be scared.
돈트 비 스케어드

> A : *I'm afraid to go in there.*
>   아임 어프레읻 투 고 인 데어
>   *(난 거기에 가기가 두려워.)*
> B : *Don't be scared.*

☐ 진정하세요.
Put your mind at ease about that.
풀 유어 마인드 앹 이즈 어바웉 댙

☐ 두려워하지 마세요.
Never fear!
네버 피어

Chapter 10 동정과 위로

ENGLISH CONVERSATION DICTIONARY

걱정을 물을 때

☐ 무슨 일이야?
What's the problem?
왓츠 더 프라블럼

A : I've been feeling down lately.
아이브 빈 필링 다운 레이틀리
(요즘 기분이 좋지 않아요.)
B : What's the problem?

☐ 뭣 때문에 괴로워하고 있는 거야?
What's bothering you?
왓츠 바더링 유

☐ 걱정되는 일이라도 있으세요?
Do you have something on your mind?
두 유 햅 썸씽 온 유어 마인드

☐ 무슨 일로 걱정하세요?
What's your worry?
왓츠 유어 워리

☐ 집에 무슨 일이 있으세요?
Do you have any trouble at home?
두 유 햅 에니 트러블 앹 홈

☐ 뭘 그리 초조해하고 있니?
What are you fretting over?
왙 아 유 프레팅 오버

A : What are you fretting over?
B : What of she doesn't come?
 왙 엎 쉬 더즌트 컴
 (그녀가 안 오면 어떡하죠?)

61

☐ 무슨 일이세요?
What's wrong?
왓츠 렁

> A : *What's wrong?*
> B : *I'm feeling out of it today.*
> 아임 필링 아웃 옆 잇 투데이
> (오늘은 어쩐지 기분이 이상해요.)

☐ 안색이 형편없군요.
You look terrible.
유 룩 테러블

> A : *You look terrible.*
> B : *I was all over the bed.*
> 아이 워즈 올 오버 더 벧
> (엎치락뒤치락하다 한 잠도 못 잤습니다.)

☐ 걱정되는 일이 있었나요?
Did you have something on your mind?
딛 유 햅 썸씽 온 유어 마인드

> A : *Did you have something on your mind?*
> B : *I feel hopeless.*
> 아이 필 호프리스
> (절망적인 기분이야.)

☐ 왜 그러세요? 몸이 편찮으세요?
What's the matter? Don't you feel well?
왓츠 더 매터   돈트 유 필 웰

☐ 피곤해 보이는데 웬일인가요?
How come you look so tired?
하우 컴 유 룩 쏘 타이어드

> A : *How come you look so tired?*
> B : *I didn't sleep a wink.*
> 아이 디든트 슬맆 어 윙크
> (한잠도 못 샀어요.)

☐ 오늘 기분이 언짢아 보이는데....
You look under the weather today.
유 룩 언더 더 웨더 투데이

위로할 때

- 저는 이제 어떡하죠?
  What do I do now?
  왙 두 아이 두 나우

  > A : What do I do now?
  > B : Is anything wrong?
  > 이즈 에니씽 렁
  > (무슨 일이 잘못됐니?)

- 우울해 보이네요.
  You look down.
  유 룩 다운

- 걱정하지 마세요.
  Don't worry.
  돈트 워리

- 좋아질 거예요.
  There are sunny days ahead.
  데어 아 써니 데이즈 어헬

- 그런 걱정은 잊어버리세요.
  Put such worries out of your head.
  풑 써취 워리즈 아웉 엎 유어 헤드

- 긍정적으로 생각하세요.
  Be positive.
  비 포지팁

- 그것은 문제없어요.
  That's easy.
  대츠 이지

- 물론 확실합니다.
  Sure, I'm sure.
  슈어   아임 슈어

- 자, 걱정할 것 없어요.
  Well, never mind.
  웰   네버 마인드

동정아과 위로

□ 부담스럽게 생각하지 마세요.
Think nothing of it.
씽크 낫씽 엎 잍

□ 낙담하지 말아요.
Never say die.
네버 세이 다이

□ 당신의 마음을 잘 알아요.
I know how you feel.
아이 노우 하우 유 필

□ 걱정말고 말해요.
Come out and say it.
컴 아웉 앤드 세이 잍

□ 없는 것보다는 낫잖아요.
It's better than nothing.
이츠 베터 댄 낫씽

격려할 때

□ 자, 힘을 내. 너는 할 수 있어.
Come on, you can do that.
컴 온   유 캔 두 댙

□ 기운 내!
Cheer up!
치어 엎

□ 좀더 힘내세요.
Be of better cheer!
비 엎 베터 치어

□ 진정하세요.
Calm down.
캄 다운

□ 자, 기운을 내세요.
Come on, snap out of it!
컴 온   스냎 아웉 엎 잍

☐ 행운을 빌게.
Good luck!
굳 럭

☐ 힘내라!
Go for it!
고 포 잍

☐ 포기하면 안돼요.
Don't give up.
돈트 깁 엎

☐ 너라면 할 수 있어.
You can do it!
유 캔 두 잍

☐ 자신을 가져요.
Be confident in yourself.
비 컨피던트 인 유어셀프

☐ 힘내, 파이팅!
Go get them tiger!
고 겥 뎀 타이거

☐ 나는 네 편이야.
I'm on your side.
아임 온 유어 사이드

ENGLISH CONVERSATION DICTIONARY

Chapter 11
축하와 기원

축하할 때

☐ 축하할 일이 생겼다면서요.
I hear congratulations are in order.
아이 히어 컹그래취래이션스 아 인 오더

☐ 승진을 축하합니다.
Congratulations on your promotion!
컹그래취래이션스 온 유어 프로모션

> A : *Congratulations on your promotion!*
> B : *Oh, thanks. I think I was lucky.*
> 　　오　쌩스　　아이 씽크 아이 워즈 럭키
> 　(고맙습니다. 운이 좋았던 것 같아요.)

☐ 생일을 축하합니다.
Happy birthday to you!
해피 버쓰데이 투 유

☐ 놀랐지? 생일 축하해!
Surprise! Happy birthday!
써프라이즈　해피 버쓰데이

☐ 결혼을 축하합니다.
Congratulations on your wedding!
컹그래취래이션스 온 유어 웨딩

☐ (우리) 기념일을 축하해.
Happy anniversary.
해피 애니버써리

> A : *Happy anniversary.*
> B : *Thank you, I thought you forget again.*
> 　　쌩크 유　　아이 쏘우트 유 포겟 어게인
> 　(고마워요. 난 당신이 또 잊어버린 줄 알았어요.)

□ 그 행운의 여성은 누구예요?
Who is the lucky lady?
후 이즈 더 럭키 레이디

□ 두 분이 행복하시길 빕니다.
May you both be happy!
메이 유 보쓰 비 해피

□ 부인이 임신하셨다면서요? 축하해요.
I hear your wife is expecting. Congratulations.
아이 히어 유어 와이프 이즈 익스펙팅   컹그래춰래이션스

□ 출산을 축하합니다.
Congratulations on your new baby!
컹그래춰래이션스 온 유어 뉴 베이비

> A : *My wife had a baby last week.*
>   마이 와이프 햇 어 베이비 라스트 윅
>   (지난 주 아이가 태어났습니다.)
> B : *Congratulations on your new baby!*

□ 아주 기쁘시겠군요.
You must be very pleased.
유 머스트 비 베리 플리즈드

□ 승리를 축하합니다.
Congratulations on your victory!
컹그래춰래이션스 온 유어 빅토리

□ 축하합니다. 선물입니다.
Congratulations! Here's a little present for you.
컹그래춰래이션스   히어즈 어 리틀 프레젠트 포 유

> A : *Congratulations! Here's a little present for you.*
> B : *Oh, thank you very much. Can I open it?*
>   오 쌩크 유 베리 머취   캔 아이 오픈 잇
>   (아, 고마워요. 열어봐도 될까요?)

□ 우리의 승리를 자축합시다.
Let's celebrate our victory!
레츠 셀러브레잍 아우어 빅토리

축하와 함께
기원할 때

□ 성공을 축하드립니다.
Congratulations on your success!
컹그래춰래이션스 온 유어 석세스

□ 어떻게 해 내셨어요?
How did you manage it?
하우 딛 유 매니쥐 잍

□ 잘했다! 네가 정말 해냈구나.
Good job! You really came through.
굳 잡   유 리얼리 케임 쓰루

□ 새해 복 많이 받으세요.
Happy new year!
해피 뉴 이어

> A : Happy new year!
> B : Same to you.
>   세임 투 유
>   (당신도요)

□ 성공을 빕니다.
May you succeed!
메이 유 썩씨드

□ 더 나은 해가 되길 바랍니다.
I hope you'll have a better year.
아이 호읖 유일 햅 어 베터 이어

□ 당신에게 신의 축복이 있기를!
God bless you!
갇 블레스 유

□ 모든 일이 잘 되기를 바래요.
I hope everything will come out all right.
아이 호읖 에브리씽 윌 컴 아웉 올 롸잍

□ 잘 되길 바랍니다.
I wish you the best of luck.
아이 위시 유   더   베스트 엎 럭

❏ 즐거운 크리스마스 보내세요.
Merry Christmas!
메리 크리스머스

❏ 새해에는 모든 행운이 깃들기를!
All the best for the New Year!
올 더 베스트 포 더 뉴 이어

❏ 즐거운 명절 되세요!
Happy Holidays!
해피 할러데이즈

❏ 즐거운 발렌타인데이예요!
Happy Velentine's Day!
해피 발렌타인즈 데이

❏ 행복하길 빌겠습니다.
I hope you'll be happy.
아이 호웊 유일 비 해피

> *A : I hope you'll be happy.*
> *B : Thank you. The Same to you!*
> 쌩크 유 더 세임 투 유
> (감사합니다. 당신도요.)

❏ 행운을 빌게요.
Good luck to you.
굳 럭 투 유

환영할 때

❏ 정말 환영입니다.
You're quite welcome.
유어 콰잍 웰컴

❏ 같이 일하게 되어 반갑습니다.
Glad to have you with us.
글랟 투 햅 유 윋 어스

❏ 저의 집에 오신 것을 환영합니다.
Welcome to my home.
웰컴 투 마이 홈

축하와 기원

69

🗆 한국에 오신 것을 환영합니다.

Welcome to Korea.
웰컴 투 코리아

🗆 이곳이 마음에 들기를 바랍니다.

I hope you'll like it here.
아이 호읖 유일 라잌 잍 히어

🗆 함께 일하게 된 것에 기대가 큽니다.

I'm looking forward to working with you.
아임 룩킹 포워드 투 워킹 윝 유

🗆 안녕하세요. 미스 김. 입사를 축하합니다.

Hi, Miss Kim. Welcome aboard.
하이 미스 킴   웰컴 어보드

> A : *I'm Miss Kim, the new secretary, here.*
>   아임 미스 킴   더 뉴 세크러테리   히어
>   (저는 새로 온 비서 미스 김입니다.)
>
> B : *Hi, Miss Kim. Welcome aboard.*

🗆 그에게 큰 박수를 부탁드립니다.

Please give him a big hand.
플리즈 깁 힘 어 빅 핸드

Chapter 12

ENGLISH CONVERSATION DICTIONARY

희로애락의 감정

기쁨과 즐거움

❏ 무척 기뻐요!
　I'm very happy!
　아임 베리 해피

❏ 몹시 기뻐.
　I'm overjoyed.
　아임 오버죠이드

❏ 날아갈 듯 해.
　I'm flying.
　아임 풀라잉

❏ 기분 끝내주는군!
　What a great feeling!
　왙 어 그레잍 필링

❏ 기뻐서 펄쩍 뛸 것 같아.
　I'm about ready to jump out my skin.
　아임 어바웉 레디 투 점프 아웉 마이 스킨

❏ 정말 기분이 좋군!
　Oh! How glad I am!
　오 하우 글랜 아이 앰

❏ 기뻐서 날아갈 것 같았어요.
　I jumped for joy.
　아이 점트 포 조이

❏ 제 생애에 이보다 더 기쁜 적이 없었어요.
　I've never been happier in my life.
　아이브 네버 빈 해피어 인 마이 라이프

71

❒ 정말 즐거워요!
   What a lark!
   왙 어 락

❒ 너무 기뻐서 말이 안 나와요.
   I'm so happy, I don't know what to say.
   아임 쏘 해피   아이 돈트 노우 왙 투 세이

> A : *I'm so happy, I don't know what to say.*
> B : *What makes you so happy, Mr. Kim?*
>   왙 메읶스 유 쏘 해피   미스터킴
>   (뭐가 그리 기쁘세요, 미스터 김?)

❒ 즐거워요.
   I'm having fun.
   아임 해빙 펀

❒ 좋아서 미치겠어요.
   I'm tickled pink.
   아임 티클드 핑크

❒ 콧노래라도 부르고 싶은 기분입니다.
   I feel like humming.
   아이 필 라잌 허밍

❒ 제 아들이 성공해서 무척 기뻐요.
   I'm very pleased with my son's success.
   아임 베리 플리즈드 윋 마이 선스 석세스

❒ 난 정말로 만족스러워.
   I'm completely.
   아임 컴플리틀리

❒ 마음이 아주 편안해요.
   My mind is completely at ease.
   마이 마인드 이즈 컴플리틀리 앹 이즈

❒ 더 이상 기쁠 수 없을 거야.
   I couldn't be happier with it.
   아이 쿠든트 비 해피어 윋 잍

기쁜 소식을 들었을 때

☐ 그 소식을 들으니 정말 기쁩니다.
I'm glad to hear that.
아임 글랟 투 히어 댙

A : I'm glad to hear that.
B : How glad you must be!
하우 글랲 유 머스트 비
(정말 기쁘시겠습니다.)

☐ 대단한 소식이야!
What wonderful news!
왙 원더풀 뉴스

☐ 저도 기쁩니다.
I'm so happy for you.
아임 쏘 해피 포 유

☐ 네가 잘돼서 나도 기뻐!
I'm really happy for you.
아임 리얼리 해피 포 유

☐ 듣던 중 반가운데요.
That's nice to here.
대츠 나이스 투 히어

그밖에 기쁨의 표현

☐ 그거 반가운 소식이군요.
That's a good news.
대츠 어 굳 뉴스

A : That's a good news.
B : She must be happy to hear that.
쉬 머스트 비 해피 투 히어 댙
(그녀가 들으면 틀림없이 기뻐할 거예요.)

☐ 만세!
Hurrah!
후라

☐ 브라보!
Bravo!
브라보

희로애락의 감정

73

□ 만세!
Hip, hip, hurray!
힙 힙 후레이

□ 야, 만세!
Yippee!
이피

□ 희비가 교차하는군요.
I alternate between joy and grief.
아이 얼터닡 비튄 조이 앤드 그리프

□ 시원섭섭하군요.
It's bitter-sweet.
이츠 비터 스윝

자신이
화가 날 때

□ 알았어, 알겠다고.
All right, I will.
올 롸잍 아이 윌

> A : *All right, I will.*
> B : *What's got him so angry?*
> 왓츠 같 힘 쏘 앵그리
> (무엇 때문에 그가 그렇게 화가 났니?)

□ 내게 말하지 마.
Don't talk to me.
돈트 토크 투 미

□ 당신 때문에 미치겠어요.
You drive me crazy.
유 드라이브 미 크레이지

□ 더 이상은 못 참겠어요.
Enough is enough.
이넢 이즈 이넢

□ 미치겠어요.
I'm going crazy.
아임 고잉 크레이지

❒ 너무 화가 나서 터질 것만 같아.
I'm so angry I could blow.
아임 쏘 앵그리 아이 쿧 블로우

❒ 참는 것도 한도가 있어요.
My patience is worn out.
마이 페이션스 이즈 원 아웉

❒ 그 사람을 볼 때마다 열 받아요.
I get fried up everytime I see him.
아이 겥 프라이드 엎 에브리타임 아이 씨 힘

상대방이
화가 났을 때

❒ 화났어요?
Are you angry?
아 유 앵그리

  A : *Are you angry?*
  B : *I'm mad at myself.*
   아임 맫 앹 마이셀프
   (제 자신에게 화가 났어요.)

❒ 아직도 화나 있어요?
Are you still angry?
아 유 스틸 앵그리

❒ 그래서 나한테 화가 났어요?
Are you angry with me on that score?
아 유 앵그리 윋 미 온 댙 스코어

❒ 뭐 때문에 그렇게 씩씩거리니?
What's got you all in a huff?
왓츠 같 유 올 인 어 헢

❒ 왜 그런지 모르겠어요.
I don't know why.
아이 돈트 노우 와이

  A : *What's got him all fired up?*
   왓츠 같 힘 올 파이어드 엎
   (무엇 때문에 그가 저렇게 펄펄 뛰는 거야?)
  B : *I don't know why.*

희로애락의 감정

75

그는 몹시 화가 나 있어요.
He's on the warpath.
히즈 온 디 워패쓰

그는 화를 잘 내요.
He gets upset very easily.
히 겥츠 엎셑 베리 이질리

언행이 지나칠 때

그만 둬!
Stop it!
스탚 잍

제발 목소리를 낮추세요.
Please keep your voice down.
플리즈 킾 유어 보이스 다운

닥쳐!
Shut up!
셭 엎

입 닥치고 잠자코 있어!
Keep your mouth shut!
킾 유어 마우스 셭

무슨 소릴 하는 거야?
What are you talking about?
왙 아 유 토킹 어바웉

쓸데없는 소리하지 마세요.
Stop your nonsense.
스탚 유어 넌센스

그런 헛소리하지 마세요!
Don't give me that!
돈트 깁 미 댙

> A : Don't give me that!
> B : You are too outspoken!
> 유아 투 아웉스포컨
> (당신은 말을 함부로 하는군요!)

화를 진정시킬 때

- 바보 같은 소리 집어 치워!
Cut off the silly story!
컽 오프 더 씰리 스토리

- 말대꾸하지 마!
Don't sass me back!
돈트 새스 미 백

- 진정하세요.
Come on!
컴 온

- 화 내지 마세요.
Please don't get angry.
플리즈 돈트 겥 앵그리

- 흥분을 가라앉혀.
Simmer down.
씨머 다운

> A : *What a pisser!*
> 왙어 피서
> (정말 열 받는군!)
> B : *Simmer down.*

- 냉정함을 유지해.
Keep your cool.
킾 유어 쿨

- 이성을 잃으면 안 돼.
Don't lose your temper.
돈트 루즈 유어 템퍼

- 나한테 화내지 마라.
Don't take it out on me.
돈트 테잌 잍 아웉 온 미

- 이런 일에 화낼 필요 없어.
Don't get so uptight about this.
돈트 겥 쏘 업타잍 어바웉 디스

희로애락의 감정

❒ 너무 화내지 마.
Don't get so upset.
돈트 겥 쏘 엎셑

> A : *I'm really mad.*
> 아임 리얼리 맫
> (정말 미쳐 버리겠네.)
> B : *Don't get so upset.*

❒ 진정해. 이 정도도 다행이지 뭐.
Relax. It could be worse, you know.
릴렉스   잍 쿧 비 워스   유 노우

슬플 때

❒ 아, 슬퍼요!
Alas!
얼래스

❒ 어머 가엾어라!
What a pity!
왙 어   피티

❒ 맙소사!
Oh, my God!
오   마이 갇

❒ 어머, 가엾게도!
Oh, poor thing!
오   푸어 씽

❒ 저는 비참해요.
I feel miserable.
아이 필 미저러블

❒ 영화가 너무 슬퍼요.
The movie is so sad.
더 무비 이즈 쏘 쌛

❒ 슬퍼서 울고 싶은 심정이에요.
I'm so sad I could cry.
아임 쏘 쌛 아이 쿧 크라이

78

☐ 저는 조금 슬픈 기분이에요.
I'm just feeling a little sad.
아임 저스트 필링 어 리틀 쌛

> A : *I'm just feeling a little sad.*
> B : *You will get passed beyond the sadness.*
> 유 윌 겟 패스트 비욘드 더 새드니스
> (더 이상 슬프지 않을 거예요.)

☐ 세상이 꼭 끝나는 것 같아.
I feel like the world is coming to an end.
아이 필 라익 더 월드 이즈 커밍 투 언 엔드

☐ 울고 싶어.
I feel like crying.
아이 필 라익 크라잉

> A : *What's the deal?*
> 왓츠 더 딜
> (무슨 일이지?)
> B : *I feel like crying.*

우울할 때

☐ 저는 우울해요.
I'm depressed.
아임 디프레스트

☐ 저는 희망이 없어요.
I'm hopeless.
아임 호프리스

☐ 아무것도 하고 싶은 생각이 없어요.
I don't feel like doing anything.
아이 돈트 필 라익 두잉 에니씽

☐ 저는 지금 절망적인 상태예요.
I'm in no-win situation now.
아임 인 노 윈 씨츄에이션 나우

☐ 저를 우울하게 만들지 마세요.
Don't let it make my brown eyes blue.
돈트 렛 잍 메잌 마이 브라운 아이즈 블루

희로애락의 감정

79

슬픔과 우울함을 위로할 때

❏ 모든 것이 끝났다고 생각했어요.
I thought I was at the end of my rope.
아이 쏘우트 아이 워즈 앹 디 엔드 옆   마이 로웊

❏ 내가 당신 옆에서 돌봐 줄게요.
I'll stick by you.
아일 스틱 바이 유

❏ 너무 우울해하지 마.
Don't get too down.
돈트 겥 투 다운

❏ 기운 내.
Cheer up.
치어(ㄹ) 엎

> A : *Somehow I feel like crying.*
> 썸하우 아이 필 라읶 크라잉
> (괜히 울고 싶은 심정이에요.)
> B : *Cheer up.*

❏ 너는 이겨낼 거야.
You'll get through this.
유윌 겥 쓰루 디스

❏ 슬픔에 굴복해서는 안 돼요.
Don't give way to grief.
돈트 깁 웨이 투 그리프

❏ 잠을 자고 슬픔을 잊어버리세요.
Sleep off your sorrow.
슬맆 오프 유어 쏘로우

❏ 어떻게 견디고 계세요?
How are you holding up?
하우 아 유 홀딩 엎

❏ 부친께서 돌아가셨다니, 참 안 됐습니다.
I'm very sorry to hear that your father passed away.
아임 베리 쏘리 투 히어 댙 유어 파더 패스트 어웨이

Chapter 13 불평과 불만

ENGLISH CONVERSATION DICTIONARY

귀찮을 때

☐ 아, 귀찮아.
Oh, bother it!
오 바더(르) 잍

☐ 정말 귀찮군.
What a nuisance!
왙 어 뉴어선스

☐ 누굴 죽일 생각이세요?
Do you want to see me dead?
두 유 윈트 투 씨 미 데드

☐ 당신은 참 짜증나게 하는군요.
You're very trying.
유어베리 트라잉

  A : You're very trying.
  B : Why do I blamed?
    와이 두 아이 블레임드
    (왜 그게 제 탓이죠?)

☐ 또 시작이군.
Here we go again.
히어(르) 위 고 어게인

☐ 나 지금 바빠. 제발 저리 좀 비켜라.
I'm busy right now. Please buzz off.
아임 비지 롸잍 나우   플리즈 버즈 오프

불평·불만을 나타낼 때

☐ 저로서는 불만입니다.
As for myself, I'm not satisfied.
애즈 포 마이셀프   아임 낱 새티스파이드

81

▫ 나한테 불만 있어요?

Do you have something against me?
두 유 햅 썸씽 어겐스트 미

▫ 당신 또 불평이군요.

You're always complaining.
유어 올웨이즈 컴플레이닝

▫ 무엇을 불평하고 계십니까?

What are you complaining about?
왈 아 유 컴플레이닝 어바웉

▫ 뭐가 그렇게 불만족스러운가요?

What are you so dissatisfied about?
왈 아 유 쏘 디스새티스파이드 어바웉

> A : *What are you so dissatisfied about?*
> B : *I'm disgusted with your attitude.*
> 아임 디스거스티드 윋 유어 애티튜드
> (당신 태도에 난 너무 불쾌해요.)

▫ 너무 투덜거리지 마!

Never grumble so!
네버 그럼블 쏘

▫ 너무 그러지 마.

Why don't you give it a rest?
와이 돈트 유 깁 잍 어 레스트

▫ 불평불만 좀 그만 해.

Quit your bitching and moaning.
퀼 유어 비칭 앤드 모우닝

▫ 이제 그만 좀 불평해.

Keep your complaints to yourself.
킾 유어 컴플레인츠 투 유어셀프

▫ 그만 좀 불평해.

Stop your bellyaching.
스탚 유어 벨리에이킹

지겹고 짜증날 때

❏ 진짜 지겹다, 지겨워.
I'm sick and tired of it.
아임 씩 앤드 타이어드 엎 잍

❏ 하는 일에 싫증나지 않으세요?
Aren't you tired of your job?
안트 유 타이어드 엎 유어 잡

　A : Aren't you tired of your job?
　B : Yes, I'm sick of it.
　　예스 아임 씩 엎 잍
　　(네, 이젠 진절머리가 나요.)

❏ 그는 매우 짜증나게 해.
He frustrates me to no end.
히 프러스트레잍츠 미 투 노 엔드

❏ 이젠 일에 싫증이 나요.
I'm tired of my work.
아임 타이어드 엎 마이 웍

❏ 정말 스트레스 쌓이는군!
It's really stressful!
이츠 리얼리 스트레스풀

❏ 따분하죠, 그렇죠?
It's boring, isn't it?
이츠 보링　　이즌트 잍

　A : It's boring, isn't it?
　B : I'm disgusted with this way of life.
　　아임 디스거스티드 윋 디스 웨이 엎 라이프
　　(이런 생활에는 이제 넌더리가 나요.)

❏ 지겨운 일이군.
It's boring job.
이츠 보링 잡

❏ 지루해 죽겠어요.
Time hangs heavy on my hands.
타임 행즈 헤비 온 마이 핸즈

불평과 불만

83

▢ 정말 짜증스러워요.
I'm really pissed off.
아임 리얼리 피스트 오프

▢ 그건 생각만 해도 지긋지긋해요.
It makes me sick even to think of it.
잍 메익스 미 씩 이븐 투 씽크 엎 잍

▢ 맥이 빠지는군!
What a drag!
왙 어 드래그

▢ 이 일은 해도 해도 한이 없군.
This job never ends.
디스 잡 네버 엔즈

▢ 이것보다 더 지루한 일이 있을까?
Is there anything more tedious than this?
이즈 데어(ㄹ) 에니씽 모어 티겨스 댄 디스

▢ 영어 공부는 너무 싫증 나.
I'm fed up with studying English.
아임 펟 엎 윌 스터딩 잉글리쉬

실망할 때

▢ 전 실망했습니다.
I'm disappointed.
아임 디써포인티드

▢ 당신에게 실망했어요.
I'm disappointed in you.
아임 디써포인티드 인 유

▢ 그는 나를 정말 실망시켰어요.
He really let me down.
히 리얼리 렡 미 다운

▢ 그 말을 들을 때 가슴이 철렁 내려앉았습니다.
My heart sank when I heard that.
마이 핱 쌩크 웬 아이 허드 댙

ENGLISH CONVERSATION DICTIONARY

Chapter 14
비난과 험담

비난할 때

☐ 창피한 줄 아세요.
Shame on you.
쉐임 온 유

☐ 당신 정신 나갔어요?
Have you lost mind?
헵 유 로스트 마인드

☐ 당신은 바보로군요.
You're an idiot.
유어 언 이디엍

☐ 당신 미쳤군요.
You're insane.
유어 인세인

☐ 왜 이런 식으로 행동하죠?
Why are you acting this way?
와이 아유 액팅 디스 웨이

☐ 거봐! 내가 뭐라고 했어?
There, now! What did I tell you?
데어 나우 왙 딛 아이 텔 유

　A : *There, now! What did I tell you?*
　B : *Don't put the blame on me.*
　　　돈 트 풑 더 블레임 온 미
　　　(내 탓 하지 마.)

☐ 그 사람 말을 믿다니 당신도 바보이군요.
It's silly of you to trust him.
이츠 씰리 엎 유 투 트러스트 힘

85

▫ 그게 어쨌단 말이니?

What's wrong with that?
왓츠 렁 윋 댙

▫ 당신이 뭐라도 되는 줄 아세요?

Who do you think you are?
후 두 유 씽크 유아

> A : Who do you think you are?
> B : I take offense to that.
> 아이 테잌 오펜스 투 댙
> (그 말을 들으니까 기분 나쁜데.)

▫ 그는 항상 그런 식이에요.

It's so typical of him.
이츠 쏘 티피컬 엎 힘

▫ 남이 없는 곳에서 흉을 보지 마세요.

Don't bad-mouth others behind their backs.
돈트 밷- 마우쓰 아더스 비하인드 데어 백스

▫ 너도 마찬가지야!

The same applies to you.
더 세임 어플라이즈 투 유

▫ 저질!

That's disgusting!
대츠 디스거스팅

> A : That's disgusting!
> B : What are you smoking?
> 왙 아 유 스모우킹
> (뭔 소리 하는 거야?)

▫ 바보 짓 하지마!

Don't make a fool of yourself!
돈트 메잌 어 풀 엎 유어셀프

▫ 정말 뻔뻔하군!

What an impudence!
왙 언 임퓨던스

❐ 도대체 무슨 생각으로 그러세요?
What the big idea?
왙 더 빅 아이디어

❐ 진짜 유치하군.
You're so childish.
유어 쏘 촤일디쉬

❐ 그는 정말 멍청해.
He's dumber than a doornail.
히즈 덤버 댄 어 도네일

> A : *He's dumber than a doornail.*
> B : *He's not as dumb as you think.*
> 히즈 낱 애즈 덤 애즈 유 씽크
> (그는 네가 생각하는 것만큼 바보가 아냐.)

❐ 뭐라고! 그래 그것도 몰라?
What! you don't know that?
왓   유 돈트 노우 댙

❐ 바보나 그렇게 하겠다.
Only an idiot would do such a thing.
온리 언 이디엍 웉 두 써취 어 씽

> A : *Only an idiot would do such a thing.*
> B : *Don't take me a fool.*
> 돈트 테잌 미 어 풀
> (나를 바보로 취급하지 마세요.)

❐ 당신 할 줄 아는 게 뭐예요?
Don't you know how to do anything right?
돈트 유 노우 하우 투 두 에니씽 롸잍

> A : *Don't you know how to do anything right?*
> B : *What do you take me for?*
> 왙 두 유 테잌 미 포
> (날 뭘로 생각하는 거야?)

❐ 이럴 수가! 어떻게 하는지 모른단 말이오?
What! you don't know how to do that?
왙   유 돈트 노우 하우 투 두 댙

비난과 험담

87

말싸움을 할 때

☐ 너 내 말대로 해!

You heard me!
유 허드 미

> A : You heard me!
> B : No, you heard me!
> 노 유 허드 미
> (아냐, 네가 내 말대로 해!)

☐ 그만 해둬, 좀 조용히 해!

Stop bothering me. Just be quiet.
스탑 바더링 미   저스트 비 콰이엍

☐ 이봐요! 목소리 좀 낮춰요.

Hey! Keep your voice down!
헤이   킾 유어 보이스 다운

☐ 바보 같은 소리하지 마세요.

Don't be silly.
돈트 비 실리

> A : Don't be silly.
> B : How can you say such a thing?
> 하우 캔 유 세이 써취 어 씽
> (당신, 어떻게 그런 말을 할 수 있죠?)

☐ 무엇 때문에 다투셨어요?

What did you quarrel about?
왙 딛 유 쿼럴 어바웉

☐ 당신한테 따질 게 있어요?

I've get a score to settle with you.
아이브 겥 어 스코어 투 세틀 윋 유

☐ 너 두고 보자!

You won't get away with this.
유 원트 겥 어웨이 윋 디스

☐ 내가 뭐가 틀렸다는 거야?

How am I at fault?
하우 엠 아이 앹 폴트

☐ 내가 너한테 뭘 어떻게 했다는 거야?
What did I ever do to you?
왙 딛 아이 에버 두 투 유

☐ 네가 완전히 망쳤어.
You really blew it.
유 리얼리 블루 잍

   A : You really blew it.
   B : How could you say that?
      하우 쿧 유 세이 댙
     (어떻게 그런 말을 할 수 있지요?)

☐ 당신이 잘못한 거예요.
You were in the wrong.
유 워 인 더 렁

☐ 잘못한 사람은 바로 당신이오.
You were the one who was wrong.
유 워 디 원 후 워즈 렁

   A : You were the one who was wrong.
   B : How can you be so mean to me?
      하우 캔 유 비 쏘 민 투 미
     (당신이 어떻게 나한테 그렇게 심하게 할 수 있죠?)

☐ 감히 나한테 어떻게 그렇게 얘기할 수 있어?
How dare you say that to me?
하우 데어(ㄹ) 유 세이 댙 투 미

☐ 우리 밖에서 한 판 붙자!
Let's take this outside.
레츠 테잌 디스 아웉사이드

   A : Let's take this outside.
   B : Let's fight.
      레츠 파잍
     (그래, 한번 붙어 보자!)

☐ 덤벼!
Bring it on!
브링 잍 온

비난과 험담

변명을 할 때

☐ 변명하지 마세요.

Stop making excuses.
스탑 메이킹 익스큐즈스

☐ 변명은 듣고 싶지 않아.

I don't want to hear your excuses.
아이 돈트 원트 투 히어(ㄹ) 유어 익스큐즈스

☐ 이제 변명은 됐어.

I've had enough of your excuses.
아이브 햅 이넢 엎 유어 익스큐즈스

☐ 그건 변명이 안 돼.

That's no excuses.
대츠 노 익스큐즈스

☐ 억지 변명하지 말아요.

Don't quibble.
돈트 퀴블

꾸짖을 때

☐ 다시는 절대 그러지 말거나.

You'll never do that again.
유일 네버 두 댙 어게인

> A : *You'll never do that again.*
> B : *No, I won't.*
>   노 아이 원트
>   (절대로 안 하겠습니다.)

☐ 그런 법이 어디 있어요?

How do you get that way?
하우 두 유 겥 댙 웨이

☐ 행동으로 옮기든지, 입 다물고 있든지 해!

Put up or shut up!
풀 엎 오어 셛 엎

> A : *Put up or shut up!*
> B : *Don't talk to me like that.*
>   돈트 토크 투 미 라익 댙
>   (그런 식으로 말하지 마세요.)

☐ 너희들 나머지도 다 마찬가지야.
The same goes for the rest of you.
더 세임 고즈 포 더 레스트 엎 유

☐ 당신 정신 나갔어요?
Are you out of your mind?
아 유 아웉 엎 유어 마인드

> A : Are you out of your mind?
> B : Don't lay the blame on me alone.
> 돈트 레이 더 블레임 온 미 얼론
> (저만 잘못했다고 탓하지 마세요.)

화해할 때

☐ 흥분하지 마세요.
Don't get excited.
돈트 겓 익사이티드

☐ 이제 됐어요.
Enough of it!
이넢 엎 잍

☐ 싸움을 말리지 그랬어요?
Why didn't you break up the fight?
와이 디든트 유 브레잌 엎 더 파잍

☐ 진정하세요.
Keep your shirt on.
킾 유어 셔(ㄹ)트 온

☐ 두 사람 화해하세요.
Why don't you guys just make up?
와이 돈트 유 가이즈 저스트 메잌 엎

☐ 그 일은 잊어버리세요.
Forget about it.
포겥 어바웉 잍

☐ 남자 대 남자로 이야기합시다.
Let' have a man-to-man talk.
레츠 햅 어 맨투맨 톡

욕을 할 때

☐ 네가 동생에게 양보해라.
Be nice to your brother.
비 나이스 투 유어 브라더

☐ 제기랄!
Damn it!
댐 잍

☐ 개새끼!
Son of a bitch!
썬 옆 어 비취

> A : *Son of a bitch!*
> B : *Don't call me names.*
> 돈트 콜 미 네임즈
> (욕하지 마세요)

☐ 엿 먹어라!
Bull shit!
불 쉩

☐ 빌어먹을!
Devil take it!
데블 테잌 잍

☐ 야, 이 18놈(년)아!
Fuck you!
퍽 유

☐ 저런 바보 같으니!
Butterfingers!
버터핑거즈

☐ 벼락맞을 놈!
Drop dead!
드랖 데드

Chapter 15 감사의 표현

ENGLISH CONVERSATION DICTIONARY

기본적인 감사 표현

☐ 감사합니다.
Thank you. / Thanks.
쌩크 유   쌩스

　A : *Thank you.*
　B : *Thank you.*
　　　쌩크 유
　　　(오히려 제가 감사합니다.)

☐ 대단히 감사합니다.
Thanks a lot.
쌩스 어 랕

☐ 진심으로 감사드립니다.
I heartily thank you.
아이 허털리 쌩크 유

☐ 여러 가지로 감사드립니다.
Thank you for everything.
쌩크 유 포 에브리씽

　A : *Thank you for everything.*
　B : *You're welcome.*
　　　유어 웰컴
　　　(천만에요.)

☐ 어떻게 감사를 드려야 할지 모르겠어요.
How can I ever thank you?
하우 캔 아이 에버 쌩크 유

☐ 얼마나 감사한지 모르겠어요.
I can never thank you enough.
아이 캔 네버 쌩크 유   이넢

93

수고·노고에 대한 감사 표현

☐ 어쨌든 감사합니다.
Thank you anyway.
쌩크 유 에니웨이

☐ 정말 감사합니다.
Thank you very much indeed.
쌩크 유 베리 머취 인디드

☐ 여러모로 고려해 주셔서 정말 고맙게 생각합니다.
I appreciate your consideration.
아이 어프리쉬에잍 유어 컨시더레이션

☐ 큰 도움이 되었어요.
You've been a great help.
유브 빈 어 그레읻 핼프

☐ 그 점 정말 감사합니다.
I appreciate it very much.
아이 어프리쉬에잍 잍 베리 머취

☐ 아뇨, 그럴 필요는 없습니다. 하지만 고맙습니다.
No, there's no need. Thank you all the same.
노 데어즈 노 니드 쌩크 유 올 더 세임

> A : Shall I help you?
> 쉘 아이 헬프 유
> (도와드릴까요?)
> B : No, there's no need. Thank you all the same.

☐ 김, 제가 큰 은혜를 입었습니다.
You're doing me a big favor, Kim.
유어 두잉 미 어 빅 페이버 킴

☐ 그렇게 해 주시면 감사하겠습니다.
I'd appreciate it.
아이드 어프리쉬에잍 잍

☐ 가르쳐 줘서(조언을 해 줘서) 감사합니다.
Thank you for the tip.
쌩크 유 포 더 팊

배려에 대한 감사 표현

☐ 도와 주셔서 감사드립니다.
Thank you very much for helping me.
쌩크 유 베리 머취 포 헬핑 미

☐ 태워다 주셔서 감사합니다.
Thank you for giving me a lift.
쌩크 유 포 기빙 미 어 맆트

☐ 친절히 도와 주셔서 감사합니다.
Thank you for your kind help.
쌩크 유 포 유어 카인드 헬프

☐ 그렇게 말씀해 주시니 고맙습니다.
It's very nice of you to say so.
이츠 베리 나이스 옾 유 투 세이 쏘

☐ 고맙습니다. 그거 좋지요.
Thank you, I'd like that.
쌩크 유   아이드 라잌 댙

☐ 환대에 감사드립니다.
Thank you for your hospitality.
쌩크 유 포 유어 하스피탤러티

  A : *Thank you for your hospitality.*
  B : *I appreciate your visit.*
    아이 어프리쉬에잍 유어 비짙
    (와 주셔서 감사합니다.)

☐ 친절을 베풀어 주셔서 감사합니다.
Thank you for kindness.
쌩크 유 포 카인드니스

☐ 보답해 드릴 수 있었으면 좋겠어요.
I hope I can repay you for it.
아이 호웊 아이 캔 리페이 유 포 잍

☐ 저녁 시간, 덕분에 재미있었습니다.
Thank you very much for a nice evening.
쌩크 유 베리 머취 포 어 나이스 이브닝

감사의 표현

❐ 동반해 주셔서 즐겁습니다.
I enjoy your company.
아이 인조이 유어 컴퍼니

❐ 당신 덕분에 오늘 정말 재미있게 보냈습니다.
I had wonderful time being with you.
아이 햅 원더풀 타임 비잉 윋 유

> A : I had wonderful time being with you.
> B : I certainly enjoyed it, too.
> 　　아이 써튼리 인죠이드 잍　투
> 　　(저 또한 즐거웠습니다.)

❐ 저희와 함께 시간을 보내 주셔서 감사합니다.
I appreciate you talking your time with us.
아이 어프리쉬에읻　유 토킹 유어 타임 윋 어스

❐ 걱정해 주셔서 고맙습니다.
Thank you for your concern.
쌩크 유　포　유어 컨선

선물을 줄 때

❐ 자, 선물 받으세요.
Here's something for you.
히어즈 썸씽 포 유

> A : Here's something for you.
> B : Is this really for me?
> 　　이즈 디스 리얼리 포 미
> 　　(이거 정말 저한테 주는 겁니까?)

❐ 당신에게 드리려고 뭘 사왔어요.
I bought something for you.
아이 보트 썸씽 포 유

❐ 당신에게 줄 조그만 선물입니다.
I have a small gift for you.
아이 햅 어　스몰 깊트　포 유

❐ 이 선물은 제가 직접 만든 거예요.
This gift is something I made myself.
디스 깊트 이즈 썸씽 아이 메읻 마이셀프

☐ 대단치 않지만 마음에 들었으면 합니다.
It isn't much but I hope you like it.
잍이즌트 머취 벝 아이 호웊 유 라읶 잍

A : It isn't much but I hope you like it.
B : Thank you very much, but I can't accept it.
쌩크 유 베리 머취   벝 아이 캔(트) 액셒트 잍
(정말 고맙지만, 받을 수 없습니다.)

☐ 보잘것없는 것이지만 받아 주십시오.
Kindly accept this little trifle.
카인드리 액셒트 디스 리틀 트라이플

A : Kindly accept this little trifle.
B : Oh, you shouldn't do this. I can't accept it.
오   유 슈든트 두 디스 아이 캔 (트)액셒트 잍
(아, 이러시면 안 되는데요. 받기 곤란합니다.)

선물을 받을 때

☐ 이건 바로 제가 갖고 싶었던 거예요.
This is just what I wanted.
디스 이즈 저스트 왙 아이 원티드

☐ 당신은 정말 사려가 깊으시군요.
How thoughtful of you!
하우 쏘트풀 옆 유

☐ 무엇 때문이죠?
What for?
왙 포

A : I bought something for you.
아이 보트 썸씽 포 유
(당신에게 드리려고 뭘 사왔어요.)
B : What for?

☐ 당신의 선물을 무엇으로 보답하죠?
What shall I give you in return for your present?
왙 셀 아이 깁 유 인 리턴 포 유어 프레젠트

☐ 훌륭한 선물을 주셔서 대단히 고맙습니다.
Thank you very much for your nice present.
쌩크 유   베리 머취 포 유어 나이스 프레젠트

감사의 표현

97

감사 표시에 대한 응답

☐ 천만에요.

You're welcome.
유어 웰컴

> A : Thank you for your help.
> 쌩크 유 포 유어 헬프
> (도와 주셔서 감사합니다.)
>
> B : You're welcome.

☐ 천만에요. (강조)

You're more than welcome.
유어 모어 댄 웰컴

☐ 원 별말씀을요.

Don't mention it.
돈트 멘션 잍

> A : Thank you so much!
> 쌩크 유 쏘 머취
> (정말 감사합니다.)
>
> B : Don't mention it.

☐ 그렇게 말씀해 주시니 고맙습니다.

It's very nice of you to say so.
이츠 베리 나이스 옆 유 투 세이 쏘

☐ 제가 좋아서 한 건데요.

It was my pleasure.
잍 워즈 마이 플레져

☐ 제가 오히려 즐거웠습니다.

The pleasure's all mine.
더 플레져스 올 마인

☐ 대단한 일도 아닙니다.

No big deal.
노 빅 딜

☐ 그것은 아무것도 아닙니다.

It's nothing.
이츠 낫씽

□ 감사할 것까지는 없습니다.
No need to thank me.
노 니드 투 쌩크 미

> A : I want to thank you.
> 아이 원트 투 쌩크 유
> (감사합니다.)
> B : No need to thank me.

□ 이젠 괜찮습니다. 고맙습니다.
I'm all right now. Thank you.
아임 올 롸잍 나우   쌩크 유

□ 맛있게 드셨다니 다행입니다.
I'm glad you enjoyed it.
아임 글랟 유 엔죠이드 잍

□ 수고랄 게 있나요. 제가 좋아서 한 건데요.
It was no trouble at all. It's my pleasure.
잍 워즈 노 트러블 앹 올   이츠 마이 플레져

> A : Thank you for your trouble.
> 쌩크 유 포 유어 트러블
> (수고해 주셔서 감사합니다.)
> B : It was no trouble at all. It's my pleasure.

□ 도움이 될 수 있어서 기쁩니다.
I'm glad to help you.
아임 글랟 투 핼프 유

□ 너무 대단한 일로 생각하지 마세요.
Don't make too much of it.
돈트 메잌 투 머취 옆 잍

> A : How can I repay you?
> 하우 캔 아이 리페이 유
> (어떻게 보답을 해야 할까요?)
> B : Don't make too much of it.

□ 당신에게 신세를 무척 많이 졌습니다.
I owe you so much.
아이 오우 유 소 머취

감사의 표현

99

ENGLISH CONVERSATION DICTIONARY

Chapter 16 사과·사죄의 표현

사과·사죄를 나타낼 때

☐ 실례합니다(미안합니다).
Excuse me.
익스큐즈 미

☐ 실례했습니다. 사람을 잘못 봤습니다.
Excuse me. I got the wrong person.
익스큐즈 미   아이 같 더 렁 퍼슨

☐ 미안합니다.
I'm sorry.
아임 쏘리

> A : *I'm sorry.*
> B : *That's OK.*
>   대츠 오케이
>   (괜찮아요)

☐ 정말 죄송합니다.
I'm really sorry.
아임 리얼리 쏘리

☐ 대단히 죄송합니다.
I'm very sorry.
아임 베리 쏘리

☐ 당신에게 사과드립니다.
I apologize to you.
아이 어팔러자이즈 투 유

☐ 여러 가지로 죄송합니다.
I'm sorry for everything.
아임 쏘리 포 에브리씽

**행위에 대한
사과·사죄**

❐ 늦어서 미안합니다.
I'm sorry. I'm late.
아임 쏘리   아임 레잍

　A : I'm sorry. I'm late.
　B : That's all right.
　　　대츠 올 롸잍
　　　(괜찮습니다.)

❐ 그 일에 대해서 미안하게 생각하고 있습니다.
I feel sorry about it.
아이 필 쏘리 어바웉 잍

❐ 너무 죄송해서 뭐라 해야 할지 모르겠습니다.
I can't tell you how sorry I am.
아 캔(트)텔 유 하우 쏘리 아이 앰

❐ 그 점 미안합니다.
I'm sorry about that.
아임 쏘리 어바웉 댙

❐ 귀찮게 해서 미안합니다.
I'm sorry to have to trouble you.
아임 쏘리 투 햅 투 트러블 유

❐ 오래 기다리게 해서 미안합니다.
I'm sorry to have you wait so long.
아임 쏘리 투 햅 유 웨잍 쏘 롱

❐ 더 일찍 답장을 못 드려서 죄송합니다.
I'm sorry not to have answered earlier.
아임 쏘리 낱 투 햅 앤서드 얼리어

❐ 시간을 너무 많이 빼앗아 죄송합니다.
I'm sorry to have taken so much of your time.
아임 쏘리 투 햅 테이큰 쏘 머취 엎 유어 타임

❐ 기분을 상하게 해드리지는 않았는지 모르겠네요.
I hope I didn't offend you.
아이 호웊 아이 디든 오펜드 유

사과·사죄의 표현

실수했을 때

☐ 폐를 끼쳐서 죄송합니다.
I'm sorry to disturb you.
아임 쏘리 투 디스터브 유

☐ 실수에 대해 사과드립니다.
I apologize for the mistake.
아이 어팔러자이즈 포 더 미스테익

> A : *I apologize for the mistake.*
> B : *No problem. It could happen to anyone.*
> 노 프라블럼   잍 쿧 해편 투 에니원
> (괜찮습니다. 누구나 그럴 수 있습니다.)

☐ 미안해요, 어쩔 수가 없었어요.
I'm sorry, I couldn't help it.
아임 쏘리   아이 쿠든트 헬프 잍

☐ 고의로 그런 게 아닙니다.
My intentions were good.
마이 인텐션즈 워 굳

☐ 그럴 생각은 추호도 없었습니다.
I really didn't mean it at all.
아이 리얼리 디든트 민 잍 앹 올

☐ 단지 제 탓이죠.
I can only blame myself.
아이 캔 온리 블레임 마이셀프

> A : *I can only blame myself.*
> B : *Oh, it was my fault. I'm to blame.*
> 오   잍 워즈 마이 폴트   아임 투 블레임
> (아, 제 잘못이었어요. 제가 비난받아 마땅합니다.)

☐ 미안합니다. 제가 날짜를 혼동했군요.
I'm sorry, I'm mixed up on the days.
아임 쏘리   아임 믹스트 엎 온 더 데이즈

☐ 내가 말을 잘못했습니다.
It was a slip of the tongue.
잍 워즈 어 슬립 옾 더 텅

❏ 그건 제 잘못이 아니에요.
It wasn't my fault.
잍 워즌트 마이 폴트

❏ 내 잘못이었어요.
It was my fault.
잍 워즈 마이 폴트

> A : *It was my fault.*
> B : *Oh no, it was my fault.*
>   오 노   잍 워즈 마이 폴트
>   (아니에요. 그건 제 잘못이에요.)

❏ 그건 제가 생각이 부족했기 때문이에요.
That was thoughtless of me.
댙 워즈 쏘트리스 옾 미

❏ 제 부주의였습니다.
It was very careless of me.
잍 워즈 베리 케어리스 옾 미

❏ 저도 참 바보 같았어요.
That was foolish of me.
댙 워즈 풀리쉬 옾 미

용서를 구할 때

❏ 용서해 주십시오.
Please forgive me.
플리즈 포깁   미

❏ 저의 사과를 받아 주세요.
Please accept my apology.
플리즈 액셉트 마이 어팔러지

❏ 다시는 그런 일이 없을 겁니다.
It won't be again.
잍 원트 비 어게인

> A : *It won't be again.*
> B : *I will overlook your behavior this time.*
>   아이 윌 오버룩 유어 비해이버 디스 타임
>   (이번에는 자네 행동을 눈감아 주겠네.)

사과·사죄의 표현

103

☐ 늦은 것 용서해 주세요.
Please forgive me for being late.
플리즈 포깁 미 포 비잉 레잍

☐ 한번 봐 주십시오.
Have a big heart, please.
햅 어 빅 하트   플리즈

☐ 한번만 기회를 주세요.
Give me a break, please.
깁 미 어 브레잌   플리즈

☐ 제가 한 일을 용서해 주십시오.
Please forgive me for what I've done.
플리즈 포깁 미 포 왙 아이브 던

> A : *Please forgive me for what I've done.*
> B : *I can't pass over your mistake.*
> 아이 캔트 패스 오버 유어 미스테잌
> (당신의 실수를 묵과할 수 없어요.)

☐ 제가 범한 실수에 대해 제가 사과드리고 싶습니다.
I want to apologize to you for my mistake.
아이 원트 투 어팔러자이즈 투 유 포 마이 미스테잌

☐ 약속을 지키지 못한 걸 용서해 주세요.
Please forgive me for breaking the promise.
플리즈 포깁 미 포 브레이킹 더 프라미스

사과·사죄에 대한 응답

☐ 괜찮습니다.
That's all right.
대츠 올 롸잍

☐ 괜찮아요.
That's Okay
대츠 오케이

> A : *Pardon me.*
> 파던 미
> (죄송합니다.)
> B : *That's Okay*

☐ 괜찮습니다.
   It doesn't matter.
   잍 더즌트 매터

☐ 걱정하지 마세요.
   Don't worry about it.
   돈트 워리 어바웉 잍

☐ 그까짓 것 문제될 것 없습니다.
   No problem.
   노 프라블럼

   > A : *Excuse me, I didn't mean to step on your foot.*
   >   익스큐즈 미 아이 디든트 민 투 스뎊 온 유어 풀
   >   (죄송합니다.)
   > B : *No problem.*

☐ 뭘요, 괜찮습니다.
   No sweat.
   노 스웰

☐ 당신을 용서하겠어요.
   You're forgiven.
   유어 포기븐

   > A : *You're forgiven.*
   > B : *Thanks, I promise not to do it again.*
   >   쌩스   아이 프라미스 낱 투 두 잍 어게인
   >   (감사합니다. 다시는 그런 일이 없겠습니다.)

☐ 좋아요, 받아들이죠.
   All right. You're accepted.
   올 롸잍   유어 액셉티드

   > A : *All right. You're accepted.*
   > B : *Thanks.*
   >   쌩스
   >   (감사합니다.)

☐ 당신은 잘못한 게 없어요.
   You did the right thing.
   유 딛 더 롸잍 씽

사과·사죄의 표현

Chapter 17 호출과 호칭

ENGLISH CONVERSATION DICTIONARY

가족을 부를 때

☐ 아빠(아버지)
daddy / dad / papa / pa
대디   대드   파파   파

☐ 엄마(어머니)
mommy / ma / mom / mama
마미   마   맘   마마

☐ 할아버지
grandpapa / grandpa
그랜드파파   그랜드파

☐ 할머니
grammy / grandmama / grandma
그래미   그랜드마마   그랜드마

부르는 인사말

☐ 안녕하세요? (여보세요.)
Hello.
헬로우

☐ 야, 안녕!
Hiya! (Hi, you!)
하이어 (하이 유)

☐ 친구야 안녕?
Howdy, friend.
하우디   프렌드

☐ 야, 오랜만이야!
Hello, stranger!
헬로우   스트레인저

모르는 사람을 부를 때

☐ 이봐! (아랫사람이나 친근한 사이에 쓰임)

Hey!
헤이

A : Hey, Dan, what's going on?
B : Not much, same old, same old.
   낫 머취   세임 올드   세임 올드
   (뭐, 별로, 늘 그렇지 뭐.)

☐ 어떻게 불러야 하나요?

What do they call you?
왙 두 데이 콜 유

☐ 거기 (있는 사람) 안녕?

Hi, there.
하이 데어

☐ 저, 여보세요. (모르는 남자를 부를 때)

Sir? / Excuse me, sir.
써   익스큐즈 미   써

☐ 저, 여보세요. (모르는 여자를 부를 때)

Ma'am? / Excuse me ma'am.
맘   익스큐즈 미 맘

☐ 거기 너!

You over there!
유 오버 데어

직함을 부를 때

☐ 의사 선생님!

Doctor!
닥터

☐ 교수님!

Professor!
프로페서

A : Excuse me professor, when is the report due?
B : It'll due in three weeks.
    잍일 듀 인 쓰리 윜스
    (3주 후까지 내도록 해요.)

호출과 호칭

☐ 선생님! (남 / 여)
Sir! / Ma'am!
써　　맘

☐ 실례합니다. 선생님!
Excause me, Sir(Ma'am)!
익스큐즈 미　　써 (맘)

☐ 경관님!
Officer!
아피서

☐ 재판장님!
Judge!
저쥐

☐ 대사님!
Ambassador!
앰배서더

☐ 대통령 각하!
Mr, President!
미스터 프레지던트

단체 호칭

☐ 신사 숙녀 여러분!
Ladies and gentlemen!
레이디스 앤드 젠틀먼

☐ 여러분!
Everyone. / You all.
에브리원　　　유 올

이름을 부를 때

☐ 피터 씨. (남자를 지칭할 때)
Mr. Peter.
미스터 피터

> A : Mr. Peter, nice to see you again.
> B : You too, Mark. How have you been?
> 　　유 투　　마크　하우 햅 유 빈
> (마크, 만나서 반가워요. 잘 지냈어요?)

□ 피터 씨 부인. (결혼한 타인의 부인을 지칭할 때)
Mrs. Peter.
미시즈 피터

□ 헬렌 양. (미혼인 여성을 지칭할 때)
Miss Helen.
미스 헬렌

이름을 물을 때

□ 이름이 어떻게 되죠?
What's your name?
왓츠 유어 네임

> A : *What's your name?*
> B : *My name is Kil-dong Hong.*
> 마이 네임 이즈 길 동 홍
> (제 이름은 홍길동입니다.)

□ 제 이름은 존 로버트입니다.
My name is John Robert.
마이 네임 이즈 쟌 로버트

□ 성함이 어떻게 되십니까?
May I have your name?
메이 아이 햅 유어 네임

□ 성함을 여쭤도 될까요?
Your name, please.
유어 네임   플리즈

□ 이름(성)을 말씀해 주세요.
What was your first(last) name, please.
왓 워즈 유어 퍼스트(라스트) 네임   플리즈

> A : *What was your first name, please.*
> B : *My family(last) name is Hong.*
> 마이 패밀리(라스트) 네임 이즈 홍
> (성은 홍입니다.)

□ 수라고 불러 주세요.
Please just call me Sue.
플리즈 저스트 콜 미 수

호출과 호칭

109

ENGLISH CONVERSATION DICTIONARY

Chapter 18
일상적인 인사

자주 만나는
사이의 인사

☐ 안녕!
Hi!
하이

> A : Hi, John.
> B : Hi, Mark. How are you doing?
> 하이 마크   하우 아 유 두잉
> (안녕, 마크 어떻게 지냈니?)

☐ 안녕하세요!
Hello!
헬로

☐ 안녕하세요! (아침 인사)
Good morning!
굿 모닝

☐ 안녕하세요! (낮 인사)
Good afternoon!
굿 앺터눈

☐ 안녕하세요! (밤 인사)
Good evening!
굿 이브닝

☐ 안녕히 주무세요!
Good night!
굿 나잍

☐ 안녕, 데이빗.
Hi, David.
하이 데이빋

☐ 잘 있었니. (친한 사람끼리)

Hi, there!
하이 데어

> A : Hi, there!
> B : How are you? Long time no see.
> 하우 아 유   롱 타임 노 씨
> (잘 지냈니? 오랫동안 못 봤구나.)

☐ 자기, 안녕!

Hi, sweetheart!
하이 스윁하트

☐ 안녕하세요?

How are you?
하우 아유

☐ 휴일 잘 보내셨어요?

Did you have a nice holiday?
딛 유 햅 어 나이스 할러데이

☐ 지난 주말은 어떻게 보내셨어요?

What did you do last weekend?
왙 딛 유 두 라스트 위켄드

> A : What did you do last weekend?
> B : I went to a baseball game.
> 아이 웬트 투 어 베이스볼 게임
> (야구 경기를 보러 갔어요.)

☐ 주말 잘 보내셨습니까?

How was your weekend?
하우 워즈 유어 위켄드

☐ 어제 저녁은 괜찮았습니까?

Did you have a nice evening?
딛 유 햅 어 나이스 이브닝

☐ 오늘은 좀 괜찮으세요?

Are you feeling any better today?
아 유 필링 에니 베터 투데이

일상적인 인사

☐ 무슨 좋은 일 있으세요?
Do you get some good news?
두 유 겔 썸 굳 뉴스

☐ 요즘 무슨 일을 하며 지내세요?
What are you doing these days?
왙 아 유 두잉 디즈 데이즈

> A : What are you doing these days?
> B : I have been very busy with my new project.
> 아이 햅 빈 베리 비지 윋 마이 뉴 프로젝트
> (새로운 일 때문에 무척 바쁘게 지내고 있어요.)

☐ 이발하셨네요.
Did you get a haircut?
딛 유 겔 어 헤어컽

☐ 넥타이가 멋있습니다.
Nice tie.
나이스 타이

☐ 옷이 잘 어울립니다.
That's a nice suit(dress).
대츠 어 나이스 수트 (드레스)

☐ 날씨 참 좋죠?
Beautiful weather, isn't it?
뷰터풀 웨더   이즌트 잍

우연히 만났을 때

☐ 아니 이게 누구예요!
Look who's here!
룩   후스 히어

☐ 오, 김 선생님, 정말 오랜만이군요.
Oh, Mr. Kim! haven't seen you for ages.
오   미스터 킴   해븐트 씬 유 포 에이쥐스

☐ 이게 누구야(정말 뜻밖이군요)!
What a pleasant surprise!
왙 어 플레즌트 서프라이즈

❒ 세상 정말 좁군요.

What a small world!
왓 어 스몰 월드

❒ 여기서 당신을 만나다니 뜻밖이군요.

It's a pleasant surprise to see you here.
이츠 어 플레즌트 서프라이즈 투 씨 유 히어

❒ 여기에 어쩐 일로 오셨어요?

What brings you here?
왓 브링스 유 히어

❒ 요즘 우연히 자주 만나는 것 같군요.

We seem to run into each other often, lately.
위 씸 투 런 인투 이취 아더 오픈   레이틀리

❒ 우리 예전에 만난 적이 있지 않는가요?

We've met before, right?
위브 멭 비포   롸잍

❒ 저를 아세요?

Do I know you?
두 아이 노우 유

❒ 이곳에서 당신을 보리라곤 생각도 못했어요.

I didn't expect to see you here.
아이 디든트   익스펙트 투 씨 유 히어

> A : I didn't expect to see you here.
> B : I just stopped by to say hello.
>   아이 저스트 스탑트 바이 투 세이 헬로
>   (그냥 인사하러 들렸어요)

❒ 어머! 이런 데서 너를 만나다니!

Fancy meeting you are here!
팬씨 미팅 유아 히어

❒ 그렇지 않아도 너를 만나고 싶었었는데.

You're just the man I wanted to see.
유어 저스트 더 맨 아이 원틷   투 씨

안녕을 물을 때

❒ 사람들이 하는 말이 있죠. 세상 참 좁군요.
You know what they say, it's a small world!
유 노우 왓 데이 세이   이츠 어 스몰 월드

❒ 어떻게 지내세요?
How are you doing?
하우 아 유 두잉

> A : How are you doing?
> B : I'm fine, thank you. And you?
> 아임 파인 쌩크 유   앤드 유
> (덕분에 잘 지냅니다. 당신은요?)

❒ 안녕, 어떻게 지내니?
Hi, How are you?
하이 하우 아 유

> A : Hi, How are you?
> B : Good, thanks. And you?
> 굳   쌩스   앤드 유
> (좋아, 너는?)
> A : Just so so.
> 저스트 쏘 쏘
> (그냥 그래.)

❒ 별일 없으세요?
Anything new?
에니씽 뉴

❒ 사업은 잘 돼 갑니까?
How is your business going?
하우 이즈 유어 비즈니스 고잉

❒ 새로 하시는 일은 어때요?
How's your new job?
하우즈 유어 뉴 잡

❒ 그런 대로 할만 해요.
I can't complain too much.
아이 캔(트) 컴플레인 투 머취

☐ 어떻게 지내세요?

How's everything with you?
하우즈 에브리씽 윋 유

> A : *How's everything with you?*
> B : *Everything's fine, thanks.*
> 에브리씽스 파인 쌩스
> (덕분에 만사가 좋습니다.)

☐ 오늘 재미가 어떠세요?

How is your day going?
하우 이즈 유어 데이 고잉

☐ 어때?

What's up?
왓츠 엎

> A : *What's up?*
> B : *I'm just taking one day at a time.*
> 아임 저스트 테이킹 원 데이 앹 어 타임
> (그저 안일하게 소일하고 있어요.)

☐ 오늘 기분은 어때?

How are you feeling today?
하우 아유 필링 투데이

☐ 요즘 어떻게 지냅니까?

How are you doing these days?
하우 아 유 두잉 디즈 데이즈

> A : *How are you doing these days?*
> B : *Well, about the same.*
> 웰 어바웉 더 세임
> (음..; 그저 그러네요.)

☐ 만사가 잘 되어 갑니까?

How's everything with you?
하우즈 에브리씽 윋 유

☐ 일은 좀 순조롭게 진행되어 가나요?

Are you making any progress?
아 유 메이킹 에니 프라그레스

일상적인 인사

115

안부를 묻고 답할 때

☐ 어떻게 지냈어요?

How have you been doing?
하우 햅 유 빈 두잉

> A : How have you been doing?
> B : So far so good.
> 쏘 파 쏘 굿
> (지금까지는 그럭저럭 지냈어요.)

☐ 덕분에 아직까지는 좋습니다.

I've been fine, thank you.
아이브 빈 파인 쌩크 유

☐ 오늘은 좀 어떠세요?

How do you feel today?
하우 두 유 필 투데이

> A : How do you feel today?
> B : I feel like a new man.
> 아이 필 라익 어 뉴 맨
> (새로 태어난 기분입니다.)

☐ 요즘 당신 보기 힘들군요.

I haven't seen much of you lately.
아이 해븐트 씬 머취 엎 유 레이틀리

☐ 가족들은 안녕하신지요?

How's your family?
하우즈 유어 패밀리

> A : How's your family?
> B : They are all very well.
> 데이 아 올 베리 웰
> (모두 잘 있어요.)

☐ 어떻게 지내셨습니까?

How have you been doing?
하우 햅 유 빈 두잉

☐ 요즘 어떻게 지내고 계세요.

How have you been getting along this day's?
하우 햅 유 빈 게팅 얼롱 디스 데이즈

☐ 대체 어디서 지냈어요?

Where on earth have you been?
웨어(ㄹ) 온 어쓰 햅 유 빈

☐ 부모님께서는 평안하신지요?

How are your parents?
하우 아 유어 페어런츠

☐ 모두들 잘 지내시는지요?

How's everyone getting along?
하우스 에브리원 게팅 얼롱

☐ 미스터 김은 그 회사에서 어떻게 지내지요?

How is Mr. Kim doing in the company.
하우 이즈 미스터 킴 두잉 인 더 컴퍼니

☐ 밀러 씨가 당신 안부를 전하더군요.

Mr. Miller asked me to give his regards to you.
미스터 밀러 애슥트 미 투 깁 히즈 리가즈 투 유

☐ 존은 어떻게 됐어요?

What happened to John?
왓 해픈드 투 쟌

> A : What happened to John?
> B : No news. But I bet he's O.K.
> 노 뉴스   벝 아이 벹 히즈 오케이
> (모르겠어요, 하지만 괜찮을 겁니다.)

☐ 얼마나 자주 그의 소식을 듣습니까?

How often do you hear from him?
하우 오픈 두 유 히어 프럼 힘

> A : How often do you hear from him?
> B : I haven't heard from him for 10 years.
> 아이 해븐트 허드 프럼 힘 포 텐 이어즈
> (10년 전부터 그와 소식이 끊겼어요.)

☐ 무엇 때문에 그렇게 바빴어요?

What' keeping you so busy?
왓 키핑 유 쏘 비지

117

❏ 그는 어떻게 지내고 있지요?
How is he getting along?
하우 이즈 히 게팅 얼롱

> A : *How is he getting along?*
> B : *He's in the pink.*
>   히즈 인 더 핑크
>   (그 사람은 건강하게 잘 지냅니다.)

❏ 버지니아 여행은 어땠습니까?
How was your trip to Virginia?
하우 워즈 유어 트립 투 버지니어

❏ 이름이 갑자기 생각이 안 나는군요.
Your name just doesn't come to me.
유어 네임 저스트 더즌트 컴 투 미

❏ 댁의 식구들은 잘 있습니까?
How's everybody at your house?
하우즈 에브리바디 앹 유어 하우스

❏ 당신 가족들은 다 안녕하신지요?
I hope your family are all well.
아이 호웊 유어 패밀리 아 올 웰

❏ 미스터 마커스가 안부 전하더군요.
Mr. Markus sends his regards.
미스터 마커스 센즈 히즈 리가즈

❏ 당신의 어머니는 어떻습니까?
How is your mother?
하우 이즈 유어 마더

❏ 짐과 캐롤 스미스 부부는 어떤가요?
How are Jim and Carol Smith?
하우 아 짐 앤드 캐롤 스미스

❏ 리타에 대한 소식 들었습니까?
Have you heard about Rita?
햅 유 허드 어바웉 리타

오랜만에 만났을 때의 인사

▫ 다시 만나서 반갑습니다. 밀러 씨.
It's nice to see you again, Mr. Miller.
이츠 나이스 투 씨 유 어게인   미스터 밀러

> A : It's nice to see you again, Mr. Miller.
> B : It's been a long time, hasn't it?
> 이츠 빈 어 롱 타임   해즌트 잍
> (무척 오랜만이군요.)

▫ 오랜만입니다.
Long time no see.
롱 타임 노 씨

▫ 여전하군요.
You haven't changed at all.
유 해븐트 췌인쥐드 앹 올

▫ 참 오랜만이군요.
You've been quite a stranger.
유브 빈 콰잍 어 스트레인져

▫ 몇 년 만에 뵙는군요.
I haven't seen you in years.
아이 해븐트 씬 유 인 이어즈

> A : I haven't seen you in years.
> B : I beg your pardon for my long silence.
> 아이 벡 유어 파던 포 마이 롱 사일런스
> (오랫동안 소식 전하지 못해 죄송합니다.)

▫ 세월 참 빠르군요.
Time flies.
타임 플라이즈

▫ 보고 싶었어요.
I've missed you.
아이브 미스트 유

▫ 별고 없으십니까?
What's new?
와츠 뉴

일상적인 인사

◘ 다시 만나서 반갑습니다.
It's good to see you again.
이츠 굳 투 씨 유 어게인

◘ 요즘 당신 보기 힘들군요.
I haven't seen much of you lately.
아이 해븐트 씬 머취 옆 유 레이틀리

◘ 전에 한번 뵌 적이 있는 것 같네요.
I think I've seen you before.
아이 씽크 아이브 씬 유 비포

◘ 그냥 인사하려고 들렀어요.
I just stopped by to say hello.
아이 저스트 스탑트 바이 투 세이 헬로우

> A : *I just stopped by to say hello.*
> B : *You're a sight for sore eyes.*
> 유어 어 싸읻 포 쏘어 아이즈
> (보게 되어서 반가워요.)

◘ 여길 어떻게 알고 오셨습니까?
What brought you here?
왙 브롯트 유 히어

◘ 여기서 당신을 보리라곤 기대하지 않았습니다.
I didn't expect to see you here.
아이 디든트 익스펙트 투 씨 유 히어

◘ 요즘 자주 만나게 되네요.
We seem to run into each other often lately.
위 씸 투 런 인투 이취 아더 오픈 레이틀리

◘ 최근까지 어떻게 지내셨습니까?
What have you been up to lately?
왙 햅 유 빈 엎 투 레이틀리

> A : *What have you been up to lately?*
> B : *I've been taking it easy.*
> 아이브 빈 테이킹 잍 이지
> (마음 편하게 잘 있었습니다.)

Chapter 19 헤어질 때의 인사

밤에 헤어질 때

□ 잘 자요!
Good night!
굳 나잍

A : Good night, Mom and Dad.
B : Good night, kids. Did you brush your teeth?
　굳　나잍　　키즈　딛 유 브러쉬 유어 티쓰
(그래 잘 자라 애들아. 너희들 이 닦았니?)

□ 안녕히 주무세요!
Have a good night.
햅 어 굳 나잍

□ 좋은 꿈 꾸세요!
Sweet dreams!
스위트　드림스

헤어질 때의 기본 인사

□ 안녕.
Bye.
바이

□ 안녕히 가세요.
Good bye.
굳 바이

□ 다음에 뵙겠습니다.
See you later.
씨 유 레이터

□ 또 봅시다.
I'll be seeing you!
아일 비 씨잉 유

◻ 다음에 또 봅시다.

I'll see you later!
아일 씨 유 레이터

> A : *I'll see you later!*
> B : *Yeah, you too. Have a good weekend.*
>   예   유 투   햅 어 굳 위켄드
>   (그래요. 주말 잘 보내세요.)

◻ 그래요. 그럼 그 때 뵙겠습니다.

O.K. I'll see you then.
오케이 아일 씨 유 덴

◻ 재미있는 시간 보내세요.

Have a good time.
햅 어 굳 타임

◻ 즐거운 하루 보내세요.

Have a good day.
햅 어 굳 데이

◻ 안녕히 계세요(살펴 가세요).

Take care.
테익 케어

> A : *Well, see you later. Good bye.*
>   웰   씨 유 레이터   굳 바이
>   (그럼, 다음에 또 뵐게요. 안녕히 가세요.)
> B : *Take care.*

◻ 조심해서 가세요.

Take care of yourself.
테익 케어 엎 유어셀프

◻ 재미있게 보내!

Enjoy yourself!
인조이 유어셀프

◻ 즐겁게 보내게!

Have fun!
햅 펀

❒ 다시 뵙기를 바랍니다.

I hope I can see you again.
아이 호웊 아이 캔 씨 유 어게인

❒ 좀더 자주 만납시다.

Let's meet more often.
레츠 미트 모어 오픈

❒ 일찍 돌아오세요.

Please be back soon.
플리즈 비 백 순

❒ 살펴 가세요.

Take it easy!
테잌 잍 이지

❒ 그럼 거기서 봅시다.

See you there, then.
씨 유 데어   덴

❒ 좋아요, 그럼 그때 봐요.

OK. I'll see you then.
오케이 아윌 씨 유 덴

> A : *Same time next week?*
> 세임 타임 넥스트 윅
> (다음 주 같은 시간은 어때요?)
> B : *OK. I'll see you then.*

❒ 가끔 놀러 오세요.

Please come and see me once in a while.
플리즈 컴 앤드 씨 미 원스 인 어 와일

❒ 조만 간에 한번 만납시다.

Let's get together soon.
레츠 겥 터게더 순

❒ 가봐야겠어요.

I guess I'll leave.
아이 게스 아윌 리브

방문을 마치고 헤어질 때

헤어질 때의 인사

123

❒ 여기서 작별인사를 해야겠어요.

I'll say goodbye here, then.
아윌 세이 굳바이 히어 덴

❒ 이만 작별인사를 해야겠어요.

We'd better say goodbye.
위드 베터 세이 굳바이

❒ 떠나려고 하니 아쉽습니다.

I'm sorry that I have to go.
아임 쏘리 댙 아이 햅 투 고

❒ 그럼, 저 가볼게요.

Well, I'd better be on my way.
웰 아이드 베터 비 온 마이 웨이

> A : Well, I'd better be on my way.
> B : Do you have to go now?
> 　　두 유 햅 투 고 나우
> 　　(지금 꼭 가야 합니까?)

❒ 가봐야 할 것 같네요.

I'm afraid I have to go.
아임 어프레읻 아이 햅 투 고

❒ 이제 일어서는 게 좋을 것 같네요.

I'm afraid I'd better be leaving.
아임 어프레읻 아이드 베터 비 리빙

❒ 너무 늦은 것 같군요(너무 오래 있었네요).

I'm afraid I stayed too long.
아임 어프레읻 아이 스테이드 투 롱

❒ 이제 가봐야겠습니다.

I must be going now.
아이 머스트 비 고잉 나우

❒ 가봐야겠어요.

I've got to be on my way.
아이브 같 투 비 온 마이 웨이

❐ 그럼 가보겠습니다.
I'll leave now.
아일 리브 나우

❐ 미안하지만, 제가 좀 급합니다.
I'm sorry, but I'm in a hurry.
아임 쏘리   벝 아임 인 어 허리

> A : I'm sorry, but I'm in a hurry.
> B : Why? Where are you going?
> 와이 웨어(ㄹ) 아 유 고잉
> (왜요? 어디 가시는데요?)
>
> A : To the bank, before they close.
> 투 더 뱅크   비포 데이 클로우즈
> (은행요, 문 닫기 전에 가야 합니다.)

❐ 아, 벌써 아홉 시입니까? 가봐야겠네요.
Oh, is it 9 already? I must go.
오   이즈 잍 나인 올레디 아이 머스트 고

> A : Oh, is it 9 already? I must go.
> B : Do you have to work tomorrow?
> 두 유 햅 투 워크 터머로우
> (내일 출근합니까?)
>
> A : Yes, I should be up by six in the tomorrow.
> 예스, 아이 슏 비 엎 바이 씩스 인 더 터머로우
> (예, 내일 아침 6시까지는 일어나야 합니다.)
>
> B : Then you need to get some sleep.
> 덴 유 니드 투 겥 썸 슬맆
> (그럼 가서 잠을 좀 자야겠군요.)

❐ 제발 저 좀 보내 주세요(저 이만 가보겠습니다).
Please let me go, won't you?
플리즈 렡 미 고   원트 유

❐ 미안합니다. 이제 일어서야 할 것 같아요.
I'm sorry, but I've got to be on my way.
아임 쏘리   벝 아이브 갇 투 비 온 마이 웨이

❐ 이런 말씀 드려서 죄송하지만, 전 이제 가봐야겠어요.
I'm sorry to say this, but I've got to go.
아임 쏘리 투 세이 디스   벝 아이브 갇 투 고

125

❏ 정말 서둘러 가봐야겠습니다.
I really have to rush.
아이 리얼리 햅 투 러쉬

❏ 11시까지 집에 도착해야 합니다.
I must be home by eleven.
아이 머스트 비 홈 바이 일레븐

❏ 저는 이만 일어나야겠어요.
Well, I guess I'd better be going.
웰   아이 게스 아이드 베터 비 고잉

❏ 마음껏 즐겼습니다.
I enjoyed myself very much.
아이 엔죠이드 마이셀프 베리 머취

❏ 당신을 알게 되어 기쁩니다.
I'm glad to have met you.
아임 글랫 투 햅 멭 유

❏ 파티의 순간순간이 정말 재미있었어요.
I enjoyed every minute of it at the party.
아이 엔죠이드 에브리   미닡 엎   잍 앹 더 파티

> A : *I enjoyed every minute of it at the party.*
> B : *Thank you very much for the flowers.*
>   쌩크 유 베리 머취 포 더 플라워즈
>   (꽃, 정말 감사해요.)
> A : *Oh, it's my pleasure.*
>   오 이츠 마이 플레져
>   (오, 천만에요.)

❏ 정말로 식사 잘 했습니다.
I really enjoyed the meal.
아이 리얼리 엔죠이드 더 밀

❏ 오늘 저녁 정말 즐거웠습니다.
I really had a pleasant evening.
아이 리얼리 햅 어 플레즌트 이브닝

🗆 오늘밤은 정말 재미있었습니다.
I had lots of fun tonight.
아이 햇 라츠 엎 펀 투나잍

🗆 멋진 파티 정말 고맙게 생각해요.
Thank you very much for a wonderful party.
쌩크 유 베리 머취 포 어 원더풀 파티

🗆 그럼, 다음에 뵐게요. 안녕히 계세요.
Well, see you later. Good bye.
웰 씨 유 레이터 굳 바이

주인으로서의 작별인사

🗆 좀더 계시다 가시면 안 돼요?
Can't you stay a little longer?
캔(트) 유 스테이 어 리틀 롱거

> A : Can't you stay a little longer?
> B : We'd love to, but we should get going.
>   위드 럽 투   벝 위 슏 겥 고잉
>   (우리도 그러고 싶은데 가야 합니다.)

🗆 지금 가신다는 말입니까?
Do you mean you're going now?
두 유 민 유어 고잉 나우

🗆 그렇게 서둘러 떠나지 마세요.
Please don't be in such a hurry.
플리즈 돈트 비 인 서취 어 허리

🗆 계시다가 저녁 드시고 가시지 그러세요.
Would you like to stay for dinner?
욷 유 라읶 투 스테이 포 디너

🗆 저녁 드시고 가시지 않으시겠어요?
Won't you stay for dinner?
원트 유 스테이 포 디너

🗆 오늘밤 재미있었어요?
Did you have fun tonight?
딛 유 햅 펀 투나잍

헤어질 때의 인사

□ 오늘 즐거우셨어요?
Did you have a good time today?
딛 유 햅 어 굳타임 투데이

□ 다시 만날 수 있을까요?
Can we meet again?
캔위 미트 어게인

□ 또 오세요.
Come again.
컴 어게인

□ 제가 바래다 드릴까요? (자동차로)
Can I give you a lift?
캔 아이 깁 유 어 맆트

□ 가봐야 하는 것 아닌가?
Don't you think you'd better go?
돈트 유 씽크 유드 베터 고

□ 가끔 전화 주세요.
Please call me any time.
플리즈 콜 미 에니 타임

> A : Please call me any time.
> B : Okey. I'll call you soon.
>   오케이 아일 콜 유 쑨
>   (그럼요, 조만간 전화 드릴게요.)

□ 거기에 도착하시는 대로 저한테 전화 주세요.
Phone me as soon as you get there.
폰 미 애즈 쑨 애즈 유 겥 데어

안부를 전할 때

□ 당신 가족에게 제 안부 전해 주세요.
Don't forget me to your family.
돈트 포겥 미 투 유어 패밀리

□ 당신의 누이에게 안부 좀 전해 주십시오.
Please give my best regards to your sister.
플리즈 깁 마이 베스트 리가즈 투 유어 씨스터

전송할 때

☐ 아무쪼록 가족들에게 안부 부탁합니다.
Kindly remember me to your family.
카인드리 리멤버 미 투 유어 패밀리

☐ 당신 아내에게 안부 전해 주세요.
Please give my regards to your wife.
플리즈 깁 마이 리가즈 투 유어 와이프

☐ 즐거운 여행되시길 바랍니다.
I hope you have a good trip.
아이 호웊 유 햅 어 굳 트맆

> A : I hope you have a good trip.
> B : Let's get together when I get back.
> 레츠 겥 터게더 웬 아이 겥 백
> (내가 돌아오면 그때 봅시다.)

☐ 잘 다녀오세요. 멋진 여행이 되길 바랍니다.
Good-bye. I hope you have a nice trip.
굳바이   아이 호웊 유 햅 어 나이스 트맆

☐ 안녕히. 재미있게 지내세요.
Good-bye. Have a nice time.
굳바이   햅 어 나이스 타임

☐ 즐거운 여행이 되길.
Enjoy your trip.
인조이 유어 트맆

☐ 빨리 돌아와. 네가 보고 싶을 거야.
Please come back soon. I'll miss you.
플리즈 컴 백 순   아일 미스 유

ENGLISH CONVERSATION DICTIONARY

Chapter 20
부탁과 의뢰

부탁을 할 때

❏ 부탁 하나 해도 될까요?
Can I ask you a favor?
캔 아이 애스크 유 어 페이버

❏ 실례합니다. 부탁 하나 들어 주시겠어요?
Excuse me. Would you do me a favor?
익스큐즈 미   운 유 두 미 어 어 페이버

> A : *Excuse me. Would you do me a favor?*
> B : *Sure, if I can. What is it?*
>   슈어 이프 아이 캔 왓 이즈 잍
>   (물론이죠. 가능하다면요. 뭡니까?)
> A : *I'd like you to review this English composition.*
>   아이드 라잌 유 투 리뷰 디스 잉글리쉬 컴포지션
>   (이 영작문을 검토해 주셨으면 합니다.)

❏ 부탁드릴 게 하나 있습니다.
I have a big favor to ask you.
아이 햅 어 빅 페이버 투 애스크 유

❏ 부탁 좀 드려도 될까요?
Could I ask you to do something for me?
쿧 아이 애스크 유 투 두 썸씽 포 미

❏ 방해가 되지 않을지 모르겠군요.
I hope I'm not in the way.
아이 호웊 아임 낱 인 더 웨이

❏ 잠시 폐를 끼쳐도 될까요?
May I bother you for a moment?
메이 아이 바더 유 포(ㄹ) 어 모먼트

❏ 제가 좀 끼어도 될까요?
May I join you?
메이 아이 죠인 유

❏ 잠시 시간을 내 주시겠습니까?
Could you spare me a few minutes?
쿠드 유 스페어 미 어 퓨 미닛츠

❏ 저를 도와주실 수 있나 모르겠네요.
I wonder if you can help me.
아이 원더 이프 유 캔 핼프 미

❏ 잠시 폐를 끼쳐도 되겠습니까?
Could I trouble you for a minute?
쿠드 아이 트러블 유 포(ㄹ) 어 미닡

> A : *Could I trouble you for a minute?*
> B : *Sure. What is it?*
>   슈어 왙 이즈 잍
>   (물론이죠 뭡니까?)

구체적으로 부탁할 때

❏ 좀 태워다 주시겠습니까?
Would you mind giving me a ride?
우드 유 마인드 기빙 미 어 라이드

> A : *Would you mind giving me a ride?*
> B : *Of course.*
>   엎 코스
>   (물론이죠)

❏ 제 자동차 문을 열어 주시겠습니까?
Would you please open my car door?
우드 유 플리즈 오픈 마이 카 도어

❏ 내일 제가 차를 쓸 수 있을까요?
Can I possibly have the car tomorrow?
캔 아이 파써브리 햅 더 카 터머로우

❏ 당신 것을 빌려 주시겠습니까?
Would you lend me yours, please?
우드 유 렌드 미 유어즈   플리즈

131

❏ 돈을 좀 빌릴 수 있을까요?

May I borrow some money?
메이 아이 바로우 썸 머니

> A : May I borrow some money?
> B : I'm sorry, but I can't now.
> 아임 쏘리 벝 아이 캔트 나우
> (미안하지만, 지금은 안 되겠습니다.)

❏ 수중에 가진 돈 있으세요?

Do you have money on you?
두 유 햅 머니 온 유

> A : Do you have money on you?
> B : Not on me.
> 낱 온 미
> (가진 돈이 없습니다.)

❏ 문 좀 열어 주시겠어요?

Would you mind opening the door, please?
욷 유 마인드 오프닝 더 도어   플리즈

❏ 저와 함께 가실래요?

Would you like to join me?
욷 유 라잌 투 조인 미

❏ 주소 좀 가르쳐 주시겠어요?

May I have your address?
메이 아이 햅 유어 어드레스

❏ 춤 한번 추실까요?

May I have this dance?
메이 아이 햅 디스 댄스

❏ 가능한 한 빨리 저에게 알려 주시겠습니까?

Would you let me know as soon as possible?
욷 유 렡 미 노우 애즈 순 애즈 파써블

❏ 잠깐 제 대신 좀 해 주시겠어요?

Can you take my place for a while?
캔 유 테잌 마이 플레이스 포(르) 어 와일

❏ 그분이 어떤 분인지 말 좀 해 주세요.
Can you tell me what he is like?
캔 유 텔 미 왓 히 이즈 라익

❏ 제 곁에 있어주세요.
Stick with me, please.
스틱 윋 미   플리즈

❏ 기회를 주세요. / 숨쉴 겨를을 주세요.
Give me a break.
깁 미 어 브레익

❏ 확인 좀 해 주세요.
Please make sure.
플리즈   메익   슈어

> A : *Please make sure.*
> B : *It's no big deal.*
>   이츠 노 빅 딜
>   (그거야 별 것 아니죠)

❏ 다음 기회로 미룰 수 있을까요?
Can you give me a rain check on that?
캔 유 깁 미 어 레인 첵 온 댇

❏ 내일은 쉬고 싶습니다.
I would like to vacate tomorrow.
아이 욷 라익 투 베이케읻 터머로우

❏ 혼자 있게 해 주세요. / 제발 저 좀 내버려 두세요.
Please leave me alone.
플리즈 리브 미 얼론

부탁을 들어줄 때

❏ 물론이죠.
Sure.
슈어

> A : *Could you drop this book on your way to the library?*
>   쿧 유 드랍 디스 북 온 유어 웨이 투 더 라이브레리
>   (도서관 가는 길에 이 책 좀 갖다 주시겠어요?)
> B : *Sure.*

133

❒ 기꺼이 그러죠.

I'd be glad to.
아이드 비 글랲 투

> A : Could you make a cup of coffee for me?
> 쿧 유 메잌 어 컾 엎 커피 포 미
> (커피 한 잔 끓여 주시겠어요?)
>
> B : I'd be glad to.

❒ 예, 그러지요.

Yes, certainly.
예스 써튼리

❒ 힘껏 해 보겠습니다.

With great pleasure.
윋 그레잍 플레져

❒ 기꺼이 하겠습니다.

I'll do my best for you.
아일 두 마이 베스트 포(ㄹ) 유

❒ 그렇게 하세요.

Go ahead.
고 어헤드

❒ 그렇고말고요.

Of course.
엎 코스

> A : Would you hold my bag for a moment?
> 욷 유 홀드 마이 백 포(ㄹ) 어 모먼트
> (제 가방을 잠깐 들고 계시겠어요?)
>
> B : Of course.

❒ 그럼요. / 문제없어요.

No problem.
노 프라블럼

❒ 뭐, 그 정도쯤이야.

It's no big deal.
이츠 노 빅 딜

□ 그렇게 하세요. (서슴지 않고 부탁을 들어줄 때)
Be my guest.
비 마이 게스트

□ 뭐든지 말씀만 해 보십시오. 다 있을 겁니다.
You name it and I've got it.
유 네임 잍 앤드 아이브 같 잍

□ 내가 할 수 있는 일이라면 얼마든지 도와드리죠, 뭔데요?
Sure, if I can. What is it?
슈어   이프 아이 캔 왙 이즈 잍

부탁을 거절할 때

□ 안 되겠는데요.
I'd rather not.
아이드 래더 낱

□ 미안하지만, 지금은 안 되겠는데요.
I'm sorry, but I can't now.
아임 쏘리   벝 아이 캔트 나우

> A : I'd like something cold to eat. Could you go and get it?
> 아이드 라잌 썸씽 콜드 투 이트   쿧 유 고 앤드 겥 잍
> (차가운 것을 마시고 싶습니다. 가서 좀 사오시겠어요?)
> B : I'm sorry, but I can't now.

□ 미안하지만, 그렇게는 안 되겠는데요.
I'm sorry, but I can't do it.
아임 쏘리   벝 아이 캔트 두 잍

□ 그건 무리한 요구입니다.
It's a difficult task.
이츠 어 디피컬트 태스크

□ 다음에 언제 기회가 있겠죠.
Maybe some other time.
메이비 썸 아더 타임

□ 시간이 필요합니다.
It takes time.
잍 테잌스 타임

간접적으로 거절할 때

❏ 어쩐지 할 기분이 아니군요.
I'm not in the mood.
아임 낱 인 더 무드

I don't feel like it.
아이 돈트 필 라익 잍

❏ 아직 그럴 준비가 되지 않았습니다.
Well, I'm not prepared for that.
웰   아임 낱 프리페어드 포 댙

❏ 다음 기회에 꼭.
Give me a rain check, please.
깁 미 어 레인 첵   플리즈

❏ 금방은 무리라고 생각합니다.
I'm afraid I can't make it right away.
아임 어프레읻 아이 캔트 메익 잍 라잍 어웨이

❏ 글쎄요. 다음 기회에.
Well, maybe some other time.
웰   메이비 썸 아더 타임

Well, maybe another time.
웰   메이비 어나더 타임

ENGLISH CONVERSATION DICTIONARY

Chapter 21
도움과 양해

도움을 청할 때

❏ 저 좀 도와주시겠어요?

Excuse me, would you give me a hand?
익스큐즈 미   운 유 깁 미 어 핸드

> A : Excuse me, would you give me a hand?
> B : Sure. What can I do for you?
>   슈어   왙 캔 아이 두 포 유
>   (네, 뭘 도와 드릴까요?)

❏ 좀 도와주시겠어요?

Could you lend me a hand?
쿧 유   렌드 미 어 핸드

도와줄 때

❏ 도움이 필요하세요?

Do you need any help?
두 유 니드 에니 핼프

> A : Do you need any help?
> B : I think I can manage, thanks anyway.
>   아이 씽크 아이 캔 매니쥐   쌩스 에니웨이
>   (혼자 할 수 있을 것 같습니다. 아무튼 감사합니다.)

❏ 당신의 도움이 필요해요.

I need your help.
아이 니드 유어 핼프

❏ 도와 드릴까요?

May I help you?
메이 아이 핼프 유

❏ 뭘 해 드릴까요?

What would you like me to do?
왙 운 유 라잌 미 투 두

137

☐ 네, 기꺼이 도와 드리겠습니다.
Yes, with pleasure.
예스 윌 플레져

☐ 말씀만 하세요. 당장 해 드릴게요.
Just say the word and I'll take care of it.
저스트 세이 더 워드 앤드 아일 테익 케어 옆 잍

☐ 제가 해 드리겠습니다.
Let me do it for you.
렡 미 두 잍 포 유

> A : Let me do it for you.
> B : No, thank you. I'm almost done.
> 　　노 쌩크 유　　　아임 올모스트 던
> 　(고맙지만, 됐습니다. 다 끝나갑니다.)

☐ 그것 빼고는 무엇이든 하겠습니다.
I will do anything but that.
아이 윌 두 에니씽 벝 댙

도움을 거절할 때

☐ 제가 가방을 들어드릴게요.
Let me take your bags.
렡 미 테익 유어 백스

> A : Let me take your bags.
> B : Thanks.
> 　　쌩스
> 　(고맙습니다.)

☐ 고맙지만 괜찮습니다. 제가 할 수 있습니다.
No, thank you. I can handle it.
노 쌩크 유　　　아이 캔 핸들 잍

☐ 감사합니다만, 저 혼자서도 할 수 있습니다.
Thanks, but I can manage it myself.
쌩스　　　벝 아이 캔 매니쥐 잍 마이셀프

> A : Can I be of any help?
> 　캔 아이 비 옆 에니 핼프
> 　(제가 뭐 도움이 될 것이 있을까요?)
> B : Thanks, but I can manage it myself.

| 양해를 구할 때 | ☐ 실례합니다.

Excuse me.
익스큐즈 미

☐ 잠깐 실례하겠습니다.

Excuse me for a moment
익스큐즈 미 포(ㄹ) 어 모먼트

☐ 잠깐 실례해도 되겠습니까?

Would you excuse me for a moment?
욷 유 익스큐즈 미 포(ㄹ) 어 모먼트

| 행위에 대해 양해를 구할 때 | ☐ 여기서 담배를 피워도 됩니까?

Would you mind if I smoke here?
욷 유 마인드 이프 아이 스모욱 히어

> A : *Would you mind if I smoke here?*
> B : *Yes. This is the nonsmoking section.*
> 예스 디스 이즈 더 난스모우킹 섹션
> (안 됩니다. 이곳은 금연구역입니다.)

☐ 말씀 도중에 죄송합니다만, ….

Forgive me for interrupting you, but….
포깁 미 포(ㄹ) 인터럽팅 유   벋

☐ 여기 앉아도 되겠습니까?

Mind if I sit here?
마인드 이프 아이 씰 히어

☐ 한 시간만 당신 컴퓨터를 쓸게요.

Let me use your computer for just one hour.
렡 미 유즈 유어 컴퓨터 포 저스트 원 아워

☐ 실례합니다. 좀 지나가도 될까요?

Excuse me. May I get by, please.
익스큐즈 미   메이 아이 겥 바이   플리즈

> A : *Excuse me. May I get by, please.*
> B : *Oh, sure. I'm sorry I was in your way.*
> 오 슈어   아임 쏘리 아이 워즈 인 유어 웨이
> (오, 그러세요. 길을 막고 있어서 죄송합니다.)

도움과 양해

139

Chapter 22 제안과 권유

제안할 때

☐ 털어놓고 얘기합시다.
Let's have a heart to heart talk.
레츠 햅 어 하트 투 하트 톡

☐ 이제 그만 합시다.
Let's beat it.
레츠 빝 잍

☐ 오늘은 이만 합시다.
Let's call it a day.
레츠 콜 잍 어 데이

☐ 쉽시다.
Let's take a short rest.
레츠 테익 어 숕 레스트

> A : *Let's take a short rest.*
> B : *Yes, let's.*
>   예스 레츠
>   (그럽시다.)

☐ 야, 숨 좀 쉬자.
Let me catch my breath.
렡 미 캐취 마이 브레쓰

☐ 술을 끊는 게 좋겠어요.
You'd better quit drinking.
유드 베터 퀱 드링킹

☐ 화해합시다.
Let's bury the hatchet.
레츠 베리 더 해췥

- 좋으실 대로 하십시오.

  It's up to you.
  이츠 엎 투 유

- 시험 삼아 한번 해 봅시다.

  Let's try it out.
  레츠 트라이 잍 아웉

- 편하게 있으세요.

  Make yourself at home.
  메잌 유어셀프 앹 홈

- 남이야 뭘 하든 상관 않는 것이 좋아요.

  You'd better keep your nose nice and clean.
  유드 베터 킾 유어 노즈 나이스 앤드 클린

- 내게 좋은 생각이 있어요.

  I'll tell you what.
  아일 텔 유 왙

- 그것을 최대한 잘 이용해 봅시다.

  Let's make the best of it.
  레츠 메잌 더 베스트 엎 잍

- 그 사람 경계하는 편이 좋아요.

  You'd better stay out of his way.
  유드 베터 스테이 아웉 엎 히즈 웨이

- 그런 의미에서 우리 악수나 한번 합시다.

  Let's shake on that.
  레츠 쉐잌 온 댙

- 주의하는 것이 좋겠어요!

  Better watch out!
  베터 왓치 아웉

- 빠르면 빠를수록 좋습니다.

  The earlier, the better.
  디 얼리어 더 베터

☐ 지금 시작하는 것이 좋을 것입니다.
We might as well begin now.
위 마잍 애즈 웰 비긴 나우

☐ 이걸로 청산된 것으로 합시다.
Let's call it square.
레츠 콜 잍 스퀘어

☐ 우리 돌아가는 게 좋지 않겠어요?
Don't you think we'd better go back?
돈트유 씽크 위드 베터 고 백

☐ 기왕에 왔으니까 식사를 하는 게 낫겠어요.
We might as well eat while we're here.
위 마잍 애즈 웰 이트 와일 위어 히어

☐ 기분전환 겸 산책이나 합시다.
Let's go for a walk for a change.
레츠 고 포(ㄹ) 어 워크 포(ㄹ) 어 체인쥐

☐ 제가 안내를 해 드릴까요?
Do you want me to show you around?
두 유 원트 미 투 쇼우 유 어롸운드

☐ 식사하며 이야기를 나눌 수 있을까요?
Could we have a little talk over dinner?
쿧 위 햅 어 리틀 토크 오버 디너

> A : Could we have a little talk over dinner?
> B : I'd love to, but I have another appointment.
> 아이드 럽투 벝 아이 햅 어나더 어포인트먼트
> (그러고 싶지만, 선약이 있어서요.)

☐ 이런 식으로 표현하는 것이 어떨까요?
Let me put it this way.
렡 미 풑 잍 디스 웨이

권유할 때

☐ 테니스 치러 가시죠?
Why don't we go play tennis?
와이 돈트 위 고 플레이 테니스

☐ 괜찮다면 같이 가시죠.

You're welcome to join us, if you want.
유 어 웰컴 투 조인 어스   이프 유 원트

☐ 저하고 쇼핑 가실래요?

How about going shopping with me?
하우 어바웃 고잉 샤핑 윋 미

☐ 커피 한 잔 드시겠어요?

Would you like a cup of coffee?
욷 유 라잌 어 컵 엎 커피

> A : Would you like a cup of coffee?
> B : Yes, please.
>   예스 플리즈
>   (예, 주십시오.)

☐ 창문을 열까요?

Would you like me to open the window?
욷 유 라잌 미 투 오픈 더 윈도우

☐ 내일, 저녁이나 같이 안 하시겠습니까?

May I take you to dinner tomorrow?
메이 아이 테잌 유 투 디너 터머로우

☐ 맥주 한 잔 하시겠어요?

Would you like a glass of beer?
욷 유 라잌 어 글래스 엎 비어

☐ 먼저 하십시오(타십시오, 들어가십시오, 드십시오).

After you, please.
애프터 유   플리즈

☐ 오늘밤 쇼를 보러 가지 않겠어요?

How about going to a show tonight?
하우 어바웃 고잉 투 어 쇼우 투나잍

☐ 비디오 게임 한 번 하는 게 어떻겠습니까?

How about playing a video game?
하우 어바웃 플레잉 어 비디오 게임

제안과 권유

제안·권유에 응할 때

☐ 좋습니다.
OK. (All right.)
오케이 (올 라잍)

☐ 네, 그렇게 하겠습니다.
Yes, I'd love to.
예스 아이드 럽 투

☐ 괜찮다면, 제가 함께 가 드리겠습니다.
I'll go with you, if you like.
아일 고 윋 유   이프 유 라잌

☐ 감사합니다. 그렇게 해 주세요.
Thank you. Please do.
쌩크 유   플리즈 두

☐ 네가 말한 대로 할게.
Anything you say.
에니씽 유 세이

☐ 그거 좋은 생각이군요.
That's a good idea.
댙츠 어 굳 아이디어

> A : Let's go to a restaurant.
> 레츠 고 투 어 레스터런
> (식사하러 갑시다.)
> B : That's a good idea.

☐ 그거 재미있겠는데요.
That sounds interesting.
댙 사운즈 인터레스팅

☐ 그렇게 합시다.
Yes, let's do that.
예스 레츠 두 댙

☐ 그거 괜찮겠군요.
Maybe we should do it.
메이비 위 슏 두 잍

144

제안·권유에 거절할 때

❒ 그럴 기분이 아닙니다.
I don't feel like it.
아이 돈트 필 라익 잇

> A : *Why don't we play tennis?*
> 와이 돈트 위 플레이 테니스
> (테니스 칠래요?)
>
> B : *I don't feel like it.*

❒ 그렇게 하지 맙시다.
No, we'd rather not.
노 위드 래더 낫

❒ 고맙지만, 됐습니다.
No, thank you.
노 쌩크 유

> A : *Would you like some more tea?*
> 운 유 라익 썸 모어 티
> (차를 더 드시겠습니까?)
>
> B : *No, thank you.*

❒ 그럴 생각이 없습니다.
I'm not ready for that.
아임 낫 레디 포 댓

❒ 다음 기회로 미룰까요?
Can you give me a rain check?
캔 유 깁 미 어 레인 첵

Chapter 23 조언과 주의

조언을 할 때

☐ 쉬는 게 좋지 않겠어요?
Why don't you stay in bed?
와이 돈트 유 스테이 인 베드

> A : I don't feel at all well.
> 아이 돈트 필 앹 올 웰
> (기분이 좋아지지 않습니다.)
> B : Why don't you stay in bed?

☐ 너무 심각하게 받아들이지 마세요.
Don't take it to heart.
돈트 테익 잍 투 하트

☐ 남이야 뭘 하던 상관 않는 것이 좋을 겁니다.
Don't poke your nose into my business.
돈트 포욱 유어 노즈 인투 마이 비즈니스

☐ 규칙대로 하는 것이 좋을 겁니다.
You'd better go by the book.
유드 베터 고 바이 더 북

☐ 일찍 자고 일찍 일어나는 게 좋아요.
You'd better keep early hours.
유드 베터 킾 얼리 아워즈

> A : You'd better keep early hours.
> B : thank you. I will.
> 쌩크 유   아이 윌
> (고마워요. 그렇게 할게요.)

☐ 실수를 할까봐 두려워 마세요.
Don't be afraid of making mistakes.
돈트 비 어프레읻 엎 메이킹 미스테익스

주의를 줄 때

❏ 그러면 안 돼요.
That's not nice.
대츠 낱 나이스

❏ 이러시면 안 되는데요.
You shouldn't do this.
유 슈든트 두 디스

❏ 개의치 마십시오.
Please don't bother.
플리즈 돈트 바더

❏ 쓸데없는 짓 말아요.
Don't ask for trouble.
돈트 애스크 포 트러벌

❏ 나쁜 친구들을 사귀지 마라.
Don't get into bad company.
돈트 겥 인투 밷 컴퍼니

❏ 그에게 너무 심하게 대하지 말아요.
Don't be too hard on him.
돈트 비 투 하드 온 힘

❏ 비밀을 누설하지 마세요.
Don't let the cat out of the bag.
돈트 렡 더 캩 아웉 엎 더 백

❏ 이제 싸움을 그만 하지요.
Let's smoke a peace-pipe.
레츠 스모욱 어 피스 파이프

❏ 그것을 중지하도록 하세요.
You'd better put a stop to it.
유드 베터 풀 어 스탑 투 잍

❏ 그 사람과 사귀지 마세요.
Don't associate with him.
돈트 어소쉬에잍 윝 힘

조언과 주의

147

❏ 오해하지는 마세요.
Don't get me wrong.
돈트 겥 미 롱

❏ 일부러 그런 짓은 하지 마세요.
Don't go and do a thing like that.
돈트 고 앤드 두 어 씽 라익 댙

❏ 나한테 쓸데없는 칭찬을 하지 마세요.
No soft soap for me.
노 소프트 소웊 포 미

❏ 제발 언성을 높이지 마십시오.
Don't raise your voice, please.
돈트 레이즈 유어 보이스 플리즈

❏ 너무 굽실거리지 마세요.
Don't sing small.
돈트 씽 스몰

❏ 돈을 낭비하고 다니지 마라!
Don't throw your money around!
돈트 쓰로 유어 머니 어롸운드

❏ 주의하는 것이 좋겠어요!
Better watch out!
베터 왓치 아울

❏ 무엇보다도 그녀에게 말할 때는 각별히 주의하세요.
Above all, be careful of what you say to her.
어밥 올 비 케어풀 엎 왙 유 세이 투 허

❏ 그의 말을 액면 그대로 받아들이지 마세요!
Don't take what he says as face value!
돈트 테잌 왙 히 세즈 애즈 페이스 밸류

❏ 자동차를 조심하세요!
Watch out for the cars!
와취 아울 포 더 카(러)즈

148

충고할 때	
	❏ 나를 실망시키지 마세요. **Don't let me down.** 돈트 렛 미 다운
	❏ 잊지 말고 기억하세요. **Keep that in mind.** 킾 댙 인 마인드
	❏ 자존심을 버리세요. **Pocket your pride.** 포켙 유어 프라이드
	❏ 이것을 잠깐 보십시오! **Take a gander at this.** 테익 어 갠더 앹 디스
	❏ 선수를 치세요. **Catch the ball before the bound.** 캐취 더 볼 비포 더 바운드
	❏ 너는 진지해야 한다. **You should keep a straight face.** 유 슏 킾 어 스트레잍 페이스
	❏ 여론에 귀를 기울이세요. **Hold your ear to the ground.** 홀드 유어 이어 투 더 그라운드
	❏ 당신 자신을 믿으세요. **Trust yourself.** 트라스트 유어셀프
	❏ 참고 견뎌보세요. **Hang in there.** 행 인 데어
	❏ 그걸 너무 심각하게 받아들이지 마세요. **Don't take it to heart.** 돈트 테익 잍 투 하트

조언과 주의

❑ 그는 나에게 많은 충고를 해 주었어요.
He gave me many pieces of advice.
히 게입 미 메니 피씨스 엎 엇바이스

❑ 최선을 다해라.
Be all you can be.
비 올 유 캔 비

❑ 말보다는 행동이 중요해요.
Action speaks louder than words.
액션 스픽스 라우더 댄 워드즈

❑ 당신은 그 생각을 버려야 해요.
You must give up the idea.
유 머스트 깁 엎 디 아이디어

❑ 당신은 그것을 잘 이용해야 해요.
You should take advantage of it.
유 슏 테잌 앧밴티쥐 엎 잍

❑ 격식 따위는 따지지 마세요.
Don't stand on ceremony.
돈트 스탠드 온 세러모우니

Chapter 24 예정과 결심·결정

예정을 말할 때

□ 주말에는 무엇을 할 예정입니까?
What are you doing this weekend?
왙 아 유 두잉 디스 위켄드

□ 언제 출발하는 겁니까?
When are you leaving?
웬 아 유 리빙

□ 내일 뵙겠습니다.
I'm coming to see you tomorrow.
아임 커밍 투 씨 유 터머로우

□ 일요일에는 무엇을 할 예정입니까?
What are you doing next Sunday?
왙 아 유 두잉 넥스트 썬데이

A : *What are you doing next Sunday?*
B : *I'll be working hard.*
아일 비 워킹 하드
(꼬박 공부할 겁니다.)

□ 어디로 피서를 가실 겁니까?
Are you going anywhere for the summer?
아 유 고잉 에니웨어 포 더 썸머

A : *Are you going anywhere for the summer?*
B : *Yes, I'm going to Hawaii.*
예스 아임 고잉 투 하와이
(화와이로 갈 생각입니다.)

□ 오늘부터 1주일 후에 비행기를 탈 예정입니다.
I'm going to take a plane a week from today.
아임 고잉 투 테익 어 플레인 어 웍 프럼 투데이

151

결심할 때

❏ 지금은 말하고 싶지 않습니다.
I'd rather not say right now.
아이드 래더 낱 세이 롸잍 나우

> A : What made you change your mind?
> 왙 메잍 유 체인쥐 유어 마인드
> (왜 마음을 바꾸셨습니까?)
> B : I'd rather not say right now.

❏ 그것에 대해 많이 생각해 봤어요.
I thought about it a lot.
아이 쏘웉 어바웉 잍 어 랕

❏ 글쎄, 어떻게 할까?
Well, let me see.
웰 렡 미 씨

> A : Well, let me see.
> B : Well, I'll think it over.
> 웰 아일 씽크 잍 오버
> (음, 생각 좀 해 볼게요.)

❏ 밤새 잘 생각해 보세요.
Consult your pillow.
컨설트 유어 필로우

❏ 좀더 두고 봅시다.
Let's wait and see.
레츠 웨잍 앤드 씨

❏ 지금 당장 결심하세요.
Please make up your mind right now.
플리즈 메익 엎 유어 마인드 롸잍 나우

> A : Please make up your mind right now.
> B : Let me think about it for a few days.
> 렡 미 씽크 어바운 잍 포(르) 어 퓨 데이즈
> (며칠 동안 생각할 시간을 주세요.)

❏ 그건 당신이 결정할 일이에요.
That's for you to decide.
대츠 포(르) 유 투 디싸이드

▢ 그건 제 마음대로 결정할 수가 없습니다.
I can't settle it on my own authority.
아이 캔트 세틀 잍 온 마이 오운 어쏘리티

▢ 어떻게 해야 할지 모르겠군요.
I don't know where to turn.
아이 돈트 노우 웨어 투 턴

> A : *I don't know where to turn.*
> B : *Whatever you decide is all right with me.*
> 왙에버 유 디싸이드 이즈 올 롸잍 윋 미
> (뭘 결정하셔도 저는 좋습니다.)

▢ 어려운 결심을 하셨군요.
You made a tough decision.
유 메잍 어 터프 디시젼

▢ 절대 입 밖에 내지 않기로 맹세할게요.
I swear my lips are sealed.
아이 스웨어 마이 립스 아 씰드

▢ 나는 작가가 되기로 결심했어요.
I made up my mind to become a writer.
아이 메잍 엎 마이 마인드 투 비컴 어 롸이터

▢ 나는 굳게 결심했다.
I had my heart set on going.
아이 핻 마이 하트 셑 온 고잉

▢ 죽을 때까지 기다리죠.
I'll wait an eternity.
아일 웨잍 언 이터너티

▢ 두고 보십시오.
Just wait and see.
저스트 웨잍 앤드 씨

▢ 우린 끝까지 싸울 겁니다.
We will fight it out.
위 윌 파잍 잍 아웉

❐ 지금 곧 결심해 주세요.

Please make up your mind on the spot.
플리즈 메잌 엎 유어 마인드 온 더 스팟

❐ 어떻게 결정하셔도 저는 좋아요.

Whatever you decide is all right with me.
왙에버 유 디싸이드 이즈 올 롸잍 윋 미

❐ 아직 결정을 못 했어요.

I haven't decided yet.
아이 해븐트 디싸이딛 옐

❐ 아직 결정되지 않았습니다.

It's up in the air.
이츠 엎 인 디 에어

> A : *Did you make up your mind?*
> 딛 유 메잌 엎 유어 마인드
> (결정하셨습니까?)
> B : *It's up in the air.*

❐ 그것은 만장일치로 결정되었습니다.

It was a unanimous decision.
잍 워즈 어 유내너머스 디씨젼

❐ 동전을 던져서 결정합시다.

Let's flip for it.
레츠 플맆 포(르)잍

❐ 그의 제안을 어떻게 처리하실 건가요?

What are you going to do with his proposal?
왙 아유 고잉 투 두 윋 히스 프러포우절

> A : *What are you going to do with his proposal?*
> B : *I'm thinking of canceling it.*
> 아임 씽킹 엎 캔쓸링 잍
> (취소할 생각입니다.)

❐ 당신은 누구 편이세요?

Who do you agree with?
후 두 유 어그리 윋

상대의 의중을
확인할 때

❏ 진심으로 그런 말을 하시는 겁니까?
Do you seriously mean what you say?
두 유 씨어리어슬리 민 왙 유 세이

❏ 어떻게 할 작정입니까?
What's the idea?
와츠 디 아이디어

> A : *What's the idea?*
> B : *No strings attached to it.*
> 노 스트링스 어탯취트 투 잍
> (아무런 조건도 없습니다.)

❏ 무엇을 할 생각이세요?
What so you want to do?
왙 쏘 유 원트 투 두

❏ 당신의 속셈을 모르겠군요.
I don't know what your game is.
아이 돈트 노우 왙 유어 게임 이즈

❏ 당신이 뭘 생각하고 있는지 알아요.
I know what you're thinking.
아이 노우 왙 유어 씽킹

상대를 설득할 때

❏ 제 말을 들으세요.
You listen to me.
유 리슨 투 미

> A : *You listen to me.*
> B : *No, you listen to me.*
> 노 유 리슨 투 미
> (아니오, 당신이 제 말을 들으세요.)

❏ 저에게 강요하지 마세요.
Don't force me to make a decision.
돈트 포스 미 투 메잌 어 디씨젼

❏ 그는 항상 자기 마음대로 하려고 해요.
He will always have his own way.
히 윌 올웨이즈 햅 히즈 오운 웨이

155

❒ 나는 내 방식대로 하겠어요.

I'm bound to get it my way.
아임 바운드 투 겥 잍 마이 웨이

❒ 더 이상 이 일을 못 맡겠습니다.

I can't take on this work any more.
아이 캔트 테잌 온 디스 워크 에니 모어

> A : I can't take on this work any more.
> B : If you insist, I won't press you to stop it.
> 이프 유 인시스트 아이 원트 프레스 유 투 스탚 잍
> (그렇다면 구태여 말리지 않겠습니다.)

❒ 그에게서 비밀을 캐내는 게 어때요?

How about pumping the secret out of him?
하우 어바웉 펌핑 더 시크맅 아웉 엎 힘

❒ 이건 어때요?

How does this sound?
하우 더즈 디스 싸운드

> A : How does this sound?
> B : All right if you insist. Thank you.
> 올 롸잍 이프 유 인시스트   쌩크 유
> (정 그렇다면 좋습니다.)

❒ 그의 결심을 바꾸는 데 실패했어요.

I wasn't able to make him change his mind.
아이 워즌트 애이블 투 메잌 힘 체인쥐 히즈 마인드

Chapter 25
희망과 의지

희망을 물을 때

☐ 거기에 가고 싶니?
Do you want to go there?
두 유 원트 투 고우 데어

> A : Do you want to go there?
> B : Yes, I do.
> 예스 아이 두
> (네, 가고 싶어요.)

☐ 그걸 사고 싶니?
Do you want to buy it?
두 유 원트 투 바이 잇

☐ 그 영화를 보고 싶니?
Do you want to see the movie?
두 유 원트 투 씨 더 무비

☐ 내가 뭐 하기를 바라니?
What do you want me to do?
왓 두 유 원트 미 투 두

☐ 장래 어떤 사람이 되고 싶니?
What do you wish to be in the future?
왓 두 유 위시 투 비 인 더 퓨처

> A : What do you wish to be in the future?
> B : I want to be a doctor.
> 아이 원트 투 비 어 닥터
> (의사가 되고 싶어요.)

☐ 대학에서 뭘 전공하고 싶니?
What do you want to major in the college?
왓 두 유 원트 투 메이져 인 더 칼리쥐

❏ 뭘 드시고(주문하고) 싶으세요?
What would you like to eat(order)?
왙 운 유 라익 투 이트(오더)

> A : What would you like to eat(order)?
> B : I'd like a hamburger and a Coke, please.
> 아이드 라익 어 햄버거 앤드 어 코크, 플리즈
> (햄버거와 콜라를 주세요.)

❏ 무슨 과목을 공부하고 싶니?
What subject do you want to study?
왙 섭젝트 두 유 원트 투 스터디

❏ 언제 출발하고 싶니?
When do you want to start?
웬 두 유 원트 투 스타트

❏ 어디로 쇼핑 가고 싶니?
Where do you want to go shopping?
웨어 두 유 원트 투 고 샤핑

❏ 왜 교사가 되고 싶니?
Why do you want to be a teacher?
와이 두 유 원트 투 비 어 티쳐

> A : Why do you want to be a teacher?
> B : (Because) I just like teaching.
> (비코즈) 아이 저스트 라익 티칭
> (나는 가르치는 것을 좋아해요.)

희망을 말할 때

❏ 그렇게 하고 싶습니다.
I'd like to do that.
아이드 라익 투 두 댙

❏ 기꺼이 그렇게 하겠습니다.
I'd be happy to do that.
아이드 비 해피 투 두 댙

❏ 저와 함께 가 주었으면 하는데요.
I want you to come with me.
아이 원트 유 투 컴 윋 미

❒ 다시 만나고 싶군요.
I hope to see you again.
아이 호웊 투 씨 유 어게인

❒ 그렇지 않으면 좋겠는데.
I hope not.
아이 호웊 낱

❒ 혼자 있고 싶어요.
I want to be left alone.
아이 원트 투 비 렢트 얼론

> A : Who do you want to play with?
> 후 두 유 원트 투 플레이 윝
> (누구랑 놀고 싶니?)
> B : I want to be left alone.

❒ 꼭 다시 한번 해보고 싶어요.
I'm eager to try again.
아임 이거 투 트라이 어게인

❒ 그녀를 보고 싶어 죽겠어.
I'm dying to see her.
아임 다잉 투 씨 허

❒ 대학에 가고 싶어요.
I want to go to college.
아 원트 투 고 투 칼리쥐

❒ 잠자고 싶어요.
I feel like sleeping.
아이 필 라익 슬리핑

❒ 좀 더 공부하고 싶습니다.
I'd like to study more.
아이드 라익 투 스터디 모어

❒ 당신이 저와 함께 있으면 좋겠어요.
I want you to be with me.
아이 원트 유 투 비 윝미

159

❒ 제 아내가 되어주면 좋겠어요.
I want you to be my wife.
아이 원트 유 투 비 마이 와이프

❒ 당신이 담배를 끊으면 좋겠어요.
I want you to stop smoking.
아이 원트 유 투 스탑 스모킹

❒ 좀 더 일찍 오셨으면 좋겠습니다.
I'd like you to come earlier.
아이드 라익 유 투 컴 얼리어

❒ 제 어머니를 만나 뵙게 하고 싶은데요.
I'd like you to meet my mother.
아이드 라익 유 투 미트 마이 마더

❒ 선생님이 되고 싶습니다.
I'd like to be a teacher.
아이드 라익 투 비 어 티쳐

> A : *What do you want to do in the future*
> 왙 두 유 원트 투 두 인 더 퓨처
> (장래 무슨 일을 하고 싶니?)
> B : *I'd like to be a teacher.*

❒ 그 일자리를 구하면 좋겠어요.
I hope I can get the job.
아이 호웊 아이 캔 겥 더 잡

❒ 그 시험에 합격하길 바랍니다.
I hope you will pass the test.
아이 호웊 유 윌 패스 더 테스트

❒ 제 생일 파티에 오시길 바랍니다.
I hope you can come to my birthday party.
아이 호웊 유 캔 컴 투 마이 버쓰데이 파티

❒ 그녀는 그 남자를 만나고 싶어 한다.
She hopes to meet him.
쉬 호웊스 투 미트 힘

□ 그럴 수만 있다면 좋겠는데....
I wish I could.
아이 위시 아이 쿧

□ 오실 수만 있다면 좋겠는데요....
I wish you could come.
아이 위시 유 쿧 컴

□ 네가 의사가 될 수만 있다면 좋으련만....
I wish you'd be a doctor.
아 위시 유드 비 어 닥터

□ 예, 부탁드립니다.
Yes, please.
예스 플리즈

의향을 물을 때

□ 좀 더 크게 말할까요?
Do you want me to speak louder?
두 유 원트 미 투 스피크 라우더

> A : *Do you want me to speak louder?*
> B : *Yes, please.*
>   예스 플리즈
>   (예, 크게 말해 주세요.)

□ 집까지 태워다 줄까요?
Do you want me to give you a ride home?
두 유 원트 미 투 깁 유 어 롸이드 홈

> A : *Do you want me to give you a ride home?*
> B : *Thank you, but no.*
>   쌩크 유   벝 노
>   (고맙지만, 괜찮습니다.)

□ 내가 담배 끊기를 원해요?
Do you want me to stop smoking?
두 유 원트 미 투 스탑 스모킹

□ 몇 시에 가면 좋겠니?
What time do you want me to come?
왙 타임 두 유 원트 미 투 컴

희망과 의지

자신의 의지를 말할 때

☐ 좀 일찍 가야 되겠습니까?
Do you want me to come earlier?
두 유 원트 미 투 컴 얼이어

> A : Do you want me to come earlier?
> B : [Yes, please come] by seven.
>   [예스, 플리즈 컴]　바이 세븐
>   (예, 7시까지 오세요)

☐ 어느 노래 불러줄까?
Which song do you want me to sing?
위치 쏭 두 유 원트 미 투 씽

☐ 내가 계산할게요.
I'll get the check.
아일 겥 더 첵

☐ 내일 아침은 일찍 일어나야겠다.
I'll get up early tomorrow morning.
아일 겥 엎 얼리 터머러우 모닝

☐ 너에게 이 책을 주겠다.
I'll give you this book.
아일 깁 유　디스 북

☐ 디저트는 거르겠습니다.
I'll skip dessert.
아일 스킾 디저트

☐ 등산이나 갈까 합니다.
I'm going to go hiking.
아임 고잉 투 고 하이킹

☐ 쇼핑이나 갈까 합니다.
I think I'll go shopping.
아이 씽크　아일 고 샤핑

☐ 낚시나 갈까 합니다.
I think I'll go fishing.
아이 씽크 아일 고 피싱

Chapter 26 질문과 의문

질문할 때

□ 질문 하나 있습니다.
I have a question.
아이 햅 어 퀘스쳔

□ 질문 하나 해도 될까요?
May I ask you a question?
메이 아이 애스크 유 어 퀘스쳔

> A : May I ask you a question?
> B : Go ahead. What is it?
> 고 어헫 왓 이즈 잍
> (말씀하세요. 뭔데요?)

□ 사적인 질문을 하나 해도 되겠습니까?
May I ask you a personal question?
메이 아이 애스크 유 어 퍼서널 퀘스쳔

□ 구체적인 질문 몇 가지를 드리겠습니다.
Let me ask you some specific questions.
렡 미 애스크 유 썸 스피시픽 퀘스쳔스

□ 누구한테 물어봐야 되죠?
Whom should I ask?
훔 슏 아이 애스크

□ 이 머리글자들은 무엇을 의미합니까?
What do these initials stand for?
왓 두 디즈 이니셜스 스탠드 포

□ 이것을 영어로 뭐라고 하죠?
What's this called in English?
와츠 디스 콜드 인 잉글리쉬

163

❒ 이 단어를 어떻게 발음하죠?
How do you pronounce this word?
하우 두 유 프러나운스 디스 워드

❒ 그건 무엇으로 만드셨어요?
What's it made of?
와츠 잍 메읻 엎

❒ 당신에게 질문할 게 많이 있습니다.
I have a lot of questions for you.
아이 햅 어 랕 엎 퀘스쳔스 포 유

❒ 그건 무엇에 쓰는 거죠?
What's it used of?
와츠 잍 유즈드 엎

❒ 질문을 잘 들으세요.
Listen to the question.
리슨 투 더 퀘스쳔

❒ 모르시겠어요?
Do you give up?
두 유 깁 엎

❒ 내 질문에 답을 하세요.
Please answer to my question.
플리즈 앤써 투 마이 퀘스쳔

> A : *Please answer to my question.*
> B : *No comment.*
> 노 코멘트
> (말하지 않겠소)

❒ 답을 말해 보세요.
Give the answer.
깁 디 앤서

❒ 여기까지 다른 질문은 없습니까?
Does anyone have any questions so far?
더즈 에니원 햅 에니 퀘스쳔즈 쏘 파

164

| 질문에 답변할 때 | ❏ 제가 어떻게 알겠어요?
How should I know that?
하우 슏 아이 노우 댙

❏ 좋은 질문입니다.
Good question.
굳 퀘스쳔

❏ 더 이상 묻지 마세요.
No more questions.
노 모어 퀘스쳔스

❏ 답변하고 싶지 않습니다.
I don't owe you an explanation.
아이 돈트 오우 유 언 엑스플러네이션

❏ 뭐라고 대답해야 좋을지 모르겠습니다.
I don't know how to answer.
아이 돈트 노우 하우 투 앤서

❏ 저는 모르겠습니다.
I don't know.
아이 돈트 노우

❏ 모르기는 저도 마찬가지입니다.
Your guess is as good as mine.
유어 게스 이즈 애즈 굳 애즈 마인

❏ 그것은 함정이 있는 질문이었어요.
That was a tricky question.
댙 위즈 어 트릭키 퀘스쳔

의문사 [When] ❏ 언제 결혼할 계획입니까?
When are you going to get married?
웬 아 유 고잉 투 겥 매리드

❏ 언제 태어났습니까?
When were you born?
웬 워 유 본

165

◻ 다음에 언제 만날 수 있을까요?

When will I see you next?
웬 윌 아이 씨 유 넥스트

◻ 언제 체크아웃 하시겠습니까?

When do you wish to check out?
웬 두 유 위쉬 투 첵 아웃

> A : *When do you wish to check out?*
> B : *I'm going to checkout at 11 o'clock.*
> 아임 고잉 투 체카웃 앹 일레븐 어클락
> (11시에 체크아웃 수속을 할 겁니다.)

◻ 탑승시간은 언제입니까?

When is the boarding time?
웬 이즈 더 보딩 타임

의문사 [Where]

◻ 여기가 어디에요?

Where am I?
웨어(ㄹ) 앰 아이

◻ 지금 지나가는 데가 어디입니까?

Where are we passing now?
웨어(ㄹ) 아 위 패씽 나우

◻ 어디까지 얘기했죠?

Where are we?
웨어(ㄹ) 아 위

◻ 어디 출신입니까?

Where are you from?
웨어(ㄹ) 아 유 프럼

> A : *Where are you from?*
> B : *I'm from in Seoul.*
> 아임 프럼 인 써울
> (서울 출신입니다.)

◻ 공중전화가 어디 있습니까?

Where can I find a pay phone?
웨어 캔 아이 파인드 어 페이 폰

❏ 지하철 노선도를 어디서 구할 수 있나요?
Where can I get the subway map?
웨어 캔 아이 겓 더 썹웨이 맵

❏ 어디서 택시를 타죠?
Where can I get a taxi?
웨어 캔 아이 겓 어 택시

❏ 지하철 타는 곳이 어디입니까?
Where can I get on the subway?
웨어 캔 아이 겓 온 더 썹웨이

❏ 어디서 담배를 피워야 됩니까?
Where can I smoke?
웨어 캔 아이 스모욱

❏ 자란 곳이 어디입니까?
Where did you grow up?
웨어 딛 유 그로우 엎

A : *Where did you grow up?*
B : *I grew up in Seoul.*
아이 그루 엎 인 쎄울
(서울에서 자랐어요.)

❏ 갈아타는 데가 어디입니까?
Where do I transfer?
웨어 두 아이 트랜스퍼

❏ 어느 학교에 다니고 있습니까?
Where do you go to school?
웨어 두 유 고 투 스쿨

❏ 지금은 어디 사세요?
Where do you live now?
웨어 두 유 립 나우

❏ 매표소가 어디입니까?
Where is the booking office?
웨어(ㄹ) 이즈 더 부킹 오피스

❒ 공중화장실이 어디 있어요?
Where is the public restroom?
웨어(ㄹ) 이즈 더 펍릭 레스트룸

❒ 태어나서 자란 곳이 어디입니까?
Where were you born and raised?
웨어(ㄹ) 워 유 본 앤드 레이즈드

❒ 어디에서 식사를 하고 싶으세요?
Where would you like to eat?
웨어(ㄹ) 욷 유 라익 투 이트

의문사 [Who]

❒ 누구세요?
Who is it?
후 이즈 잍

❒ 누구 생각이야?
Whose idea was it?
후즈 아이디어 워즈 잍

> A : *Whose idea was it?*
> B : *It was Tom's.*
>   잍 워즈 탐스
>   (탐 생각이야.)

❒ 제일 좋아하는 선수가 누구세요?
Who is your favorite player?
후 이즈 유어 페이버맅 플레이어

❒ 누구를 바꿔 드릴까요? (전화)
Who would you like to speak to?
후 욷 유 라익 투 스피크 투

❒ 누구시라고요? (전화)
Who's calling?
후즈 콜링

❒ 그밖에 누구를 만났습니까?
Who else did you meet?
후 엘스 딛 유 미트

□ 어디에 근무하십니까?
Who do you work for?
후 두 유 워크 포

> A : Who do you work for?
> B : For Z trading company.
> 포 지 트레이딩 컴퍼니
> (Z무역회사에 근무합니다.)

의문사 [What]

□ 당신은 어때요?
What about you?
왙 어바웉 유

□ 오늘 날씨 어때요?
What's the weather like?
와츠 더 웨더 라잌

□ 별일 없으세요?
What's new?
와츠 뉴

□ 이건 재질이 뭐예요?
What's it made of?
와츠 잍 메읻 엎

□ 무슨 일 있나요?
What's the matter?
와츠 더 매터

□ 무슨 좋은 일 있어요?
What's the occasion?
와츠 디 오케이젼

□ 점수가 어떻게 됐어요?
What's the score?
와츠 더 스코어

□ 뭔가 잘못 됐나요?
What's wrong?
와츠 렁

☐ 혈액형이 어떻게 됩니까?
What's your blood type?
와츠 유어 블런 타입

☐ 어떤 운동을 좋아하세요?
What's your favorite sport?
와츠 유어 페이버릴 스포트

☐ 취미가 무엇입니까?
What's your hobby?
와츠 유어 하비

☐ 스미스 씨는 무슨 일을 하는 사람입니까?
What does Mr. Smith do?
왇 더즈 미스터 스미스 두

> A : *What does Mr. Smith do?*
> B : *He's an engineer.*
> 히즈 언 엔지니어
> (그는 엔지니어입니다.)

☐ 전공이 뭡니까?
What's your major?
와츠 유어 메이저

☐ 무엇을 도와 드릴까요?
What can I do for you?
왇 캔 아이 두 포(ㄹ) 유

☐ 무슨 뜻이죠?
What do you mean?
왇 두 유 민

☐ 어디가 아프세요?
What does it hurt?
왇 더즈 잍 허트

의문사 [Which]

☐ 어느 학교에 다니고 있습니까?
Which school do you go to?
위치 스쿨 두 유 고 투

□ 어떤 상표가 가장 좋아요?
Which brand is the best?
위치 브랜드 이즈 더 베스트

□ 어느 색깔이 저한테 어울릴까요?
Which color looks better on me?
위치 컬러 룩스 베터 온 미

□ 잡지 코너는 어디에 있어요?
Which section are magazines in?
위치 섹션 아 메거진스 인

□ 어떤 스타일로 해 드릴까요?
Which style would you like?
위치 스타일 욷 유 라익

□ 어느 팀을 응원합니까?
Which team do you support?
위치 팀 두 유 서포트

의문사 [Why]

□ 왜?
Why not?
와이 낱

> A : I don't want to go there.
>   아이 돈트 원트 투 고 데어
>   (나는 가고 싶지 않아.)
> B : Why not?

□ 왜 이 회사를 지망하셨습니까?
Why did you apply for this company?
와이 딛 유 어플라이 포 디스 컴퍼니

□ 왜 어제 전화하지 않았니?
Why didn't you call me yesterday?
와이 디든트 유 콜 미 예스터데이

□ 왜 직업을 바꾸려 합니까?
Why do you plan to change your job?
와이 두 유 플랜 투 체인쥐 유어 잡

❒ 왜 늦었습니까?
Why are you late?
와이 아유 레이트

> A : *Why are you late?*
> B : *Sorry, I missed the bus.*
> 쏘리 아이 미스트 더 버스
> (미안해요. 버스를 놓쳤습니다.)

❒ 내일 우리 집에 오지 않을래요?
Why not come to my house tomorrow?
와이 낫 컴 투 마이 하우스 터머로우

의문사 [How]

❒ 이건 어떠십니까?
How about this one?
하우 어바웉 디스 원

❒ 어떻게 지내세요?
How are you doing?
하우 아유 두잉

❒ 여기 생활은 어떠세요?
How are you enjoying it here?
하우 아유 인죠잉 잍 히어

> A : *How are you enjoying it here?*
> B : *I'm enjoying it very much.*
> 아임 인조잉 잍 베리 머취
> (매우 즐겁습니다.)

❒ 커피는 어떻게 할까요?
How would you like your tea?
하우 욷 유 라잌 유어 티

> A : *How would you like your tea?*
> B : *I'd like mine strong.*
> 아이드 라잌 마인 스트롱
> (나는 진하게 주세요.)

❒ 스테이크는 어떻게 익혀드릴까요?
How do you want your steak?
하우 두 유 원트 유어 스테잌

☐ 얼마나 걸릴까요?
How long will it take?
하우 롱 윌 잍 테익

☐ 몇 분이십니까?
How many, sir?
하우 메니   써

☐ 날씨가 어때요?
How's the weather?
하우즈 더 웨더

> A : *How's the weather?*
> B : *Not bad.*
>   낱 밷
>   (나쁘진 않아요.)

☐ 이거 얼마에요?
How much is it?
하우 머취 이즈 잍

☐ 맛이 어떻습니까?
How does it taste?
하우 더즈 잍 테이스트

☐ 한국음식 어떻게 생각하세요?
How do you like Korean food?
하우 두 유 라익 코리언 푸드

☐ 그 동안 어떻게 지내셨어요?
How have you been?
하우 햅 유 빈

☐ 왜?
No? How come?
노   하우 컴

> A : *I'm sorry I can't agree with you.*
>   아임 쏘리 아이 캔 어그리 윋 유
>   (미안하지만, 찬성할 수 없어.)
> B : *No? How come?*

질문과 의문

173

ENGLISH CONVERSATION DICTIONARY

Chapter 27

대화의 시도

말을 걸 때

☐ 이야기 좀 할 수 있을까요?
Can I have a word with you?
캔 아이 햅 어 워드 윋 유

☐ 말씀드릴 게 좀 있습니다.
I need tell you something.
아이 니드 텔 유 썸씽

☐ 드릴 말씀이 있는데요.
I tell you what.
아이 텔 유 왙

☐ 잠깐 이야기를 나누고 싶은데요.
I'd like to have a word with you.
아이드 라읔 투 햅 어 워드 윋 유

☐ 당신에게 할 이야기가 좀 있습니다.
I have something to tell you.
아이 햅 썸씽 투 텔 유

> A : I have something to tell you.
> B : All right. What seems to be problem?
> 올 롸읕   왙 심스 투 비 프라블럼
> (좋아요. 무슨 일이죠?)

☐ 잠깐 이야기 좀 할까요?
Do you have a second?
두 유 햅 어 세컨드

☐ 할 이야기가 좀 있습니다.
I want to speak to you for a moment.
아이 원트 투 스피크 투 유 포 어 모먼트

❒ 잠시만 이야기하면 됩니다.
I'll tell it to you fast.
아윌 텔 잍 투 유 패스트

❒ 잠깐 시간 좀 내 주시겠어요?
Do you have a few minutes to spare?
두 유 햅 어 퓨 미니츠 투 스페어

A : Hello, Mr. Collins. Are you busy at the moment?
헬로 미스터 콜린즈 아 유 비지 앹 더 모먼트
(콜린즈 씨, 지금 바쁘십니까?)

B : Not really
낱 리얼리
(그렇지도 않아요.)

A : Do you have a few minutes to spare?
B : Yes, of course. How can I help you?
예스 옾 코스 하우 캔 아이 핼프 유
(네, 좋아요. 무슨 일이죠?)

❒ 잠시 이야기 좀 할 수 있을까요?
Can I talk to you for a minute?
캔 아이 토크 투 유 포(ㄹ) 어 미닡

대화 도중에 말을 걸 때

❒ 말씀 중에 잠깐 실례를 해도 될까요?
May I interrupt you?
메이 아이 인터럽트 유

A : May I interrupt you?
B : Are you speaking to me?
아 유 스피킹 투 미
(저에게 말씀하시는 겁니까?)

❒ 말씀 도중에 죄송합니다만….
Sorry to interrupt, but….
쏘리 투 인터럽트 벝

A : Sorry to interrupt, but….
B : Stop interrupting me while I'm talking.
스탚 인터럽팅 미 와일 아임 토킹
(말하는 도중이니까 끼어들지 마세요.)

대화의 시도

175

용건을 물을 때

❒ 김씨, 저와 이야기 좀 할 수 있을까요?
Mr. Kim, can I talk with you?
미스터 킴 캔 아이 토크 윋 유

> A : Mr. Kim, can I talk with you?
> B : Sure. What's the problem?
> 슈어 와츠 더 프라블럼
> (물론이죠 무슨 일이죠?)

❒ 무슨 이야기를 하고 싶으세요?
What do you have on your mind?
왓 두 유 햅 온 유어 마인드

> A : What do you have on your mind?
> B : I wish to discuss something personal.
> 아이 위쉬 투 디스커스 썸씽 퍼스널
> (사적인 것을 말씀드리고 싶습니다.)

❒ 제가 도와 드릴 게 있나요?
Is there anything I can do for you?
이즈 데어 에니씽 아이 캔 두 포 유

❒ 나한테 뭔가 이야기하고 싶으세요?
Do you want to talk to me about anything?
두 유 원트 투 토크 투 미 어바웉 에니씽

> A : Do you want to talk to me about anything?
> B : I'd like to talk with you privately.
> 아이드 라잌 투 토크 윋 유 프라이비틀리
> (개인적으로 대화를 나누고 싶습니다.)

❒ 무슨 말을 하고 싶으신 거죠?
What would you like to say?
왓 욷 유 라잌 투 세이

❒ 무엇을 도와 드릴까요?
Can I help you?
캔 아이 핼프 유

❒ 난처하신 것 같은데, 제가 할 수 있는 일이 있습니까?
You look lost. Can I hep you?
유 뤀 로스트 캔 아이 핼프 유

176

모르는 사람에게 말을 걸 때

☐ 날씨가 좋죠?
Nice day, isn't it?
나이스 데이   이즌트잍

☐ 시원해서 기분이 좋죠?
It's nice and cool, isn't it?
이츠 나이스 앤드 쿨   이즌트잍

☐ 날씨가 안 좋죠?
Nasty weather, isn't it?
내스티 웨더   이즌트잍

☐ 여기는 처음이십니까?
Are you new here?
아 유 뉴 히어

> A : Are you new here?
> B : Yes, it's my first visit.
> 예스 이츠 마이 퍼스트 비짙
> (예, 처음입니다.)

☐ 이 자리에 누구 있습니까?
Is this seat taken?
이즈 디스 시트 테이큰

☐ 멀리 가십니까?
Are you going far?
아 유 고잉 파

☐ 신문 보시겠습니까?
Would you like to see the paper?
운 유 라잌 투 씨 더 페이퍼

☐ 경치가 멋지죠?
What a nice view, isn't it?
왙 어 나이스 뷰   이즌트 잍

☐ 영어는 하십니까?
Do you speak English?
두 유 스피크 잉글리쉬

대화의 시도

177

Chapter 28 대화의 연결

말이 막힐 때

☐ 글쎄, …
Well, …
웰

☐ 잠깐. …
Wait a minute.
웨잍 어 미닡

☐ 글쎄(어디 보자).
Let me see.
렡 미 씨

> A : *When did the accident happen?*
> 웬 딛 디 액시던트 해펀
> (사고는 언제 일어났습니까?)
> B : *Let me see.*

적당한 말이 생각나지 않을 때

☐ 뭐라고 말할까?
What shall I say?
왙 쉘 아이 세이

☐ 있잖아요(알다시피), …
I tell you what, …
아이 텔 유 왙

☐ 있잖아요, …
You know, …
유 노우

☐ 어디까지 말했지?
Where was I?
웨어 워즈 아이

- 음, 그걸 어떻게 말해야 될까요?

  Well, how should I say it?
  웰   하우 슏 아이 세이 잍

- 뭐라고 했지. 그래 맞아. ...

  What was I going to say? Ah, yes …
  왙 워즈 아이 고잉 투 세이   아   예스

- 뭐라고 말하면 좋을까?

  What's the word I want?
  와츠 더 워드 아이 원트

- 무슨 말을 하려고 했지?

  What was I saying?
  왙 워즈 아이 세잉

- 맞아, 이래요.

  It's like this, you see.
  이츠 라익 디스   유 씨

- 자, 글쎄요.

  Well, let me see now.
  웰   렡 미   씨 나우

  > A : *How many students are there at this university?*
  > 하우 메니 스투턴츠 아 데어 앹 디스 유니버씨티?
  > *(이 대학을 다니는 대학생은 몇 명입니까?)*
  >
  > B : *Well, let me see now.*

- 아시겠어요?

  You see(know)?
  유 씨   노우

- 제 의도를 아시겠어요?

  You know what I mean?
  유 노우 왙 아이 민

- 제 말을 이해하시겠어요?

  Can you understand what I said?
  캔 유 언더스탠드 왙 아이 셑

대화의 연결

179

말하면서 생각할 때

☐ 생각 좀 해보고요.
Let me think.
렡 미 씽크

☐ 확실하지 않지만, …이라고 생각합니다.
I don't know exactly, but I suppose …
아이 돈트 노우 익잭트리   벝 아이 써포우즈

☐ 아제 기억이 옳다면 ….
If I remember correctly, …
이프 아이 리멤버 커렉틀리

☐ 잘 기억나지 않지만….
Well, I don't remember exactly, …
웰   아이 돈트 리멤버 익잭트리

> A : *When was it we saw her?*
> 웬 워즈 잍 위 쏘 허
> (그녀를 만난 건 언제였지?)
> B : *Well, I don't remember exactly, …*

☐ 말하자면, …
I would say, …
아이 욷 세이

☐ 분명하지 않지만, …
I'm not sure, …
아임 낱 슈어

> A : *How long are you going to stay in Korea?*
> 하우 롱 아유 고잉 투 스테이 인 코리어?
> (한국에는 어느 정도 체재하십니까?)
> B : *I'm not sure, …*

☐ 굳이 말한다면, …
If I really have to give an answer, …
이프 아이 리얼리 햅 투 깁 언 앤서

> A : *What's your favorite kind of food?*
> 와츠 유어 페이버맅 카인드 엎 푸드
> (어떤 음식을 좋아하십니까?)
> B : *Well, If I really have to give an answer, …*

Chapter 29 대화의 진행

말을 재촉할 때

☐ 빨리 말씀하세요.
Tell me quick.
텔 미 퀵

☐ 제발 말해 주세요.
Tell me at once.
텔 미 앹 원스

☐ 할말이 있으면 하세요.
Say your say.
세이 유어 세이

☐ 이유를 말해 보세요.
Tell me why.
텔 미 와이

☐ 하고 싶은 말을 하세요.
Say what you want to say.
쎄이 왙 유 윈트 투 세이

☐ 누가 그랬는지 말해 보세요.
Tell me who has said so.
텔 미 후 해즈 쎌 쏘

☐ 그래서 당신은 뭐라고 했습니까?
And what did you say?
앤드 왙 딘 유 쎄이

간단히 말할 때

☐ 간단히 말해!
Cut it short!
컽 잍 쇼트

181

❒ 본론을 말씀하세요.
Just tell me your point.
저스트 텔 미 유어 포인트

❒ 바로 요점을 말하세요.
Get right down to business.
겥 롸읕 다운 투 비즈니스

❒ 요점을 말씀드리자면….
Coming to the point…
커밍 투 더 포인트

화제를 바꿀 때

❒ 화제를 바꿉시다.
Let's change the subject.
레츠 체인쥐 더 썹직트

❒ 뭔가 다른 이야기를 합시다.
Let's talk about something else.
레츠 토크 어바웉 썸씽 엘스

❒ 화제를 바꾸지 마세요.
Don't change the subject.
돈트 체인쥐 더 썹직트

❒ 그런데.
By the way.
바이 더 웨이

❒ 그건 다른 이야기잖아요.
That's another question.
대츠 어나더 퀘스쳔

❒ 제가 한 말을 취소하겠습니다.
I'll take back my words.
아윌 테잌 백 마이 워즈

말이 막힐 때

❒ 음 (뭐랄까?)
Well… / Let's (me) see.
웰   레츠 (미) 씨

☐ 글쎄, 제 말은….
Well, what I mean ….
웰 왙 아이 민

☐ 실은….
As a matter of fact, …
애즈 어 매터 엎 팩트

☐ 그걸 어떻게 말해야 될까요?
How can I say it?
하우 캔 아이 세이 잍

☐ 제가 어디까지 말했죠?
Where was I?
웨어 워즈 아이

☐ 우리가 어디까지 이야기했죠?
Where were we?
웨어 워 위

말을 꺼내거나
잠시 주저할 때

☐ 있잖아요, …
I tell you what, …
아이 텔 유 왙

☐ 있잖아요(알다시피), …
You know, …
유 노우

☐ 생각 좀 해보고요.
Let me think.
렡 미 씽크

☐ 음, 그걸 어떻게 말해야 될까요?
Well, how should I say it?
웰 하우 슏 아이 세이 잍

☐ 말하자면, …
I would say, …
아이 욷 세이

대화의 진행

183

Chapter 30 의견의 표현

ENGLISH CONVERSATION DICTIONARY

의견을 물을 때

☐ 이걸 어떻게 하면 될까요?
What should I do with this?
왇 슏 아이 두 윋 디스

> A : What should I do with this?
> B : It's up to you.
> 이츠 앞 투 유
> (좋으실 대로 하세요.)

☐ 이걸 어떻다고 생각하세요.
What do you think about this?
왇 두 유 씽크 어바웃 디스

☐ 무슨 말을 하려는 거죠?
What would you like to say?
왇 욷 유 라잌 투 세이

☐ 내게 설명 좀 해 주시겠어요?
Can you fill me in?
캔 유 필 미 인

☐ 그게 사실인가요?
Is it true?
이즈 잍 트루

☐ 그게 그런 건가요?
Is that so?
이즈 댙 쏘

☐ 제가 한 말씀드리겠습니다.
Let me tell you something.
렡 미 텔 유 썸씽

184

☐ 제 말 좀 들어 보세요.

Please listen to me.
플리즈 리슨 투 미

☐ 그게 어때서 그렇습니까?

What's the matter with it?
와츠 더 매터 윋 잍

☐ 자, 이제 어떡하면 되겠습니까?

Now, what am I going to do?
나우 왙 앰 아이 고잉 투 두

> A : Now, what am I going to do?
> B : I'd like you to make the choice.
> 아이드 라잌 유 투 메잌 더 초이스
> (당신이 좋으실 대로 선택하세요.)

☐ 잠깐 이야기 좀 할 수 있을까요?

You got a minute?
유 같 어 미닡

☐ 제가 무엇을 했으면 합니까?

What do you want me to do?
왙 두 유 원트 미 투 두

☐ 정말 모른단 말인가요?

You mean you don't know?
유 민 유 돈트 노우

☐ 이제 알겠어요?

You see that?
유 씨 댙

☐ 제 말 알겠어요?

Do you understand what I mean?
두 유 언더스탠드 왙 아이 민

> A : Do you understand what I mean?
> B : I see, that's good enough.
> 아이 씨 댙츠 굳 이너프
> (알았어요. 그만하면 충분해요.)

의견의 표현

185

☐ 공통점이 뭔가요?

What do you have in common?
왙 두 유 햅 인 카먼

☐ 하려는 말이 뭐죠?

What do you have in mind?
왙 두 유 햅 인 마인드

☐ 어떻게 생각하세요?

What do you say?
왙 두 유 세이

> A : What do you say?
> B : That's not bad.
> 대츠 낱 밷
> (그거 괜찮은데요.)

☐ 어떻게 뾰족한 수가 없을까요?

Isn't there any way out?
이즌트 데어 에니 웨이 아웉

☐ 누가 댁의 의견 따위를 물었나요? (빈정대는 투로)

Who asked for your two cents?
후 애슥트 포 유어 투 센츠

☐ 당신은 어느 쪽 편입니까?

Which side are you on?
위치 싸이드 아 유 온

☐ 그게 확실한가요?

Are you sure about that?
아 유 슈어 어바웃 댙

> A : Are you sure about that?
> B : I promise you!
> 아이 프라미스 유
> (제가 약속할게요!)

☐ 그가 누구라고 생각하세요?

Who do you think he is?
후 두 유 씽크 히 이즈

186

의견에 대해 긍정을 할 때

☐ 흥미 있는 얘기입니다.
That sounds like fun.
댙 싸운즈 라익 펀

☐ 문제없어요.
No problem.
노 프라블럼

☐ 좋아요. / 굉장하군요.
Sounds great.
싸운즈 그레잍

> A : *How about my new car?*
> 하우 어바웉 마이 뉴 카
> (새로 산 내 차는 또 어떤 것 같아요?)
> B : *Sounds great.*

☐ 이것으로 하겠어요.
Well, I'll take this.
웰   아윌 테익 디스

☐ 제가 그것을 보장합니다.
I give my word on it.
아이 깁 마이 워드 온 잍

> A : *Can this be true?*
> 캔 디스 비 트루
> (이게 정말 그럴까요?)
> B : *I give my word on it.*

☐ 그럴 수도 있겠죠.
Could be.
쿧 비

☐ 그 일은 걱정하지 마세요.
Don't worry about it.
돈트 워리 어바웉 잍

☐ 당신의 의견에 찬성입니다.
I'm for your opinion.
아임 포 유어 오피니언

의견의 표현

❏ 당신이 좋으실 대로 선택하세요.
I'd like you to make the choice.
아이드 라잌 유 투 메잌 더 초이스

❏ 그렇게 해 주실래요?
Would you, please?
운 유　　　　플리즈

❏ 나는 그렇게 생각해요.
I suppose so.
아이 써포우즈 쏘

❏ 정말?
Oh, really?
오　　리얼리

❏ 어떤 의미로는 그가 옳아요.
In a way he's right.
인 어 웨이 히즈 라잍

❏ 그렇게 말 할 수도 있겠지요.
You can put it that way.
유 캔 풑 잍 댙 웨이

❏ 제가 보기에 그 아이디어는 아주 훌륭해요.
The idea strikes me as a good one.
디 아이디어 스트라잌스 미 애즈 어 굳 원

> A : *Do I look all right?*
> 　　두 아이 뤀 올 롸잍
> 　*(이만하면 괜찮아 보입니까?)*
> B : *The idea strikes me as a good one.*

❏ 전 상관없어요.
It's all right by me.
이츠 올 롸잍 바이 미

❏ 그건 의심의 여지가 없어요.
No doubt about it.
노 다우트 어바웉 잍

❏ 둘 중 어떤 것이라도 좋아요.
Either will be fine.
이더 윌 비 파인

❏ 그 문제에 대해서는 저도 동감입니다.
I'm with you on that matter.
아임 윋 유 온 댙 매터

❏ 저는 좋아요. / 나는 괜찮아요.
That's fine with me.
대츠 파인 윋 미

> A : *Can I call off the appointment?*
> 캔 아이 콜 오프 디 어포인트먼트
> (약속을 취소해도 될까요?)
> B : *That's fine with me.*

❏ 당신이 옳은 것 같아요.
I'll bet you're right.
아일 벹 유어 롸잍

❏ 아, 알겠습니다!
I've got it!
아이브 갓 잍

❏ 아, 알겠어요. (비로소 알게 됐다는 의미)
Oh, I see.
오 아이 씨

❏ 아! 무슨 말인지 알았어요.
Oh! I see what you mean.
오 아이 씨 왙 유 민

❏ 당신의 취지를 알겠어요.
I see your point.
아이 씨 유어 포인트

❏ 아, 이제 알았습니다.
It's easy to put two and two together.
이츠 이지 투 풑 투 앤드 투 터게더

의견의 표현

189

□ 그 정도면 충분합니다.
That's good enough.
대츠 굳 이너프

□ 그렇게 하세요.
Go right ahead.
고 롸잍 어헫

□ 그거 괜찮겠군요.
That would be fine.
댙 욷 비 파인

□ 물론, 기꺼이 그렇게 하겠습니다.
Sure, with pleasure.
슈어 윋 플레져

□ 네, 그러지요.
Sure, I'll be glad to.
슈어 아일 비 글랟 투

의견에 대해
부정을 할 때

□ 그걸 뭐라고 꼬집어 말할 수는 없습니다.
I can't pinpoint it.
아이 캔트 핀포인트 잍

□ 두고 봐야죠.
We'll have to wait and see.
위일 햅 투 웨잍 앤드 씨

> A : *What if I say no?*
> 왙 이프 아이 세이 노
> (제가 싫다고 하면 어떻게 되는 거죠?)
> B : *We'll have to wait and see.*

□ 가망이 없어요.
Chances are slim.
챈시스 아 슬림

□ 저하고는 거리가 멉니다.
Far from it.
파 프럼 잍

❒ 상관없어요.
That doesn't matter.
댙 더즌트 매터

❒ 그건 사정에 따라 다르죠.
That all depends.
댙 올 디펜즈

❒ 반드시 그럴 필요는 없어요.
Not necessarily.
낱 네써써릴리

❒ 잘 모르겠는데요.
I'm afraid I don't know.
아임 어프레읻 아이 돈트 노우

❒ 아니요, 도무지 감이 잡히지 않아요.
No, I can't get the hang of it.
노 아이 캔트 겥 더 행 옾 읻

> A : *Can you come up with an idea?*
> 캔 유 컴 엎 윋 언 아이디어
> (좋은 생각이 떠오르세요?)
> B : *No, I can't get the hang of it.*

❒ 내가 아는 바가 아닙니다.
Not that I know of.
낱 댙 아이 노우 옾

❒ 저로서는 어쩔 수 없군요.
I can't help it.
아이 캔트 핼프 읻

❒ 반드시 그렇지는 않아요.
It is not necessarily so.
읻 이즈 낱 네써써릴리 쏘

❒ 그것도 역시 효과가 없을 거예요.
That won't do, either.
댙 원트 두   이더

의견의 표현

☐ 하지 않는 것이 좋을 것 같아요.
I'm afraid I'd better not.
아임 어프레읻 아이드 베터 낱

☐ 나는 그런 것에 개의치 않아요.
I just don't bother with it.
아이 저스트 돈트 바더 윋 잍

☐ 기대하지 말아요.
Don't get your hopes up.
돈트 겥 유어 호웊스 엎

☐ 아직 결정을 못 했어요.
I haven't decided yet.
아이 해브트 디싸이딛 옡

☐ 마음이 내키지 않아요.
I don't feel up to it.
아이 돈트 필 엎 투 잍

☐ 이것은 결함이 있는 것 같아요.
I think this is defective.
아이 씽크 디스 이즈 디펙팁

상대의 의견을 칭찬할 때

☐ 훌륭한 의견 감사합니다.
Thanks for the great idea!
쌩스 포 더 그레잍 아이디어

> A : *Thanks for the great idea!*
> B : *Don't mention it. The great idea was yours.*
> 돈트 맨션 잍   더 그레잍 아이디어 워즈 유어즈
> (천만에요. 그 생각은 바로 당신이 해낸 건데요.)

☐ 천만에요. 그 생각은 당신이 해낸 건데요.
Don't mention it. The great idea was yours.
돈트 맨션 잍   더 그레잍 아이디어 워즈 유어즈

☐ 당신 말에도 일리가 있어요.
You are partly right.
유 아 파트리 롸잍

◘ 정말 좋은 생각이군요.
What a good idea!
왓 어 굳 아이디어

◘ 그거 좋은 생각 같군요.
That sounds like a good idea.
댙 싸운즈 라잌 어 굳 아이디어

◘ 그거 기상천외한 생각이군요!
It's a fantastic idea!
이츠 어 팬태스틱 아이디어

◘ 어떻게 그런 생각을 해 내셨죠?
How did you come up with the idea?
하우 딛 유 컴 엎 윋 디 아이디어

◘ 대단히 훌륭한 지적을 해 주셨습니다.
You made a very good point.
유 메읻 어 베리 굳 포인트

◘ 바로 그겁니다.
That's the way!
댙츠 더 웨이

◘ 훌륭한 의견 감사합니다.
Thanks for the great idea!
쌩스 포 더 그레잍 아이디어

의견의 표현

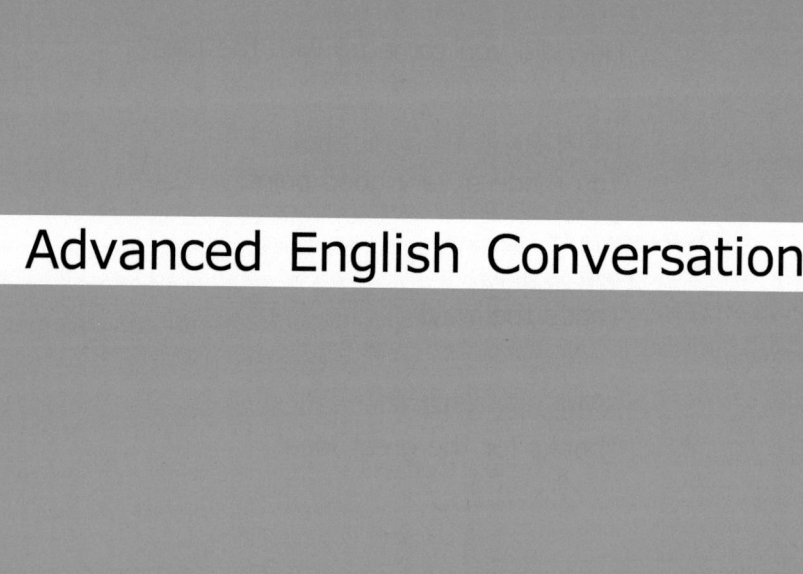

PART 2

실용 영어회화

Advanced English Conversation

ENGLISH CONVERSATION DICTIONARY

Chapter 01 초면인사와 소개

처음 만났을 때

□ 처음 뵙겠습니다.
How do you do?
하우 두 유 두

> A : How do you do? I'm glad to meet you.
> B : Pleased to meet you, too.
> 플리즈드 투 미트 유   투
> (저도 역시 만나서 반갑습니다.)

□ 만나서 반갑습니다.
Nice to meet you.
나이스 투 미트 유

□ 알게 되어 기쁩니다.
I'm glad to know you.
아임 글랫 투 노우 유

> A : Hi, Kim.
> 하이 킴
> (안녕하세요)
> B : I'm glad to know you.

□ 만나 뵙게 되어 대단히 반갑습니다.
I'm very glad to meet you.
아임 베리 글랫 투 미트 유

> A : I'm very glad to meet you.
> B : Glad to meet you, too.
> 글랫 투 미트 유   투
> (저 역시 만나서 반갑습니다.)

□ 만나 뵙게 되어 영광입니다.
I'm honored to meet you.
아임 아너드 투 미트 유

❏ 제가 오히려 반갑습니다.
The pleasure is mine.
더 플레져 이즈 마인

> A : *I'm pleased to meet you.*
> 아임 플리즈드 투 미트 유
> (만나서 반갑습니다.)
> B : *The pleasure is mine.*

소개할 때

❏ 두 분이 서로 인사 나누셨습니까?
Have you two met each other yet?
햅 유 투 멭 이취 아더 옡

❏ 미스터 김, 밀러 씨하고 인사 나누세요.
Mr. Kim, meet Mr. Miller.
미스터 킴 미트 미스터 밀러

> A : *Mr. Kim, meet Mr. Miller.*
> B : *I'm Mr. Kim at your service.*
> 아임 미스터 킴 앹 유어 써비스
> (미스터 김입니다. 잘 부탁합니다.)

❏ 이쪽은 제 동료인 토마스 씨입니다.
This is a colleague of mine, Mr. Thomas.
디스 이즈 어 칼리그 옆 마인   미스터 토마스

> A : *This is a colleague of mine, Mr. Thomas.*
> B : *I'm Mr. Kim and this is my wife, Mrs. Hong.*
> 아임 미스터 킴 앤드 디스 이즈 마이 와잎   미시즈 홍
> (저는 미스터 김이고, 이쪽은 제 아내 미시즈 홍입니다.)

❏ 밀러 씨, 제 친구 김 선생을 소개하겠습니다.
Mr. Miller, may I introduce my friend, Mr. Kim?
미스터 밀러   메이아이 인트러듀스 마이 프렌드   미스터 킴

> A : *Mr. Miller, may I introduce my friend, Mr. Kim?*
> B : *How do you do, Mr. Kim?*
> 하우 두 유 두   미스터 킴
> (처음 뵙겠습니다. 김 선생님.)

❏ 제 친구 미스터 존슨을 소개하겠습니다.
Let me introduce my friend, Mr. Johnson.
렡 미 인트러듀스   마이 프렌드 미스터 쟌슨

197

❒ 미스터 존슨이 당신에 대해 자주 말씀하셨습니다.

Mr. Johnson often speaks of you.
미스터 쟌슨 오픈 스픽스 엎 유

❒ 오래 전부터 한번 찾아뵙고 싶었습니다.

I've been wanting to see you for a long time.
아이브 빈 원팅 투 씨 유 포 어 롱 타임

❒ 전에 한번 뵌 적이 있는 것 같습니다.

I think I've seen you before.
아이 씽크 아이브 씬 유 비포

> A : Mr. Smith, this is Mr. Johnson.
> 미스터 스미스 디스 이즈 미스터 쟌슨
> (스미스 씨, 이분이 미스터 존슨입니다.)
> B : I think I've seen you before.

❒ 누구시더라?

Do I know you?
두 아이 노우 유

❒ 친숙해 보이는데요.

You look very familiar.
유 룩 베리 퍼밀리어

❒ 전에 만난 적이 있는 것 같은데요.

Haven't we met before?
해븐트 위 멭 비포

❒ 우린 여러 번 당신 이야길 했었지요.

We have talked of you often.
위 햅 톡트 엎 유 오픈

> A : We have talked of you often.
> B : I must have seen you somewhere before.
> 아이 머스트 햅 씬 유 썸웨어 비포
> (예전에 당신을 어디선가 뵌 것 같습니다.)

❒ 저 사람이 바로 당신이 말하던 그 사람입니까?

Is that the man you told me about?
이즈 댙 더 맨 유 톨드 미 어바웉

이름을 말할 때

□ 저는 한번 본 사람은 꼭 기억합니다.
I never forget a face.
아이 네버 포겟 어 페이스

□ 성함이 어떻게 됩니까?
May I have your name, please?
메이아이 햅 유어 네임   플리즈

> A : May I have your name, please?
> B : Please call me Lori. That's my first name.
>   플리즈 콜 미 로리   대츠 마이 퍼스트 네임
>   (로리라고 불러 주세요. 그게 제 이름이에요.)

□ 성함을 확실히 듣지 못했습니다.
I didn't quite catch your name.
아이 디든트 콰잍 캐취 유어 네임

□ 죄송합니다. 이름이 뭐라고 하셨는지 잘 못 들었습니다.
I'm sorry. I didn't get your name.
아임 쏘리   아이 디든트 겟 유어 네임

그밖에 소개에 관한 표현

□ 우리 좋은 친구가 되었으면 합니다.
I hope we become good friends.
아이 호웊 위 비컴 굳 프렌즈

□ 선생님 말씀 많이 들었습니다.
I've heard a lot about you.
아이브 허드 어 랕 어바웉 유

□ 말씀은 많이 들었습니다.
I've heard so much about you.
아이브 허드 쏘 머취 어바웉 유

> A : I work for Sam Corporation.
>   아이 웍크 포 쌤 코퍼레이션
>   (저는 샘 실업에 근무하고 있습니다.)
> B : I've heard so much about you.

□ 만나 뵙고 싶었습니다.
I wanted to see you.
아 원틷 투 씨 유

199

☐ 밀러 씨가 당신 이야기를 많이 하더군요.
Mr. Miller often speaks of you.
미스터 밀러 오픈 스픽스 옆 유

> A : Mr. Miller often speaks of you.
> B : I've been wanting to meet you for a long time.
> 아이브 빈 원팅 투 미트 유 포 어 롱 타임
> (오래 전부터 만나 뵙고 싶었습니다.)

☐ 이건 제 명함입니다.
This is my business card.
디스 이즈 마이 비즈니스 카드

☐ 명함 한 장 주시겠어요?
May I have your business card?
메이 아이 햅 유어 비즈니스 카드

☐ 만나서 매우 반가웠습니다.
I was very glad to meet you.
아 워즈 베리 글랜 투 미트 유

☐ 어디서 오셨습니까(고향이 어디십니까)?
Where are you from?
웨어 아 유 프럼

☐ 국적이 어디시죠(어느 나라 분이십니까)?
What's your nationality?
와츠 유어 내셔낼러티

자기 자신을 소개할 때

☐ 제 소개를 할까요?
May I introduce myself?
메이 아이 인트러듀스 마이셀프

☐ 제 소개를 드리겠습니다.
Perhaps I should introduce myself.
퍼햅스 아이 슏 인트러듀스 마이셀프

☐ 제 소개를 하겠습니다.
Let me introduce myself.
렡 미 인트러듀스 마이셀프

☐ 제 이름은 홍길동입니다.
   My name is Hong Kil-dong.
   마이 네임 이즈 홍길동

☐ 처음 뵙겠습니다. 김민호입니다.
   How do you do? My name is Kim Min-ho.
   하우 두 유 두   마이 네임 이즈 김민호

   A : How do you do? My name is Kim Min-ho.
   B : I'm Hong Kil-dong and glad to meet you.
       아임 홍길동 앤드 글랫 투 미트 유
       (만나서 반갑습니다. 저는 홍길동입니다.)

☐ 안녕하세요, 저는 홍길동라고 합니다.
   Hello, my name is Hong Kil-dong.
   헬로   마이 네임 이즈 홍길동

   A : Hello, my name is Lee Jun-hee.
   B : Hi, I'm Lee Jun-ho
       하이 아임 이준호
       (안녕하세요, 저는 이준호입니다.)

☐ 저는 부모님과 함께 살고 있습니다.
   I live with my parents.
   아이 립 윗 마이 페어런츠

☐ 전 독자입니다.
   I'm the only son(daughter).
   아임 디 온리 썬(도터)

☐ 전 장남입니다.
   I'm the oldest son.
   아임 디 올디스트 썬

☐ 전 맏딸입니다.
   I'm the oldest daughter.
   아임 디 올디스트 도터

☐ 전 독신입니다.
   I'm single.
   아임 씽글

ENGLISH CONVERSATION DICTIONARY

Chapter 02 초대의 표현

초대할 때

☐ 오늘 오후에 시간이 있습니까?
Do you have time this afternoon?
두 유 햅 타임 디스 앺터눈

☐ 오늘 저녁에 시간이 있나요?
Are you free this evening?
아 유 프리 디스 이브닝

☐ 오늘밤에 할 일이 있으십니까?
Are you doing anything tonight?
아 유 두잉 에니씽 투나잍

☐ 이번 토요일에 무엇을 하실 건가요?
What are you doing this Saturday?
왙 아유 두잉 디스 쌔터데이

☐ 저녁 식사하러 우리 집에 오실래요?
Will you come to my house for dinner?
윌 유 컴 투 마이 하우스 포 디너

> A : Will you come to my house for dinner?
> B : That's great.
> 대츠 그레잍
> (그거 좋죠)

☐ 제 생일파티에 오시는 게 어때요?
How about coming to my birthday party?
하우 어버웉 커밍 투 마이 버쓰데이 파티

☐ 파티에 오시지 그러세요?
Why don't you come to the party?
와이 돈트 유 컴 투 더 파티

초대에 응할 때

☐ 좋은 생각이에요.
Good idea.
굳 아이디어

☐ 기꺼이 그렇게 하겠습니다.
I'd be happy to.
아이드 비 해피 투

> A : I'd like you to come to his farewell party.
> 아이드 라익 유 투 컴 투 히스 페어웰 파티
> (그의 송별파티에 오셨으면 합니다.)
> B : I'd be happy to.

☐ 그거 아주 좋겠는데요.
That sounds great.
댙 사운즈 그레잍

☐ 멋진데요.
Sounds nice.
사운즈 나이스

☐ 저는 좋습니다.
That's fine with me.
대츠 파인 윋 미

☐ 고맙습니다, 그러죠.
Thank you, I will.
쌩크 유   아이 윌

☐ 초대해 주셔서 감사합니다.
Thank you for inviting me.
쌩크 유 포 인바이팅 미

초대에 응할 수 없을 때

☐ 죄송하지만, 그럴 수 없습니다.
I'm sorry, but I can't.
아임 쏘리   벋 아이 캔트

☐ 죄송하지만, 그럴 수 없을 것 같군요.
I'm sorry, but I don't think I can.
아임 쏘리   벋 아이 돈트 씽크 아이 캔

초대의 표현

◻ 죄송하지만, 해야 할 일이 있습니다.

Sorry, but I have some work to do.
쏘리   볕 아이 햅 썸 워크 투 두

◻ 유감스럽지만 안 될 것 같군요.

I'm afraid not.
아임 어프레읻 낱

> A : *Would you care to be my guest?*
> 운 유 케어 투 비 마이 게스트
> (제 초청을 받아 주시겠어요?)
> B : *I'm afraid not.*

◻ 그럴 수 있다면 좋겠군요.

I wish I could.
아이 위시 아이 쿧

◻ 그러고 싶지만 오늘밤은 이미 계획이 있습니다.

I'd love to, but I already have plans tonight.
아이드 럽 투   벝 아이 올레디 햅 플랜즈 투나잍

◻ 오늘 저녁은 안 되겠습니다.

I'd rather not this evening.
아이드 래더   낱 디스 이브닝

Chapter 03 방문의 표현

ENGLISH CONVERSATION DICTIONARY

방문한 곳의 현관에서

☐ 초대해 주셔서 기쁩니다.
Thank you for having me.
쌩크 유 포 해빙 미

> A : Thank you for having me.
> B : Thank you for coming.
> 쌩크 유 포 커밍
> (와 주셔서 감사합니다.)

☐ 어서 들어오십시오.
Please come in.
플리즈 컴 인

☐ 이쪽으로 오시죠.
Why don't you come this way?
와이 돈트 유 컴 디스 웨이

☐ 멀리서 와 주셔서 감사합니다.
Thank you for coming such a distance.
쌩크 유 포 커밍 써취 어 디스턴스

☐ 여기 오시는 데 고생하지 않으셨어요?
Did you have any trouble getting here?
딛 유 햅 에니 트러블 게팅 히어

☐ 조그만 선물입니다.
Here's something for you.
히어즈 썸씽 포 유

☐ 편히 하세요.
Make yourself at home.
메익 유어셀프 앹 홈

205

❏ 집을 보여 드리겠습니다.

Let me show you around our house.
렡 미 쇼우 유 어롸운드 아워 하우스

❏ 아주 멋진 집이군요.

You have a very nice home.
유 햅 어 베리 나이스 홈

음료와 식사 대접

❏ 뭐 좀 마시겠습니까?

Would you like something to drink?
욷 유 라잌 썸씽 투 드링크

❏ 저녁식사 준비가 되었습니다.

Dinner is ready.
디너 이즈 레디

❏ 식당으로 가시지요.

Please come into the dining room.
플리즈 컴 인투 더 다이닝 룸

❏ 맘껏 드시고 싶은 것을 드세요.

Help yourself to anything you like.
핼프 유어셀프 투 에니씽 유 라잌

❏ 어서 드십시오.

Go ahead and start eating.
고 어헫 앤드 스타트 이팅

❏ 좀더 드시지요.

Why don't you help yourself to some more?
와이 돈트 유 핼프 유어셀프 투 썸 모어

> A: *Why don't you help yourself to some more?*
> B: *I'm satisfied, thank you.*
> *아임 세티스파이드 쌩크 유*
> (많이 먹었습니다.)

❏ 훌륭한 저녁식사였습니다.

This was a wonderful dinner.
디스 워즈 어 원더풀 디너

방문을 마칠 때

☐ 매우 맛있는 식사였습니다.
This was a delicious meal.
디스 워즈 어 딜리셔스 밀

☐ 이제 그만 실례하겠습니다.
I think I should be going now.
아이 씽크 아이 슏 비 고잉 나우

> A : I think I should be going now.
> B : Do you mean you're going now?
> 두 유 민 유어 고잉 나우
> (지금 가신다는 말씀이세요?)

☐ 늦어서 가 봐야겠어요.
Oh, I'm late. I should be going.
오 아임 레잍 아이 슏 비 고잉

☐ 이만 돌아가 봐야겠어요.
I've come to say goodbye.
아이브 컴 투 세이 굳바이

> A : I've come to say goodbye.
> B : It's too bad you have to go.
> 이츠 투 밷 유 햅 투 고
> (가셔야 된다니 아쉽네요.)

☐ 아주 즐거웠습니다.
I had a very good time.
아이 핻 어 베리 굳 타임

☐ 또 오세요.
I hope you will visit us again.
아이 호웊 유 윌 비짙 어스 어게인

☐ 다음에는 꼭 저희 집에 와주세요.
Next time you must come and visit me.
넥스트 타임 유 머스트 컴 앤드 비짙 미

> A : I'm glad you came.
> 아임 글랟 유 케임
> (와주셔서 감사합니다.)
> B : Next time you must come and visit me.

207

Chapter 04 시간과 연월일

ENGLISH CONVERSATION DICTIONARY

시각을 물을 때

□ 지금 몇 시죠?

What time is it now?
왙 타임 이즈 잍 나우

> A : What time is it now?
> B : Let's see. It's 10:30.
> 레츠 씨   이츠 텐 써티
> (어디 보자. 10시 30분입니다.)

□ 실례합니다. 몇 시입니까?

Excuse me. Can you tell me the time?
익스큐즈 미   캔 유 텔 미 더 타임

> A : Excuse me. Can you tell me the time?
> B : It's a quarter past four.
> 이츠 어 쿼터 패스트 포
> (4시 15분입니다.)

□ 몇 시쯤 됐을까요?

I wonder what time it is?
아이 원더 왙 타임 잍 이즈

> A : I wonder what time it is?
> B : It's exactly three o'clock.
> 이츠 익잭트리 쓰리 어클락
> (정확히 3시입니다.)

□ 지금이 몇 시라고 생각하십니까?

What time do you think it is?
왙 타임 두 유 씽크 잍 이즈

시각을 답할 때

□ 오전 7시입니다.

It's 7 o'clock in the morning.
이츠 세븐 어클락 인 더 모닝

❐ 오전 9시입니다.
It's 9 a.m.
이즈 나인 에이엠

❐ 오전 8시 15분입니다.
It's a quarter after 8 in the morning.
이즈 어 쿼터 앺터 에잍 인 더 모닝

> A : *What time is it now?*
> 왙 타임 이즈 잍 나우
> (지금 몇 시죠?)
> B : *It's a quarter after 8 in the morning.*

❐ 오후 2시 반입니다.
It's 2:30(two thirty) in the afternoon.
이츠 투 써티 인 디 앺터눈

❐ 오후 2시 반입니다.
It's 2:30(two thirty) p.m.
이츠 투 써티 피 엠

❐ 오후 8시 10분전입니다.
It's 10 minutes to 8 in the evening.
이츠 텐 미니츠 투 에잍 인 디 이브닝

❐ 아직 7시밖에 안 되었어요.
It's still only seven o'clock.
이츠 스틸 온리 세븐 어클락

❐ 6시 반이 다 되갑니다.
It's almost 6:30(six thirty).
이츠 올모슷트 씩스 써티

> A : *I wonder what time it is?*
> 아이 원더 왙 타임 잍 이즈
> (몇 시쯤 됐을까요?)
> B : *It's almost 6:30(six thirty).*

❐ 5시 반 정도 된 것 같아요.
I guess it's around 5:30(five thirty).
아이 게스 이츠 어롸운드 파이브 써티

시간에 대해
묻고 답할 때

- 어디 보자. 10시 30분입니다.
  Let's see. It's 10:30.
  레츠 씨   이츠 텐 써티

- 4시 15분입니다.
  It's a quarter past four.
  이츠 어 쿼터 패스트 포

- 정각 3시입니다.
  It's exactly three o'clock.
  이츠 익잭트리 쓰리 어클락

- 30분 후에(지나서).
  In 30 minutes.
  인 써티 미니츠

- 15분 후에(지나서).
  In a quarter an hour.
  인 어 쿼터 언 아워

- 거기에 가는 데 얼마나 걸립니까?
  How long does it take to get there?
  하우 롱 더즈 잍 테익 투 겥 데어

  > A : How long does it take to get there?
  > B : It's seven minute's walk from the station.
  >   이츠 세븐 미니츠 워크 프럼 더 스테이션
  >   (역에서 걸어서 7분 걸립니다.)

- 몇 시에 개점(폐점)합니까?
  What time do you open(close)?
  왙 타임 두 유 오픈(클로우즈)

- 이제 가야 할 시간입니다.
  It's about time to go.
  이츠 어바웉 타임 투 고

- 천천히 하세요.
  Take your time.
  테익 유어 타임

☐ 잠시도 지체할 틈이 없습니다.
I have no time to lose.
아이 햅 노 타임 투 루즈

☐ 시간이 없는데요.
I'm in a hurry.
아임 인어 허리

☐ 시간이 어떠세요?
How's the time?
하우즈 더 타임

> A : How's the time?
> B : My watch's pretty tight.
> 마이 워치스 프리티 타잍
> (저의 예정이 꽉 차 있어요.)

☐ 좀더 시간이 필요합니다.
I need more time.
아이 니드 모어 타임

시계에 대해 말할 때

☐ 미안하지만, 저는 시계가 없습니다.
Sorry, I don't have a watch.
쏘리   아이 돈트 햅 어 와취

> A : What time is it now?
>   왙 타임 이즈 잍 나우
>   (지금 몇 시죠?)
> B : Sorry, I don't have a watch.

☐ 당신 시계가 맞는가요?
Is your watch right?
이즈 유어 와취 롸잍

☐ 제 시계가 빨리 가요.
My watch is fast.
마이 와취 이즈 패스트

☐ 왜 자꾸 시계를 보고 계세요?
Why do you keep looking at the clock?
와이 두 유 킾 룩킹 앹 더 클락

시간과 요일

211

□ 제 시계는 정확해요.

My watch keeps the proper time.
마이 와취 킵스 더 프러퍼 타임

년(年)에 대해 말할 때

□ 몇 년도에 태어나셨어요?

What year were you born?
왙 이어 워 유 본

□ 그는 저보다 2년 선배입니다.

He is two years older than I.
히 이즈 투 이어즈 올더 댄 아이

월(月)에 대해 말할 때

□ 몇 월이죠?

What month is it?
왙 먼쓰 이즈 잍

□ 여기에 온 지 석 달입니다.

It's three months since I came here.
이츠 쓰리 먼쓰즈 신스 아이 케임 히어

□ 8월 25일까지 끝낼 수 있습니까?

Can you finish it by August 25th?
캔 유 피니쉬 잍 바이 오거스트 투웬티 핖쓰

□ 7월 15일까지 답장을 보내시오.

Please send your reply by July 15th.
플리즈 센드 유어 리프라이 바이 쥬라이 핖틴쓰

□ 오일은 6개월마다 교환해 주십시오.

Change the oil every six months.
체인쥐 디 오일 에브리 씩스 먼쓰즈

요일에 대해 말할 때

□ 오늘이 무슨 요일이죠?

What day is it today?
왙 데이 이즈 잍 투데이

> A : *What day is it today?*
> B : *It's Saturday.*
> 이츠 새터데이
> (토요일이에요.)

일(日)에 대해 말할 때

▢ 보통 월요일에서 금요일까지 영업합니다.
Usually, we're open Monday through Friday.
유주얼리 위어오픈 먼데이 쓰루 프라이데이

▢ 오늘이 며칠이죠?
What's the date today?
와츠 더 데잍 투데이

▢ 날짜가 언제입니까?
What's the date?
와츠 더 데잍

▢ 다음 일요일이 며칠이죠?
What date is next Sunday?
왙 데잍 이즈 넥스트 썬데이

▢ 오늘이 무슨 날이죠?
What's the occasion?
와츠 디 어케이젼

> A: *What's the occasion?*
> B: *Today is your birthday, isn't it?*
> 투데이 이즈 유어 버쓰데이 이즌트 잍
> (오늘이 당신 생일이잖아요, 그렇죠?)

▢ 오늘이 무슨 특별한 날입니까?
What special day is today?
왙 스페셜 데이 이즈 투데이

▢ 우리 휴가가 며칠부터 시작이죠?
What date does our vacation start?
왙 데이트 더즈 아워 버케이션 스타트

▢ 며칠에 태어났어요?
What date were you born?
왙 데잍 워 유 본

▢ 이 표는 6일간 유효합니다.
This ticket is good for six days.
디스 티킽 이즈 굳 포 씩스 데이즈

시간과 연월일

213

ENGLISH CONVERSATION DICTIONARY

Chapter 05
약속 시간과 장소

약속을 신청할 때

☐ 시간 좀 있어요?
Do you have a minute?
두 유 햅 어 미닛

☐ 잠깐 만날 수 있을까요?
Can I see you for a moment?
캔 아이 씨 유 포 어 모먼트

☐ 내일 한번 만날까요?
Do you want to get together tomorrow?
두 유 원트 투 겟 터게더 터머로우

☐ 언제 한번 만나요.
Let's together sometime.
레츠 터게더 썸타임

☐ 이번 주말에 시간 있으세요?
Are you free this weekend?
아 유 프리 디스 위켄드

☐ 내일 약속 있으세요?
Do you have any appointments tomorrow?
두 유 햅 에니 어포인트먼츠 터머로우

> A : Do you have any appointments tomorrow?
> B : I have nothing in particular to do tomorrow.
> 아이 햅 나씽 인 파티큘러 투 두 터머로우
> (내일은 특별하게 정해 놓은 일이 없습니다.)

스케줄을 확인할 때

☐ 이번 주 저의 스케줄을 확인해 보겠습니다.
I'll check my schedule for this week.
아일 첵 마이 스케줄 포 디스 윅

❏ 내주쯤으로 약속할 수 있습니다.
I can make it sometime next week.
아이 캔 메익 잍 썸타임 넥스트 윅

❏ 그날은 약속이 없습니다.
I have no engagements that day.
아이 햅 노 인게이쥐먼츠 댙 데이

❏ 오늘 오후는 한가합니다.
I'm free this afternoon.
아임 프리 디스 앺터눈

❏ 3시 이후 2시간 정도 시간이 있습니다.
I'm free for about two hours after 3.
아임 프리 포 어바웉 투 아워즈 앺터 쓰리

약속 제안에 응답할 때

❏ 왜 그러는데요?
Why do you ask?
와이 두 유 애tmㅋ

 A : *Do you have a minute?*
   두 유 햅 어 미닡
   (시간 좀 있어요?)
 B : *Why do you ask?*

❏ 무슨 일로 절 만나자는 거죠?
What do you want to see me about?
왙 두 유 원트 투 씨 미 어바웉

❏ 좋아요, 시간 괜찮아요.
Yeah, I'm free.
야아   아임 프리

❏ 이번 주말엔 별다른 계획이 없어.
I have no particular plans for this weekend.
아이 햅 노 퍼티큘러 플랜즈 포 디스 위켄드

❏ 미안해요, 제가 오늘 좀 바빠서요.
I'm sorry, I'm little busy today.
아임 쏘리   아임 리틀 비지 투데이

약속 시간과 장소

□ 오늘 누가 오기로 돼 있어요.
I'm expecting visitors today.
아임 익스펙팅 비지터스 투데이

□ 미안해요, 제가 오늘은 스케줄이 꽉 차 있어요.
I'm sorry, I'm booked up today.
아임 쏘리   아임 북트 엎 투데이

약속시간을 정할 때

□ 몇 시로 했으면 좋겠어요?
What time is good for you?
왓 타임 이즈 굳 포 유

□ 언제 만나면 될까요?
When can we meet?
웬 캔 위 미트

□ 몇 시쯤에 시간이 나죠?
What time will you be available?
왓 타임 윌 유 비 어베일러블

> A : *What time will you be available?*
> B : *I'll be free 6.*
> 아월 비 프리 씩스
> (6시 이후에 시간이 날 거야.)

□ 3시는 괜찮은가요?
Is three o'clock OK for you?
이즈 쓰리 어클락 오케이 포 유

약속장소를 정할 때

□ 어디서 만나야 하지?
Where should we make it?
웨어 숟 위 메이크 잍

> A : *What time will you be available?*
> B : *You pick the place.*
> 유 픽 더 플레이스
> (네가 장소를 결정해.)

□ 만날 곳이 어디 있을까요?
What's good place get together?
와츠 굳 플레이스 겥 투게더

Chapter 06 계절과 날씨

계절을 말할 때

❏ 어느 계절을 가장 좋아하세요?
Which season do you like best?
위치 씨즌 두 유 라익 베스트

> A : Which season do you like best?
> B : I like spring best.
> 　 아이 라익 스프링 베스트
> 　(저는 봄을 가장 좋아합니다.)

❏ 일년 내내 봄날이라면 좋겠어요.
I wish spring lasted all year!
아이 위시 스프링 래스팀 올 이어

❏ 이곳의 봄을 좋아하세요?
How do you like the spring here?
하우 두 유 라익 더 스프링 히어

❏ 봄에 어떤 꽃이 제일 먼저 피죠?
Which flower blooms earliest in spring?
위치 플라워 블룸스 얼리이스트 인 스프링

❏ 한국에서 7월과 8월은 무척 더워요.
July and August in Korea are so hot.
쥬라이 앤드 오거스트 인 코리어 아 쏘 핫

❏ 저는 더위를 잘 타요.
I'm very sensitive to heat.
아임 베리 센서팁 투 히트

❏ 비가 많이 오는 계절은 싫어합니다.
I don't like the wet season.
아이 돈트 라익 더 웰 씨즌

217

□ 정말 더위는 이제부터예요.

The hottest season is yet to come.
더 하티스트 씨즌 이즈 옡 투 컴

> A : The hottest season is yet to come.
> B : I don't mind. I love summer.
> 아이 돈트 마인드 아이 럽 썸머
> (상관없어요. 저는 여름을 좋아하니까요.)

□ 날씨가 참 서늘하군요.

It's son nice and cool.
이츠 썬 나이스 앤드 쿨

□ 가을은 운동과 독서의 계절입니다.

Autumn is a good season for sports and reading.
오텀 이즈 어 굳 씨즌 포 스포츠 앤드 리딩

□ 겨울이 다가오는 것 같아요.

I think winter is on its way.
아이 씽크 윈터 이즈 온 이츠 웨이

□ 겨울에서 봄이 되었습니다.

Winter changed to spring.
윈터 췌인쥘 투 스프링

날씨를 물을 때

□ 오늘 날씨 어때요?

What's the weather like today?
와츠 더 웨더 라익 투데이

□ 그곳 날씨는 어떻습니까?

What's the weather like there?
와츠 더 웨더 라익 데어

> A : What's the weather like there?
> B : It looks like it's going to rain.
> 잍 룩스 라익 이츠 고잉 투 레인
> (비가 올 것 같아요.)

□ 바깥 날씨는 어떻습니까?

How is the weather out there?
하우 이즈 더 웨더 아웉 데어

☐ 서울 날씨가 어떻습니까?
What's the weather like in Seoul?
와츠 더 웨더 라익 인 써울

☐ 날씨가 참 좋죠?
Isn't it a wonderful day?
이즌트 잍 어 원더풀 데이

> A : *Isn't it a wonderful day?*
> B : *Do you like this kind of weather?*
> 두 유 라익 디스 카인드 옾 웨더
> (이런 날씨 좋아하세요?)

☐ 이런 날씨 좋아하세요?
Do you like this kind of weather?
두 유 라익 디스 카인드 옾 웨더

날씨를 말할 때

☐ 오늘은 날씨가 화창하군요.
It's a beautiful day today.
이츠 어 뷰터풀 데이 투데이

☐ 햇볕이 좋아요.
It's sunny.
이츠 써니

☐ 맑아요.
It's clear.
이츠 클리어

☐ 따뜻해요.
It's warm.
이츠 웜

☐ 지독해요.
It's terrible.
이츠 테러블

☐ 건조해요.
It's dry.
이츠 드라이

계절과 날씨

219

❒ 시원해요.
It's cool.
이츠 쿨

❒ 눅눅해요.
It's humid.
이츠 휴민

❒ 싸늘해요.
It's chilly.
이츠 칠리

더위를 말할 때

❒ 더워요.
It's hot.
이츠 핱

❒ 푹푹 찌는군요!
What a scorcher!
왙 어 스코춰

> A : *What a scorcher!*
> B : *It's terribly hot.*
> 이츠 테러블리 핱
> (정말 덥군요.)

❒ 찌는 듯해요.
It's boiling.
이츠 보일링

❒ 이 안은 무척 덥군요.
It sure is hot in here.
잍 슈어 이즈 핱 인 히어

❒ 이 더위를 어떻게 생각하니?
What do you think of this heat?
왙 두 유 씽크 엎 디스 히트

추위를 말할 때

❒ 추워요.
It's cold.
이츠 콜드

220

☐ 얼어붙듯이 추워요.
It's freezing.
이츠 프리징

☐ 날씨가 점점 추워지고 있어요.
It's getting colder and colder.
이츠 게팅 콜더 앤드 콜더

☐ 오늘은 정말 춥군요, 그렇죠?
It's really cold today, isn't it?
이츠 리얼리 콜드 투데이   이즌트 잍

A : *It's really cold today, isn't it?*
B : *Yes. It's very cold.*
    예스 이츠 베리 콜드
    (예, 정말 춥군요.)

비가 올 때

☐ 비가 와요.
It's raining.
이츠 레이닝

☐ 억수같이 퍼부어요.
It's pouring.
이츠 포링

☐ 비가 많이 와요.
It's wet.
이츠 웻

☐ 날씨가 정말 우중충하군요.
It's lovely weather for ducks.
이츠 러브리 웨더 포 덕스

☐ 비가 오락가락 하군요.
It is raining on and off.
잍 이즈 레이닝 온 앤드 오프

A : *It is raining on and off.*
B : *Let's wait till the rain stops.*
    레츠 웨잍 틸 더 레인 스탑스
    (비가 그칠 때까지 기다립시다.)

계절과 날씨

221

☐ 비가 올 것 같으니 우산을 가지고 가세요.
Since it looks like raining, take your umbrella.
씬스 잍 룩스 라읶 레이닝   테읶 유어 엄브렐러

바람이 불 때

☐ 밖에 아직도 바람이 부는가요?
Is it still windy outside?
이즈 잍 스틸 윈디 아웉사이드

> A : Is it still windy outside?
> B : No, it's quieted down.
>   노   이츠 콰이팉 다운
>   (아니오, 잔잔해졌어요.)

☐ 바람이 세차게 부는군요.
How it blows!
하우 잍 블로우즈

☐ 폭풍이 불어요.
It's stormy.
이츠 스토미

눈이 내릴 때

☐ 눈이 와요.
It's snowing.
이츠 스노윙

☐ 함박눈이 내려요.
It snows in large flakes.
잍 스노우즈 인 라쥐 플레읶스

☐ 눈이 올 것 같은 날씨예요.
It looks like snow.
잍 룩스 라읶 스노우

☐ 눈이 펑펑 쏟아져요.
The snow falls fast.
더 스노우 폴스 패스트

☐ 안개 때문에 아무것도 안 보여요.
I can't see anything because of the fog.
아이 캔트 씨 에니씽 비코즈 옆 더 포그

A : I can't see anything because of the fog.
B : The fog will soon lift.
더 포그 윌 쑨 맆트
(안개가 곧 걷힐 거예요.)

일기예보

□ 일기예보를 확인해 보세요.
Check the weather report.
첵 더 웨더 리포트

□ 일기예보가 또 틀렸군요.
The weatherman was wrong again.
더 웨더맨 워즈 롱 어게인

□ 오늘 폭풍주의보가 내렸어요.
There's a storm warning out for today.
데어즈 어 스톰 워닝 아웉 포 투데이

□ 일기예보는 오늘밤이 어떨 거라고 합니까?
What's the weather forecast for tonight?
와츠 더 웨더 포캐스트 포 투나잍

□ 일기예보에 의하면 내일은 맑을 것이라고 합니다.
Weather forecast says it will be fine tomorrow.
웨더 포캐스트 세즈 잍 윌 비 파인 터머로우

□ 주말 일기예보는 어떻습니까?
What's the weather forecast for the weekend?
와츠 더 웨더 포캐스트 포 더 위켄드

A : What's the weather forecast for the weekend?
B : It will be clear and warm.
잍 윌 비 클리어 앤드 웜
(맑고 따뜻할 겁니다.)

□ 오늘 오후에는 아마 개일 것입니다.
It'll probably clear up this afternoon.
잍일 프라버블리 클리어 엎 디스 앺터눈

계절과 날씨

Chapter 07 가족과 친척

가족에 대해 말할 때

❏ 가족은 몇 분이나 됩니까?
How many people are there in your family?
하우 메니 피플 아 데어 인 유어 패밀리

> A: How many people are there in your family?
> B: There are five in my family.
> 데어 아 파이브 인 마이 패밀리
> (우리 식구는 다섯 명입니다.)

❏ 식구는 많습니까?
Do you have a large family?
두 유 햅 어 라쥐 패밀리

❏ 가족에 대해 좀 말씀해 주시겠습니까?
Please tell me about your family.
플리즈 텔 미 어바웉 유어 패밀리

> A: Please tell me about your family.
> B: We have a large family.
> 위 햅 어 라쥐 패밀리
> (우리는 대가족입니다.)

❏ 저는 부모님과 잘 지냅니다.
I get along well with my parents.
아이 겥 얼롱 웰 윋 마이 페어런츠

❏ 난 독자예요. 당신은 어때요?
I'm an only child. How about you?
아임 언 온리 촤일드   하우 어바웉 유

❏ 가족들이 무척 그리워져요.
I feel homesick for my family.
아이 필 홈씩 포 마이 패밀리

☐ 가족은 저에게 중요합니다.
Family is important to me.
패밀리 이즈 임포턴트 투 미

☐ 우리 가족은 매우 화목해요.
We are a very harmonious family.
위 아 어 베리 하모니어스 패밀리

☐ 부모님과 함께 사세요?
Do you live with your parents?
두 유 립 윋 유어 패어런츠

> A : *Do you live with your parents?*
> B : *I live with my parents.*
> 아이 립 윋 마이 패어런츠
> (저는 부모님과 같이 살고 있습니다.)

☐ 남편은 어떤 일을 하세요?
What does your husband do for a living?
왙 더즈 유어 허스밴드 두 포 어 리빙

☐ 아버님은 어떤 일에 종사하시나요?
What business is your father in?
왙 비즈니스 이즈 유어 파더 인

☐ 당신 어머니는 무슨 일을 하십니까?
What does your mom do?
왙 더즈 유어 맘 두

☐ 부인이 하는 일이 있습니까?
Does your wife work?
더즈 유어 와잎 워크

☐ 부모님은 연세가 어떻게 되십니까?
How old are your parents?
하우 올드 아 유어 페어런츠

☐ 형제가 몇 분이세요?
How many brothers and sisters do you have?
하우 메니 브라더스 앤드 씨스터스 두 유 햅

가족과 친척

자녀에 대해
말할 때

☐ 형제나 자매가 있습니까?

Do you have any brothers and sisters?
두 유 햅 에니 브라더스 앤드 씨스터스

☐ 아이들은 몇 명이나 됩니까?

How many children do you have?
하우 메니 칠드런 두 유 햅

> A : How many children do you have?
> B : I have a four-year old son.
> 아이 햅 어 포 이어 올드 썬
> (4살 된 아들 하나가 있습니다.)

☐ 아이는 언제 가질 예정입니까?

When are you going to have children?
웬 아유 고잉 투 햅 칠드런

☐ 자녀를 갖는 게 좋을 겁니다.

You should have children.
유 슌 햅 칠드런

☐ 리타, 자녀가 있습니까?

Have you got any kids, Rita?
햅 유 같 에니 키즈   리타

> A : Have you got any kids, Rita?
> B : Yes. I've got a six-year old boy.
> 예스 아이브 같 어 씩스 이어 올드 보이
> (예, 6살 된 남자아이가 있어요.)

☐ 아이들이 있습니까?

Do you have any children?
두 유 햅 에니 칠드런

> A : Do you have any children?
> B : I have two sons, but no girls.
> 아이 햅 투 썬스   벗 노 걸스
> (아들만 둘이고 딸은 없습니다.)

☐ 자녀가 있습니까?

Have you got any kids?
햅 유 같 에니 키즈

> A: Have you got any kids?
> B: We have no children.
> 위 햅 노 췰드런
> (저희는 아이가 없습니다.)

❐ 그 애들 이름이 뭐죠?
What are their names?
왙 아 데어 네임스

❐ 그 애들 이름을 물어봐도 될까요?
May I ask their names?
메이 아이 애스크 데어 네임스

❐ 그 애들은 몇 살이죠?
How old are they?
하우 올드 아 데이

❐ 그 애가 몇 살인지 물어봐도 될까요?
May I ask how old he(she) is?
메이 아이 애스크 하우 올드 히(쉬) 이즈

❐ 자녀들은 몇 살입니까?
How old are your children?
하우 올드 아 유어 췰드런

❐ 아들은 초등학생입니다.
My son is in elementary school.
마이 썬 이즈 인 엘러먼터리 스쿨

❐ 그 애들은 학교에 다니나요?
Do they go to school?
두 데이 고 투 스쿨

> A: Do they go to school?
> B: No, they don't. They're still young.
> 노 데이 돈 데이어 스틸 영
> (아니오, 그 애들은 아직 어려요.)

Chapter 08 신체와 외모

ENGLISH CONVERSATION DICTIONARY

신장에 대해 말할 때

□ 키가 얼마나 되죠?
How tall are you?
하우 톨 아 유

> A : How tall are you?
> B : I'm five feet three inches.
> 아임 파이브 피트 쓰리 인치스
> (5피트 3인치입니다.)

□ 키가 얼마입니까?
What's your height?
와츠 유어 하읱

□ 키가 큰 편이군요.
You're rather tall.
유어 래더 톨

□ 저는 키가 약간 작습니다.
I'm a little short.
아임 어 리틀 숕

□ 그녀는 키가 크고 날씬합니다.
She's tall and slender.
쉬즈 톨 앤드 슬렌더

□ 그는 체격이 좋습니다.
He's well-built.
히즈 웰 빌트

체중에 대해 말할 때

□ 최근에 체중이 좀 늘었어요.
I've gained some weight recently.
아이브 게인드 썸 웨잍 리쎤틀리

☐ 요즘 체중을 좀 줄였어요.
I've lost some weight these days.
아이브 로스트 썸 웨잍 디즈 데이즈

☐ 체중이 얼마입니까?
How much do you weigh?
하우 머취 두 유 웨이

> A : *How much do you weigh?*
> B : *I'm overweight for my height.*
> 아임 오버웨잍 포 마이 하잍
> (키에 비해 몸무게가 많이 나갑니다.)

☐ 허리가 굵어질까 조심하고 있습니다.
I'm trying to watch my waist line.
아임 트라잉 투 와취 마이 웨이스트 라인

☐ 허리 살을 좀 빼려고 합니다.
I'm trying to make waist slim.
아임 트라잉 투 메잌 웨이스트 슬림

☐ 그는 배에 군살이 있어요.
He has love-handles.
히 해즈 럽 핸들즈

용모에 대해 말할 때

☐ 미남이시군요.
You are handsome.
유 아 핸섬

☐ 아름다우시군요.
You are beautiful.
유 아 뷰터풀

☐ 건강해 보이십니다.
You are in fine shape.
유 아 인 파인 쉐잎

☐ 너 예쁘구나.
You are cute.
유 아 큐트

신체와 외모

❒ 몸매가 날씬하군요.
You have good shape.
유 햅 굳 쉐잎

❒ 무척 젊어 보이시군요.
You look so young.
유 룩 쏘 영

❒ 안녕 존, 정말 멋지군.
Hi, Jhon. You look very nice.
하이 쟌   유 룩 베리 나이스

> A : Hi, Jhon. You look very nice.
> B : Well, I had a haircut.
>   웰   아이 핻 어 헤어컽
>   (음, 이발을 했거든.)

❒ 오늘은 멋져 보이시는군요.
You look great today.
유 룩 그레잍 투데이

> A : You look great today.
> B : Do I look all right?
>   두 아이 룩 올 롸잍
>   (괜찮아 보입니까?)

❒ 저는 아버지를 닮았어요.
I resemble my father.
아이 리젬블 마이 파더

❒ 저는 어머니를 닮았습니다.
I resemble my mother.
아이 리젬블 마이 마더

❒ 난 아버지보다 어머니를 더 닮았다
I take after mother more than father.
아이 테잌 앺터 마더 모어 댄 파더

❒ 당신은 어머니를 많이 닮았습니다.
You look very much like your mother.
유 룩 베리 머취 라읶 유어 마더

패션에 대해 말할 때

❏ 내 옷 어때요?

What do you think of my outfit?
왓 두 유 씽크 옾 마이 아웃핕

> A : What do you think of my outfit?
> B : You're very fashionable.
> 유어 베리 패셔너블
> (옷 입는 감각이 아주 좋으시군요.)

❏ 저는 늘 이 옷을 입어요.

I'm always wanted to wear these clothes.
아임 올웨이즈 원틷 투 웨어 디즈 클로우즈

❏ 이 옷이 정말 마음에 안 들어요.

I don't really like these clothes.
아이 돈트 리얼리 라잌 디즈 클로우즈

> A : I don't really like these clothes.
> B : What nonsense! You look just fine.
> 왓 난센스 유 뤀 저스트 파인
> (그게 무슨 말이세요. 보기 좋은데요.)

❏ 저는 패션에 매우 민감해요.

I'm extremely sensitive to fashion.
아임 익스트림리 센서팁 투 패션

❏ 저는 복장에 대해 신경을 안 써요.

I'm carefree about how I dress.
아임 케어프리 어바웉 하우 아이 드레스

❏ 괜찮아 보입니까?

Do I look fashionable?
두 아이 뤀 패셔너블

> A : Do I look fashionable?
> B : That dress really looks good on you.
> 댙 드레스 리얼리 룩스 굳 온 유
> (그 옷이 당신한테 정말 잘 어울리는군요.)

❏ 아주 멋쟁이시군요.

You're very stylish.
유어 베리 스타일리쉬

신체와 외모

- 당신은 패션에 안목이 있으십니다.

  You have an eye for fashion.
  유 햅 언 아이 포 패션

- 저는 외모에 신경 쓰지 않습니다.

  I'm not concerned about how I look.
  아임 낱 컨썬드 어바웉 하우 아이 룩

- 저는 캐주얼웨어를 입는 것을 좋아합니다.

  I like to wear casual clothes.
  아이 라익 투 웨어 캐주얼 클로우즈

  > A : *I like to wear casual clothes.*
  > B : *It makes you look young.*
  >   잍 메익스 유 룩 영
  >   (그걸 입으니 젊어 보입니다.)

- 옷차림이 야한데요.

  The design is loud.
  더 디자인 이즈 라운

화장에 대해
말할 때

- 좋은 향수를 바르셨군요.

  You're wearing nice perfume.
  유어 웨어링 나이스 퍼퓸

- 화장이 너무 진하군요.

  You're wearing too much make-up.
  유어 웨어링 투 머취 메잌엎

  > A : *You're wearing too much make-up.*
  > B : *I'll go and powder my nose.*
  >   아일 고 앤드 파우더 마이 노우즈
  >   (가서 화장 좀 고치고 올게요.)

- 그 여자는 화장을 안 했어요?

  She isn't wearing any make-up.
  쉬 이즌트 웨어링 에니 메잌엎

- 저는 화장을 엷게 해요.

  I put on a little make-up.
  아이 풑 온 어 리틀 메잌엎

Chapter 09 사람의 성격

ENGLISH CONVERSATION DICTIONARY

성격을 물을 때

□ 당신의 성격은 어떻습니까?
What is your personality like?
왙 이즈 유어 퍼서낼러티 라익

> A : What is your personality like?
> B : I'm sort of an optimist.
> 아임 쏘트 옆 언 압터미스트
> (낙천적인 편입니다.)

□ 그는 성격이 어때요?
What's his personality like?
와츠 히즈 퍼서낼러티 라익

□ 당신은 리더입니까, 추종하는 편입니까?
Are you a leader or a follower?
아 유 어 리더 오어 어 팔로어

□ 당신의 약점은 무엇입니까?
What are your weaknesses?
왙 아 유어 위크니시스

□ 자신을 어떤 성격의 소유자라고 생각하십니까?
What kind of personality do you think you have?
왙 카인드 옆 퍼서낼러티 두 유 씽크 유 햅

자신의 성격을 말할 때

□ 저는 다정한 편인 것 같습니다.
I think I'm friendly.
아이 씽크 아임 프렌들리

□ 저는 늘 활동적입니다.
I'm always on the move.
아임 올웨이즈 온 더 무브

233

☐ 저는 사교적입니다.
I'm sociable.
아임 쏘셔블

☐ 저는 섬세하면서도 대담하다고 생각합니다.
I think I'm both sensitive and brave.
아이 씽크 아임 보쓰 센서팁 앤드 브레입

> A : What are your merits?
>   왈 아 유어 메리츠
>   (당신의 장점은 무엇입니까?)
> B : I think I'm both sensitive and brave.

상대방의
성격을 말할 때

☐ 당신은 재미있는 사람이군요.
You are interesting.
유 아 인터리스팅

☐ 당신은 정말 좋은 분이에요.
You're really nice guy.
유어 리얼리 나이스 가이

☐ 저는 당신 같은 사람이 좋아요.
You are my kind of man.
유 아 마이 카인드 옆 맨

☐ 당신은 정말 너그러우시군요.
You're a bighearted person.
유어 어 빅하팉 퍼슨

☐ 성격이 원만하시군요.
You're a well-rounded person.
유어 어 웰-라운딛 퍼슨

☐ 당신은 적극적이군요.
You are so active.
유아 쏘 액팁

☐ 당신은 유머 감각이 좋으시군요.
You have a good sense of humor.
유 햅 어 굳 센스 옆 휴머

❒ 정말 친절하시군요.
That's very nice of you.
대츠 베리 나이스 옾 유

❒ 당신은 정말 신사이군요.
You're quite a gentleman.
유어 콰잍 어 젠틀먼

❒ 정말 상냥하시군요.
You are so sweet.
유아 쏘 스윝

좋지 못한 성격을 말할 때

❒ 내성적이라고 생각합니다.
I think I'm introvert.
아이 씽크 아임 인트러버트

❒ 저는 별로 사교적이지 않습니다.
I'm not really sociable.
아임 낱 리얼리 쏘셔블

❒ 저는 성미가 급합니다.
I have a quick temper.
아이 햅 어 퀵 템퍼

> A : *What is your personality like?*
> 왙 이즈 유어 퍼서낼러티 라잌
> (당신의 성격은 어떻습니까?)
> B : *I have a quick temper.*

❒ 저는 소극적인 편입니다.
I tend to be withdrawn.
아이 탠드 투 비 윋드론

❒ 다른 사람들은 저를 내성적인 사람이라고 합니다.
Others would say that I'm a shy person.
아더 욷 세이 댙 아임 어 샤이 퍼슨

❒ 그는 자신밖에 모릅니다.
He's only out for himself.
히스 온리 아울 포 힘셀프

사람의 성격

235

□ 저는 유머 감각이 없습니다.
I have no sens of humor.
아이 햅 노 센스 엎 휴머

> A : What are your weaknesses?
> 왙 아 유어 위크니시스
> (당신의 약점은 무엇입니까?)
> B : I have no sens of humor.

태도를 말할 때

□ 그 사람이라면 진절머리가 나요.
I'm fed up with him.
아임 펱 엎 윋 힘

□ 정말 견디기 어려운 것이다.
It's a pain in the neck.
이츠 어 페인 인 더 넥

□ 참 잘한다!
Good for you!
굳 포 유

□ 좋을 대로 하시오.
Suit yourself.
수트 유어셀프

□ 그런 말씀 마십시오.
Don't give me that.
돈트 깁 미 댙

□ 기분을 상하게 하려고 한 말은 아니었습니다.
I didn't mean to offend you.
아이 디든트 민 투 오펜드 유

□ 내가 바보인 줄 아세요?
Do you take me for a fool?
두 유 테잌 미 포 어 풀

□ 정신 나갔어요?
Are you out of your mind?
아 유 아웉 엎 유어 마인드

❏ 쓸데없는 일에 참견 말라고!
Mind your own business!
마인드 유어 오운 비즈니스

❏ 저는 사람들을 기다리게 하는 게 싫습니다.
I hate to keep people waiting.
아이 헤잍 투 킾 피플 웨이팅

❏ 내가 망친 것 같군요.
I guess I goofed up.
아이 게스 아이 구프트 엎

> A : I guess I goofed up.
> B : Everything will work out just fine.
> 에브리씽 윌 워크 아웉 저스트 파인
> (모든 일이 잘 될 거예요.)

❏ 그럴 만한 배짱이 없습니다.
I don't have the nerve to do it.
아이 돈트 햅 더 너브 투 두 잍

❏ 그녀는 항상 교양 없는 말만 해요.
She's always making rude remarks.
쉬즈 올웨이즈 메이킹 루드 리막스

❏ 당신과는 절교입니다.
I'm through with you.
아임 쓰루 윋 유

❏ 그녀가 나를 바람 맞췄어요.
She stood me up.
쉬 스툳 미 엎

❏ 우린 이미 끝났어.
You and I are through!
유 앤드 아이 아 쓰루

사람의 성격

237

Chapter 10 연애와 결혼

연애 타입에
대해 말할 때

☐ 사귀는 사람 있나요?
Are you seeing somebody?
아 유 씨잉 썸바디

  A : Are you seeing somebody?
  B : I'm not seeing anybody.
  아임 낫 씨잉 에니바디
  (저는 교제하는 사람이 없어요.)

☐ 누구 생각해 둔 사람이 있나요?
Do you have anyone in mind?
두 유 햅 에니원 인 마인드

☐ 그녀는 내 애인입니다.
She's my valentine.
쉬즈 마이 밸런타인

☐ 어떤 타입의 여자가 좋습니까?
What kind of a girl do you like?
왙 카인드 옆 어 걸 두 유 라익

  A : What kind of a girl do you like?
  B : I like a girl with a sense of humor.
  아이 라익 어 걸 윝 어 센스 업 휴머
  (저는 유머가 있는 여자가 좋습니다.)

☐ 성실한 사람이 좋습니다.
I like someone who is sincere.
아이 라익 썸원 후 이즈 씬시어

☐ 그는 제 타입이 아닙니다.
He isn't my type.
히 이즌트 마이 타입

데이트에 대해 말할 때		

☐ 저와 데이트해 주시겠어요?
Would you like to go out with me?
웃 유 라익 투 고 아웃 윋 미

☐ 당신과 사귀고 싶습니다.
I'd like to go out with you.
아이드 라익 투 고 아웃 윋 유

> A : I'd like to go out with you.
> B : Stop bothering me.
> 스탑 바더링 미
> (귀찮게 굴지 마세요.)

☐ 저와 함께 저녁식사를 하시겠어요?
Would you like to have dinner with me?
웃 유 라익 투 햅 디너 윋 미

> A : Would you like to have dinner with me?
> B : I don't feel like that.
> 아이 돈트 필 라익 댙
> (그럴 기분이 아닙니다.)

☐ 당신에게 아주 반했습니다.
I'm crazy about you.
아임 크레이지 어바웉 유

☐ 당신의 모든 걸 사랑합니다.
I love everything about you.
아이 럽 에브리씽 어바웉 유

☐ 당신을 누구보다 사랑합니다.
I love you more than anyone.
아이 럽 유 모어 댄 에니원

청혼과 약혼에 대해 말할 때

☐ 저와 결혼해 주시겠습니까?
Would you marry me?
웃 유 메리 미

☐ 내 아내가 되어 줄래요?
Would you be my wife?
웃 유 비 마이 와잎

연애와 결혼

239

❒ 당신과 평생 같이 살고 싶습니다.
I'd like to live with you forever.
아이드 라익 투 립 윋 유 포에버

❒ 우리는 이번 달에 약혼했습니다.
We became engaged this month.
위 비케임 인게이쥗 디스 먼쓰

❒ 그녀는 래리와 약혼한 사이예요.
She's engaged to marry Larry.
쉬즈 인게이쥗 투 메리 래리

결혼에 대해
말할 때

❒ 결혼하셨습니까?
Are you married?
아 유 매릳

A : Are you married?
B : No, I'm not.
　　노　아임 낱
　　(안 했습니다.)

❒ 언제 결혼할 예정입니까?
When are you going to get married?
웬 아유 고잉 투 겥 매릳

❒ 언제 결혼을 하셨습니까?
When did you get married?
웬 딛 유 겥 매릳

A : When did you get married?
B : I'm newly married.
　　아임 뉴리 매릳
　　(저는 신혼입니다.)

❒ 결혼한 지 얼마나 됐습니까?
How long have you been married?
하우 롱 햅 유 빈 매릳

A : How long have you been married?
B : I have been married for five years.
　　아이 햅 빈 매릳 포 파이브 이어스
　　(결혼한 지 5년이 됐습니다.)

☐ 신혼부부이시군요.
You're brand new couple.
유어 브랜드 뉴 커플

☐ 당신은 기혼입니까, 미혼입니까?
Are you married or single?
아 유 매릳 오어 싱글

> A : Are you married or single?
> B : I'm married.
>   아임 매릳
>   (저는 결혼했습니다.)

☐ 저는 아직 결혼하지 않았습니다.
I'm not married yet.
아임 낱 매릳 옡

별거와 이혼에 대해 말할 때

☐ 별거중입니다.
I'm separated.
아임 세퍼레이틷

☐ 이혼했습니다.
I'm divorced.
아임 디보스트

☐ 우리 결혼 생활은 재미가 없어요.
Our marriage has gone stale.
아워 매리쥐 해즈 간 스테일

☐ 우리는 곧 이혼할 예정입니다.
We are planning to get a divorce soon.
위아 플래닝 투 겥 어 디보스 쑨

☐ 우린 지난 겨울에 헤어졌습니다.
We broke up last winter.
위 브로욱 엎 라스트 윈터

☐ 그는 최근에 재혼했습니다.
He recently married again.
히 리쓴틀리 매릳 어게인

연애와 결혼

241

Chapter 11 식성과 음식맛

식욕에 대해 말할 때

☐ 배가 고파요.
I'm hungry.
아임 헝그리

☐ 배고파 죽겠어요.
I'm starving now.
아임 스타빙 나우

☐ 배가 부르군요.
I'm full.
아임 풀

☐ 먹고 싶은 생각이 없어요.
I don't feel like eating.
아이 돈트 필 라익 이팅

☐ 항상 그렇게 빨리 먹으세요?
Do you always eat so fast?
두 유 올웨이즈 이트 쏘 패스트

> A : Do you always eat so fast?
> B : I have a big appetite.
> 아이 햅 어 빅 애피타잍
> (전 식욕이 왕성해요.)

☐ 당신은 대식가이군요.
You're a big eater.
유어 어 빅 이터

☐ 제가 과식을 했나 봐요.
I'm afraid I ate too much.
아임 어프레읻 아이 에잍 투 머취

식성에 대해 말할 때

❒ 저는 다이어트 중입니다.
I've been dieting.
아이브 빈 다이어팅

❒ 전 별로 식욕이 없어요.
I don't have a good appetite.
아이 돈트 햅 어 굿 애피타일

❒ 이걸 먹으면 식욕이 없어져요.
This will spoil your appetite.
디스 윌 스포일 유어 애피타일

❒ 저는 조금밖에 안 먹어요.
I eat like a bird.
아이 이트 라잌 어 버드

❒ 전 뭐든 잘 먹어요.
I eat about everything.
아이 이트 어바웃 에브리씽

> A : I eat about everything.
> B : I don't like oily food.
> 아이 돈트 라잌 오일리 푸드
> (저는 기름기 있는 음식을 안 좋아해요.)

❒ 전 식성이 까다로워요.
I'm a picky eater.
아임 어 피키 이터

❒ 전 음식을 가려먹어요.
I'm fussy about food.
아임 퍼씨 어바웃 푸드

❒ 이걸 먹으면 속이 좋지 않습니다.
This makes me sick.
디스 메잌스 미 씩

❒ 저는 단 것을 잘 먹습니다.
I have a sweet tooth.
아이 햅 어 스위트 투쓰

식성과 음식 맛

243

□ 저는 매운 음식을 좋아해요.
I like hot food.
아이 라익 핫 푸드

> A : I like hot food.
> B : Pork doesn't agree with me.
> 포크 더즌트 어그리 윋 미
> (저는 돼지고기를 못 먹어요.)

□ 이건 별로 좋아하지 않아요.
I just don't like it very much.
아이 저스트 돈트 라익 잍 베리 머취

□ 저는 찬 음식을 싫어합니다.
I hate cold meals.
아이 헤잍 콜드 밀스

□ 이제 이 음식에 질렸어요.
I get tired of eating this food.
아이 겥 타이어드 옆 이팅 디스 푸드

음식맛에 대해 말할 때

□ 맛이 어떻습니까?
How does it taste?
하우 더즈 잍 테이스트

> A : How does it taste?
> B : It's very good.
> 이츠 베리 굳
> (아주 맛있는데요.)

□ 군침이 도는군요.
My mouth is watering.
마이 마우스 이즈 워터링

□ 생각보다 맛있군요.
It's better than I expected.
이츠 베터 댄 아이 익스펙팉

□ 이건 맛이 별로 없군요.
This is not good.
디스 이즈 낱 굳

☐ 이건 제 입맛에 안 맞아요.
This food doesn't suit my taste.
디스 푸드 더즌트 수트 마이 테이스트

☐ 아주 맛있어요.
It's delicious.
이츠 딜리셔스

☐ 맛있어요.
It's tasty.
이츠 테이스터

☐ 달콤해요
It's sweet.
이츠 스위트

☐ 맛이 별로 없어요.
It's tasteless.
이츠 테이스트리스

> A : *How does it taste?*
>   하우 더즈 잍 테이스트
>   (맛이 어때요?)
> B : *It's tasteless.*

☐ 싱거워요.
It's bland.
이츠 블랜드

☐ 순해요.
It's mild.
이츠 마일드

☐ 연해요.
It's tender.
이츠 텐더

☐ 써요.
It's bitter.
이츠 비터

식성과 음식맛

☐ 짜요.
It's salty.
이츠 쏠티

☐ 이 음식은 너무 맵군요.
This food is spicy.
디스 푸드 이즈 스파이시

☐ 매워요.
It's hot.
이츠 핱

> A : *How does it taste?*
> 하우 더즈 잍 테이스트
> (맛이 어때요?)
>
> B : *It's hot.*

☐ 시큼해요.
It's sour.
이츠 사워

☐ 신선해요. / 신선하지 않아요.
It's fresh. / It's stale.
이츠 프레쉬   이츠 스테일

☐ 비린내가 나요.
It's fishy.
이츠 피쉬

☐ 질겨요.
It's tough.
이츠 터프

☐ 끈적끈적해요.
It's sticky.
이츠 스티키

☐ 기름기가 많아요. / 기름기가 없어요.
It's fatty. / It's lean.
이츠 패티   이츠 린

Chapter 12 식사 제의와 예약

식사를 제의할 때

□ 우리 점심 식사나 같이 할까요?
Shall we have lunch together?
쉘 위 햅 런치 터게더

□ 저녁 식사 같이 하시겠어요?
Would you join me for dinner today?
운 유 죠인 미 포 디너 투데이

□ 오늘 저녁에 외식하자.
Let's eat out tonight.
레츠 이트 아웃 투나잍

□ 나가서 먹는 게 어때?
How about going out for something to eat?
하우 어바웃 고잉 아웃 포 썸씽 투 잍

□ 내일 저녁 식사 같이 하러 가실까요?
May I take you to dinner tomorrow?
메이 아이 테익 유 투 디너 터머로우

□ 점심 식사하러 나갑시다.
Let's go out for lunch.
레츠 고 아웃 포 런치

□ 뭐 좀 간단히 먹으러 나갑시다.
Let's go out for a snack.
레츠 고 아웃 포 어 스넥

> A : *Let's go out for a snack.*
> B : *Good idea. Let's go.*
>   굳 아이디어 레츠 고
>   (좋아요. 갑시다.)

247

☐ 언제 식사나 같이 합시다.
We'll have to do lunch sometime.
위일 햅 투 두 런치 썸타임

☐ 여기 들러서 뭐 좀 먹읍시다.
Let's stop here for a bite to eat.
레츠 스탑 히어 포 어 바잍 투 잍

> A : *Let's stop here for a bite to eat.*
> B : *This looks like a good place to stop for lunch.*
> 디스 룩스 라잌 어 굳 플레이스 투 스탑 포 런치
> (여기서 점심 먹기에 괜찮을 것 같아요.)

**자신이
사겠다고 할 때**

☐ 제가 낼게요.
My treat.
마이 트리트

☐ 자 갑시다! 제가 살게요.
Come on! It's on me.
컴 온   이츠 온 미

☐ 제가 점심을 대접하겠습니다.
Let me treat you to lunch.
렡 미 트리트 유 투 런취

☐ 걱정 마, 내가 살게.
Don't worry about it. I'll get it.
돈트 워리 어바웉 잍   아일 겥 잍

☐ 오늘 저녁을 제가 사겠습니다.
Let me take you to dinner tonight.
렡 미 테잌 유 투 디너 투나잍

☐ 내가 초대했으니 내가 내야지.
I invited you out, so I should pay.
아이 인바이틷 유 아웉 쏘 아이 슏 페이

> A : *I invited you out, so I should pay.*
> B : *You can pay next time.*
> 유 캔 페이 넥스트 타임
> (네가 다음에 사.)

음식을 배달시킬 때

☐ 당신에게 특별히 한턱내고 싶습니다.
I'd like to treat you to something special.
아이드 라익 투 트리트 유 투 썸씽 스페셜

☐ 오늘 점심 배달시키자.
Let's have lunch delivered here today.
레츠 햅 런치 딜리버드 히어 투데이

> A : *Let's have lunch delivered here today.*
> B : *I brought my lunch.*
>   아이 브로트 마이 런취
>   (저는 점심을 싸가지고 왔어요.)

☐ 피자를 배달시킵시다.
Let's have some pizzas delivered here.
레츠 햅 썸 피자스 딜리버드 히어

☐ 전화로 점심을 시켜 먹을까요?
Do you feel like calling out for lunch?
두 유 필 라익 콜링 아웃 포 런취

> A : *Do you feel like calling out for lunch?*
> B : *Let's have our lunch delivered.*
>   레츠 햅 아워 런취 딜리버드
>   (점심을 시켜 먹읍시다.)

☐ 배달하나요?
Do you deliver?
두 유 딜리버

☐ 지금도 배달되나요?
Are still delivering at this time?
아 스틸 딜리버링 앹 디스 타임

☐ 늦게까지 배달되나요?
Is it too late to place an order delivery?
이즈 잍 투 레잍 투 플레이스 언 오더 딜리버리

식당을 찾을 때

☐ 이 근처에 맛있게 하는 음식점은 없습니까?
Is there a good restaurant around here?
이즈 데어 어 굳 레스터롱 어롸운드 히어

식사 제의와 예약

249

❏ 이곳에 한국 식당은 있습니까?

Do you have a Korean restaurant?
두 유 햅 어 코리언 레스터런

❏ 이 지방의 명물요리를 먹고 싶은데요.

I'd like to have a some local food.
아이드 라익 투 햅 어 썸 로컬 푸드

❏ 음식을 맛있게 하는 가게가 있으면 가르쳐 주세요.

Could you recommend a popular restaurant?
쿧 유 리커멘드 어 파퓰러 레스터런

> A : Could you recommend a popular restaurant?
> B : What do you want to try? Korean? American?
>   왙 두 유 웡트 투 트롸이   코리언   어메리컨
> (뭘 드시고 싶으세요. 한식, 양식?)

❏ 가볍게 식사를 하고 싶은데요.

I'd like to have a light meal.
아이드 라익 투 햅 어 롸읕 밀

❏ 이 시간에 문을 연 가게는 있습니까?

Is there a restaurant open at this time?
이즈 데어 어 레스터롱 오픈 앹 디스 타임

❏ (책을 보이며) 이 가게는 어디에 있습니까?

Where is this restaurant?
웨어 이즈 디스 레스터롱

❏ 걸어서 갈 수 있습니까?

Can I get there on foot?
캔 아이 겥 데어 온 풑

❏ 몇 시부터 엽니까?

What time does it open?
왙 타임 더즈 잍 오픈

❏ 조용한 분위기의 레스토랑이 좋겠습니다.

I'd like a quiet restaurant.
아이드 라익 어 콰이엍 레스터롱

❒ 식당이 많은 곳은 어디입니까?

Where is the main area for restaurants?
웨어 이즈 더 메인 에어리어 포 레스터런츠

❒ 어디 특별히 정해 둔 식당이라도 있으세요?

Did you have a particular place in mind?
딛 유 햅 어 퍼티큘러 플레이스 인 마인드

> A : I heard about a new restaurant around here.
> 아이 허드 어바웃 어 뉴 레스터롱 어롸운드 히어
> (이 근처에 식당이 하나 있다고 들었어요.)
>
> B : Did you have a particular place in mind?

❒ 점심 식사할 만한 좋은 식당 하나 추천해 주시겠어요?

Can you recommend a good place for lunch?
캔 유 레커멘드 어 굳 플레이스 포 런치

❒ 이 근처에 맛있는 레스토랑은 없습니까?

Is there a good restaurant around here?
이즈 데어 어 굳 레스터롱 어라운드 히어

❒ 이 도시에 한국식 레스토랑은 있습니까?

Do you have a Korean restaurant?
두 유 햅 어 코리언 레스터롱

> A : I heard about a new restaurant around here.
> 아이 허드 어바웃 어 뉴 레스터롱 어롸운드 히어
> (이 근처에 식당이 하나 있다고 들었어요.)
>
> B : Did you have a particular place in mind?

❒ 점심으로 뭘 드실 거예요?

What are you having for lunch?
왓 아 유 해빙 포 런치

> A : What are you having for lunch?
> B : Have you ever tried Korean food?
> 햅 유 에버 트라이드 코리언 푸드
> (한국 음식을 드셔본 적이 있으세요?)

❒ 어디를 추천하겠니?

Where do you recommend?
웨어 두 유 레커멘드

식사 제의와 예약

식당을 예약할 때

☐ 갈비탕 좋아하세요?
Do you feel like Kalbitang?
두 유 필 라잌 갈비탕

☐ 어디서 먹고 싶으세요?
Where would you like to eat?
웨어 욷 유 라잌 투 이트

☐ 어디 가고 싶으세요?
Where do you want to go?
웨어 두 유 원트 투 고

☐ 예약이 필요한가요?
Do we need a reservation?
두 위 니드 어 레저베이션

☐ 그 레스토랑을 예약해 주세요.
Make a reservation for the restaurant, please.
메잌 어 레저베이션 포 더 레스터롱 　　　　　플리즈

☐ 여기서 예약할 수 있나요?
Can we make a reservation here?
캔 위 메잌 어 레저베이션 히어

☐ 오늘밤 예약하고 싶은데요.
I'd like to make a reservation for tonight.
아이드 라잌 투 메잌 어 레저베이션 포 투나잍

☐ (주인) 손님은 몇 분이십니까?
How large is your party?
하우 라쥐 이즈 유어 파티

> A : *How large is your party?*
> B : *Five people at 6:30 p.m.*
> 　　파이브 피플 앹 씩스 써티 피엠
> 　(오후 6시 반에 5명이 갑니다.)

☐ 성함이 어떻게 되시죠?
May I have your name, please?
메이 아이 햅 유어 네임　　　　플리즈

252

☐ 거기는 어떻게 갑니까?
How can I get there?
하우 캔 아이 겥 데어

☐ (주인) 몇 시라면 좋으시겠습니까?
What times are available?
왙 타임즈 아 어베일러블

> A : What times are available?
> B : What time can we reserve a table?
> 왙 타임 캔 위 리저브 어 테이블
> (몇 시라면 자리가 납니까?)

☐ 두 사람 좌석을 예약하고 싶습니다.
I'd like to book a table for two.
아이드 라잌 투 붘 어 테이블 포 투

☐ 좌석을 하나 예약하고 싶습니다.
I want to make a reservation for a table.
아이 원트 투 메잌 어 레져베이션 포 어 테이블

☐ 오늘밤에 좌석을 예약하고 싶습니다.
I'd like to reserve a table for tonight.
아이드 라잌 투 리저브 어 테이블 포 투나잍

☐ 복장에 규제는 있습니까?
Is there a dress code?
이즈 데어 어 드레스 코드

☐ 전원 같은 자리로 해 주세요.
We'd like to have a table together.
위드 라잌 투 햅 어 테이블 투게더

☐ 금연(흡연)석으로 부탁합니다.
We'd like a non-smoking(smoking) table.
위드 라잌 어 난-스모킹(스모킹) 테이블

식당 예약을 취소할 때

☐ 미안합니다. 예약을 취소하고 싶습니다.
I'm sorry, but I want to cancel my reservation.
아임 쏘리   벝 아이 원트 투 캔슬 마이 레저베이션

식사 제의와 예약

❏ 선생님께서 예약하신 걸 취소하겠습니다.
I'll cancel your reservation.
아일 캔슬 유어 레져베이션

❏ 다른 기회에 식사하시길 기대하겠습니다.
I hope you'll dine with us some other time.
아이 호웊 유일 다인 윋 어스 썸 어더 타임

❏ 오늘 저녁에 그쪽 식당에 못 갈 것 같습니다.
We won't be coming to your restaurant tonight.
위 원트 비 커밍 투 유어 레스터롱 투나잍

❏ 그쪽 식당에 제 시간에 못 갈 것 같습니다.
We won't be able to make it to your restaurant.
위 원트 비 에이블 투 메잌 잍 투 유어 레스터롱

Chapter 13 식당에서

식당에 들어서서

☐ 도와 드릴까요?
May I be of service?
메이 아이 비 옆 써비스

A : May I be of service?
B : Well, we have a reservation for two. Kim.
웰 위 햅 어 레져베이션 포 투 킴
(저, 두 사람 좌석을 예약했는데요. 김입니다.)

A : Ah, yes, Mrs. Kim. This way.
아 예스 미씨즈 킴 디스 웨이
(아, 예, 김씨 부인. 이쪽으로 오십시오)

☐ 예약은 하지 않았습니다.
I don't have a reservation.
아이 돈트 햅 어 레저베이션

☐ 몇 분이십니까?
How many of you, sir?
하우 메니 옆 유   써

A : How many of you, sir?
B : A table for two, please.
어 테이블 포 투 플리즈
(두 사람 좌석을 주십시오.)

☐ 세 사람 좌석을 원합니다.
I'd like a table for three.
아이드 라익 어 테이블 포 쓰리

☐ 금연석을 부탁합니다.
Non-smoking section, please.
난 스모킹 섹션   플리즈

255

❏ 지금 자리가 다 찼는데요.
No tables are available now.
노 테이블즈 아 어베일러블 나우

> A : No tables are available now.
> B : How long do we have to wait?
> 하우 롱 두 위 햅 투 웨잍
> (어느 정도 기다려야 합니까?)

음식을
주문받을 때

❏ 주문을 받아도 될까요?
Are you ready to order?
아 유 레디 투 오더

> A : Are you ready to order?
> B : We need a little more time.
> 위 니드 어 리틀 모어 타임
> (잠깐 기다려 주세요.)

❏ 주문을 받을까요?
May I take your order?
메이 아이 테잌 유어 오더

❏ 이제 주문하시겠습니까?
Would you like to order now?
욷 유 라잌 투 오더 나우

> A : Would you like to order now?
> B : We need a little more time.
> 위 니드 어 리틀 모어 타임
> (잠깐 기다려 주세요.)

❏ 이제 주문하시겠습니까?
Would you care to order now?
욷 유 케어 투 오더 나우

❏ 요리는 어떻게 익혀 드릴까요?
How would you like it?
하우 욷 유 라잌 잍

❏ 마실 것은 무엇으로 하시겠습니까?
What would you like to drink?
왙 욷 유 라잌 투 드링크

음식을 주문할 때

☐ 다른 주문은 없습니까?
Anything else?
에니씽 엘스

☐ 디저트는 어떻게 하시겠습니까?
What would you like to have for dessert?
왙 운 유 라익 투 햅 포 디젓트

☐ 메뉴 좀 볼 수 있을까요?
Can I see the menu, please?
캔 아이 씨 더 메뉴   플리즈

> A : Can I see the menu, please?
> B : Here's our menu, sir.
>   히어즈 아워 메뉴   써
>   (메뉴 여기 있습니다, 손님.)

☐ 한국어 메뉴는 있습니까?
Do you have a menu in Korean?
두 유 햅 어 메뉴 인 코리언

☐ 메뉴에 대해서 가르쳐 주세요.
Would you help me with this menu?
운 유 핼프 미 윋 디스 메뉴

☐ 주문을 하고 싶은데요.
We are ready to order.
위 아 레디 투 오더

☐ 이걸 부탁합니다.
I'll take this one.
아일 테익 디스 원

> A : Shall I take your order?
>   쉘 아이 테익 유어 오더
>   (주문을 받을까요?)
> B : I'll take this one.

☐ 저도 같은 걸 부탁합니다.
I'll have the same.
아일 햅 더 세임

식당에서

257

☐ (메뉴를 가리키며) 이것과 이것으로 주세요.
This and this, please.
디스 앤드 디스   플리즈

> A : Are you ready to order?
>   아유 레디 투 오더
>   (주문하시겠습니까?)
> B : This and this, please.

☐ 추천 요리는 무엇입니까?
What's your suggestion?
와츠 유어 서제스쳔

☐ 무엇이 빨리 됩니까?
What can you serve quickly?
왓 캔 유 써브 퀴클리

☐ 이건 어떤 맛입니까?
What's the taste?
와츠 더 테이스트

☐ 나는 햄버거로 하겠어요.
I'd like a hamburger.
아이드 라익 어 햄버거

☐ 나는 럼 스테이크를 먹겠습니다.
I'll have a rump steak.
아일 햅 어 럼프 스테익

☐ 연어구이가 되겠습니까?
Could I have baked salmon?
쿧 아이 햅 베익트 새먼

☐ 무엇을 주문해야할지 모르겠군요.
I still don't know what to order.
아이 스틸 돈트 노우 왓 투 오더

☐ 오늘의 특별 요리는 뭐죠?
What's today's special?
와츠 투데이스 스페셜

❏ 이곳의 전문 요리는 뭐죠?
What's good here?
와츠 굳 히어

❏ 잠시 후에 주문을 받으시겠습니까?
Could you take our orders a little later?
쿧 유 테익 아워 오더즈 어 리틀 레이터

> A : Are you ready to order?
> 아 유 레디 투 오더
> (주문하시겠습니까?)
> B : Could you take our orders a little later?

❏ 저 사람이 먹고 있는 건 뭡니까?
What's that person having?
와츠 댙 퍼슨 해빙

❏ 어떤 음식을 권하시겠습니까?
What do you recommend?
왙 두 유 리커멘드

먹는 법·
재료를 물을 때

❏ 먹는 법을 가르쳐 주시겠어요?
Could you tell me how to eat this?
쿧 유 텔 미 하우 투 이트 디스

❏ 이건 어떻게 먹으면 됩니까?
How do I eat this?
하우 두 아이 이트 디스

❏ 이 고기는 무엇입니까?
What kind of meat is this?
왙 카인드 옆 미트 이즈 디스

❏ 이것은 무슨 재료를 사용한 겁니까?
What are the ingredients for this?
왙 아 디 인그리디언츠 포 디스

필요한 것을
부탁할 때

❏ 빵을 좀더 주세요.
Can I have more bread?
캔 아이 햅 모어 브레드

식당에서

259

☐ 디저트 메뉴는 있습니까?
Do you have a dessert menu?
두 유 햅 어 디저트 메뉴

☐ 물 한 잔 주세요.
I'd like a glass of water, please.
아이드 라잌 어 글래스 옆 워터   플리즈

☐ 소금 좀 갖다 주시겠어요?
Could I have some salt, please?
쿧 아이 햅 썸 솔트   플리즈

> A : Could I have some salt, please?
> B : Yes, sir. I'll get one immediately.
> 예스 써   아일 겥 원 이미디어틀리
> (예, 알겠습니다. 곧바로 갖다 드리겠습니다.)

☐ 나이프(포크)를 떨어뜨렸습니다.
I dropped my knife(fork).
아이 드랖트 마이 나이프(포크)

☐ ~을 추가로 부탁합니다.
I'd like to order some more~.
아이드 라잌 투 오더 썸 모어 ~

☐ (맛은) 어떠십니까?
Is everything all right?
이즈 애브리씽 올 롸잍

> A : Is everything all right?
> B : This is good!
> 디스 이즈 귿
> (맛있는데요!)

주문에 문제가 있을 때

☐ 아직 시간이 많이 걸립니까?
Will it take much longer?
윌 잍 테잌 머취 롱거

☐ 주문한 음식이 아직 안 나왔습니다.
My order hasn't come yet.
마이 오더 해즌트 컴 옡

❐ 아직 요리가 안 나오는데요.
We're still waiting for our food.
위어 스틸 웨이팅 포 아워 푸드

❐ 주문한 것 어떻게 된 거죠?
What happened to my order?
왓 해펀드 투 마이 오더

❐ 서비스가 더디군요.
The service is slow.
더 써비스 이즈 슬로우

❐ 이건 주문하지 않았습니다.
I didn't order this.
아이 디든트 오더 디스

나온 음식에 문제가 있을 때

❐ 다시 가져다 주시겠어요?
Could you take it back, please?
쿠드 유 테익 잍 백   플리즈

❐ 수프에 뭐가 들어 있어요.
There's something in the soup.
데어즈 썸씽 인 더 수프

❐ 음식에 이상한 것이 들어 있어요.
There is something strange in my food.
데어 이즈 썸씽 스트레인쥐 인 마이 푸드

❐ 이 고기는 충분히 익지 않았는데요.
I'm afraid this meat is not done enough.
아임 어프레읻 디스 미트 이즈 낱 던 이너프

❐ 좀 더 구워 주시겠어요?
Could I have it broiled a little more?
쿠드 아이 햅 잍 브로일드 어 리틀 모어

❐ 이 우유 맛이 이상합니다.
This milk tastes funny.
디스 밀크 테이스츠 퍼니

식당에서

261

❐ 이 음식이 상한 것 같아요.
I'm afraid this food is stale.
아임 어프레읻 디스 푸드 이즈 스테일

❐ 글라스가 더럽습니다.
The glass isn't clean.
더 글래스 이즌트 클린

주문을 바꾸거나 취소할 때

❐ 새 것으로 바꿔 주세요.
Please change this for new one.
플리즈 체인쥐 디스 포 뉴 원

❐ 주문을 바꿔도 될까요?
Can I change my order?
캔 아이 체인쥐 마이 오더

❐ 주문을 취소하고 싶은데요.
I want to cancel my order.
아 원트 투 캔슬 마이 오더

❐ 주문을 바꿔도 되겠습니까?
Could I change my order?
쿧 아이 체인쥐 마이 오더

요리를 추가할 때

❐ 다른 것을 더 드시겠습니까?
Will you have something else?
윌 유 햅 썸씽 엘스

> A : Will you have something else?
> B : No, thanks. It was delicious.
>   노 쌩스   잍 워즈 딜리셔스
>   (아니, 됐습니다. 맛있었습니다.)

❐ 뭐 다른 것을 더 드시겠습니까?
Would you care for anything else?
욷 유 케어 포 애니씽 엘스

❐ 그밖에 다른 것은요?
Anything else?
애니씽 엘스

☐ 얇게 썬 토마토 좀 주시겠어요?

Could you bring me some sliced tomatoes?
쿠 유 브링 미 썸 슬라이스트 터메이토즈

   A : *Could you bring me some sliced tomatoes?*
   B : *One side order of sliced tomatoes. Very good.*
       원 싸이드 오더 옆 슬라이스트 터메이토즈 베리 굿
       (얇게 썬 토마토 하나 추가요. 좋습니다.)

☐ 치즈 좀 더 주시겠어요?

Could I have a little more cheese, please?
쿠 아이 햅 어 리틀 모어 치즈   플리즈

   A : *Is there anything else I can get you?*
       이즈 데어 에니씽 엘스 아이 캔 겟 유
       (뭐 다른 것을 더 가져다 드릴게 있나요?)
   B : *A little more cheese, please.*

☐ 식탁 좀 치워 주시겠어요?

Could you please clear the table?
쿠 유 플리즈 크리어 더 테이블

☐ 테이블 위에 물 좀 닦아 주세요.

Wipe the water off the table, please.
와잎 더 워터 오프 더 테이블   플리즈

☐ 이 접시들 좀 치워 주시겠어요?

Would you take the dishes away?
욷 유 테익 더 디쉬즈 어웨이

☐ 물 좀 더 주시겠어요?

May I have more water?
메이 아이 햅 모어 워터

☐ 커피를 한 잔 더 드릴까요?

Can I offer you another cup of coffee?
캔 아이 오퍼 유 어나더 컵 옆 커피

   A : *Can I offer you another cup of coffee?*
   B : *Yes, please I'd love some.*
       예스 플리즈 아이드 럽 썸
       (네, 주세요. 좀 마시고 싶군요.)

디저트

▢ 디저트를 주세요.
I'd like a dessert, please.
아이드 라잌 어 디저트   플리즈

▢ 디저트는 뭐가 있나요?
What do you have for dessert?
왙 두 유 햅 포 디저트

▢ 지금 디저트를 주문하시겠습니까?
Would you like to order some dessert now?
욷 유 라잌 투 오더 썸 디저트 나우

> A : Would you like to order some dessert now?
> B : No, thank you.
>   노   쌩크 유
>   (아뇨, 됐습니다.)

▢ 커피만 주세요.
Just coffee, please.
저스트 커피   플리즈

식사를 마칠 때

▢ 이걸 치워주시겠어요?
Could you please take this away?
쿧 유 플리즈 테잌 디스 어웨이

▢ (동석한 사람에게) 담배를 피워도 되겠습니까?
May I smoke?
메이 아이 스모웈

▢ 식사를 맛있게 드셨기를 바랍니다.
I hope you enjoyed your meal.
아이 호웊 유 엔죠이드 유어 밀

> A : I hope you enjoyed your meal.
> B : I enjoyed it very much.
>   아이 엔죠이드 잍 베리 머취
>   (아주 맛있게 먹었습니다.)

▢ 모든 게 괜찮았습니까?
Is everything all right?
이즈 애브리씽 올 라읻

❒ 점심 식사 맛있게 드셨어요?
Did you enjoy your lunch?
딛 유 인조이 유어 런취

> A : *Did you enjoy your lunch?*
> B : *It was very good. thank you.*
> 잍 워즈 베리 굳   쌩크 유
> (잘 먹었습니다. 고맙습니다.)

❒ 술 잘 마셨습니다.
I enjoyed your drink.
아이 엔죠이드 유어 드링크

❒ 남은 요리를 가지고 가고 싶은데요.
Do you have a dogy bag?
두 유 햅 어 더기 백

식비를 계산할 때

❒ 계산서를 부탁합니다.
Check, please.
첵   플리즈

❒ 지금 지불할까요?
Do I pay you?
두 아이 페이 유

> A : *Do I pay you?*
> B : *No, sir. Please pay the cashier.*
> 노 써   플리즈 페이 더 캐쉬어
> (아니오. 카운터에서 계산해 주십시오.)

❒ 계산서를 주시겠습니까?
May I have the bill, please?
메이 아이 햅 더 빌   플리즈

❒ 내가 지불하겠습니다.
I'll pay for it.
아일 페이 포 잍

> A : *I'll pay for it.*
> B : *Let me share the bill.*
> 렡 미   쉐어 더 빌
> (나누어 계산하기로 합시다.)

◘ 각자 계산하기로 합시다.

Let's go Dutch, shall we?
레츠 고 더치 쉘 위

◘ 이번에는 내가 사죠.

Let me treat you this time.
렛 미 트리트 유 디스 타임

◘ 따로따로 지불을 하고 싶은데요.

Separate checks, please.
세퍼레잍 첵스 플리즈

◘ 두 분 따로 계산해 드릴까요?

Would you like separate checks?
운 유 라익 세퍼레잍 첵스

◘ 계산서 하나로 할까요, 따로따로 할까요?

Would this be one check or separate?
운 디스 비 원 첵 오어 세퍼레잍

> A : *Would this be one check or separate?*
> B : *One check, please.*
>   원 첵 플리즈
>   (함께 계산해줘요.)

◘ 봉사료는 포함되어 있습니까?

Is it including the service charge?
이즈 잍 인클루딩 더 서비스 차쥐

◘ 청구서에 잘못 된 것이 있습니다.

There's a mistake in the bill.
데어즈 어 미스테잌 인 더 빌

◘ 이건 주문하지 않았습니다.

I didn't order this.
아이 디든트 오더 디스

◘ 거스름돈이 틀립니다.

I got the wrong change.
아이 같 더 롱 체인쥐

패스트푸드점

☐ 이 근처에 패스트푸드점은 있습니까?
Is there a fastfood store around here?
이즈 데어 어 패스트푸드 스토어 어롸운드 히어

☐ 햄버거하고 커피 주시겠어요?
Can I have a hamburger and a coffee, please?
캔 아이 햅 어 햄버거 앤드 어 커피   플리즈

☐ 겨자를 (많이) 발라 주세요.
With (a lot of) mustard, please.
윋(어랕엎) 머스터드   플리즈

☐ 어디서 주문합니까?
Where do I order?
웨어 두 아이 오더

☐ 2번 세트로 주세요.
I'll take the number two combo.
아일 테잌 더 넘버 투 콤보

☐ 어느 사이즈로 하시겠습니까?
Which size would you like?
위치 싸이즈 욷 유 라잌

> A : Which size would you like?
> B : Large (Medium / Small), please.
>   라쥐(미디엄 스몰)   플리즈
>   (L(M/S) 사이즈를 주세요.)

☐ 마요네즈를 바르겠습니까?
Would you like mayonnaise?
욷 유 라잌 메이어네이즈

> A : Would you like mayonnaise?
> B : No, thank you.
>   노 쌩크 유
>   (아니오, 됐습니다.)

☐ 이것을 주세요.
I'll try it.
아일 트라이 잍

식당에서

267

❒ 샌드위치를 주세요.
A sandwich, please.
어 샌드위취   플리즈

❒ 케첩을 주세요.
With ketchup, please.
윋 케첩   플리즈

❒ (재료를 가리키며) 이것을 샌드위치에 넣어 주세요.
Put this in the sandwich, please.
풑 디스 인 더 샌드위취   플리즈

❒ 주문을 받을까요?
May I take your order?
메이 아이 테익 유어 오더

A : *May I take your order?*
B : *Yes, please. I'd like a hamburger and french fries.*
예스 플리즈 아이드 라익어 햄버거 앤드 프렌취 프라이즈
(네, 햄버거하고 프렌치프라이를 하겠어요.)

❒ 다른 것은요?
Anything else?
에니씽 엘스

A : *Anything else?*
B : *That's all.*
대츠 올
(전부입니다.)

❒ 치즈버거 두 개 싸 주십시오.
Please make two cheeseburgers to take out.
플리즈 메익 투 치즈버거스 투 테익 아웉

❒ 핫도그 두 개 싸 주십시오.
Two hot dogs to go, please.
투 핱 덕스 투 고   플리즈

❒ 핫도그 하나 주세요. 여기서 먹을 겁니다.
One frank, please. I'll have it here.
원 프랭크 플리즈   아일 햅 잍 히어

- 치즈버거 하나 주세요. 여기서 먹을 겁니다.

  A cheeseburger, please. I'll have it here.
  어 치즈버거 플리즈 아일 햅 잍 히어

- 마실 것은요?

  Something to drink?
  썸씽 투 드링크

  > A : *Something to drink?*
  > B : *A coke. Small one, please.*
  >   어 코크 스몰 원   플리즈
  >   (콜라 하나요. 작은 것으로 주세요.)

- 여기서 드시겠습니까, 아니면 가지고 가실 겁니까?

  For here or to go?
  포 히어 오어 투 고

  > A : *For here or to go?*
  > B : *I'll eat here.*
  >   아윌 이트 히어
  >   (여기서 먹겠습니다.)

- 가지고 갈 거예요.

  To go(Take out), please.
  투 고(테익아웉)   플리즈

- 이 자리에 앉아도 되겠습니까?

  Can I sit here?
  캔 아이 앁 히어

식당에서

Chapter 14 음주에 대해서

음료를 권할 때

❒ 뭐 마실 것을 드시겠습니까?
Would you care for anything to drink?
운 유 케어 포 에니씽 투 드링크

❒ 마실 것은 어떤 것으로 하죠?
Something to drink?
썸씽 투 드링크

❒ 마실 것을 드시겠습니까?
Will you have something to drink?
윌 유 햅 썸씽 투 드링크

❒ 한국 차를 드시겠습니까?
Would you like some Korean tea?
운 유 라익 썸 코리언 티

> A : Would you like some Korean tea?
> B : Make that two.
> 메익 댙 투
> (그것을 두 잔 해 주세요.)

❒ 냉홍차가 있습니까?
Do you have any iced tea?
두 유 햅 에니 아이스트 티

❒ 어, 그럼 난 커피로 하겠습니다.
Well, I'll have a coffee, then.
웰   아일 햅 어 커피   덴

❒ 지금 커피를 가져다 드릴까요?
Would you like me to get your coffee now?
운 유 라익 미 투 겥 유어 커피 나우

❒ 무엇을 드시겠습니까? 커피요, 아니면 홍차요?
What would you like? Coffee, or tea?
왙 운 유 라잌　　　　　커피　오어 티

　A : *What would you like? Coffee, or tea?*
　B : *I'd rather have coffee.*
　　아이드 레더 햅 커피
　　(커피로 하겠습니다.)

❒ 커피는 어떻게 해 드릴까요?
How would you like it?
하우 운 유　라잌 잍

　A : *How would you like it?*
　B : *With cream and sugar, please.*
　　윝 크림 앤드 슈거　　　플리즈
　　(크림과 설탕을 넣어 주세요.)

술을 권할 때

❒ 술 한 잔 하시겠어요?
Would you care for a drink?
운 유 케어 포 어 드링크

❒ 오늘밤 한 잔 하시죠?
How about having a drink tonight?
하우 어바웉 해빙 어 드링크 투나잍

❒ 한 잔 사고 싶은데요.
Let me buy you a drink.
렡　미　　바이 유 어 드링크

　A : *Let me buy you a drink.*
　B : *I'm sorry, I don't drink.*
　　아임 쏘리　　아이 돈트 드링크
　　(미안하지만, 술을 안 마십니다.)

❒ 술 마시는 걸 좋아하세요?
Do you like to drink?
두 유 라잌 투 드링크

❒ 저희 집에 가서 한 잔 합시다.
Let's go have drink at my place.
레츠 고　햅　드링크　앹 마이 플레이스

271

술을 주문할 때

☐ 술은 어때요?

How about something hard?
하우 어바웉 썸씽 하드

☐ 술 드시러 오시지 않겠어요?

We'd love to have you over for some drinks.
위드 럽 투 햅유 오버 포 썸 드링스

☐ 뭘 마시겠습니까?

What do you want to drink?
왙 두 유 원트 투 드링크

> A : What do you want to drink?
> B : Will you get us two beers?
> 윌 유 겥 어스 투 비어즈
> (맥주 두 잔 갖다 주세요.)

☐ 와인 메뉴 좀 볼까요?

Can I see your wine list?
캔 아이 씨 유어 와인 리스트

☐ (웨이터) 술은 어떻게 하시겠습니까?

Anything to drink?
에니씽 투 드링크

> A : Anything to drink?
> B : Can I just have water, please?
> 캔 아이 저스트 햅 워터   플리즈
> (물만 주시겠어요?)

☐ 이 요리에는 어느 와인이 맞습니까?

Which wine goes with this dish?
위치 와인 고우스 윋 디스 디쉬

☐ 글라스로 주문됩니까?

Can I order it by the glass?
캔 아이 오더 잍 바이 더 글래스

☐ 생맥주는 있습니까?

Do you have a draft beer?
두 유 햅 어 드랲트 비어

- 식사하기 전에 무슨 마실 것을 드릴까요?
  Would you care for something to drink before dinner?
  온 유 케어 포 썸씽 투 드링크 비포 디너

  > A : *Would you care for something to drink before dinner?*
  > B : *I'd like a glass of red wine.*
  > 아이드 라잌어 글래스 옵 렏 와인
  > (레드와인을 한 잔 주세요.)

- 이 지방의 독특한 술입니까?
  Is it a local alcohol?
  이즈 잍 어 로컬 앨커홀

- 어떤 맥주가 있습니까?
  What kind of beer do you have?
  왙 카인드 옵 비어 두 유 햅

- 무슨 먹을 것은 없습니까?
  Do you have something to eat?
  두 유 햅 썸씽 투 이트

- 어떤 술입니까?
  What kind of alcohol is it?
  왙 카인드 옵 앨커홀 이즈 잍

  > A : *What kind of alcohol is it?*
  > B : *I'd like a light alcohol.*
  > 아이드 라잌어 라잍 앨커홀
  > (가벼운 술이 좋겠습니다.)

- 생수 좀 주세요.
  I'll have a mineral water.
  아윌 햅 어 미너럴 워터

- 이 술은 독한가요?
  Is it strong?
  이즈 잍 스트롱

- 안주는 무엇이 있습니까?
  What food do you have to go with your wine?
  왙 푸드 두 유 햅 투 고 윋 유어 와인

음주에 대해서

술을 추가로 주문할 때

☐ 한 잔 합시다.
Let's have a drink.
레츠 햅 어 드링크

☐ 얼음을 타서 주세요.
On the rocks, please.
온 더 락스 플리즈

☐ 한 잔 더 주세요.
Another one, please.
어나더 원 플리즈

☐ 맥주 한 병 더 주세요.
Another bottle of beer for me, please.
어나더 바틀 옆 비어 포 미 플리즈

☐ 맥주 한 잔 더 하시겠어요?
Would you like another glass of beer?
운 유 라잌 어나더 글래스 옆 비어

> A : Would you like another glass of beer?
> B : No, thanks. I'm too drunk.
> 　　노 쌩스 아임 투 드렁크
> 　(아니오, 됐습니다. 과음했습니다.)

건배를 할 때

☐ 건배합시다!
Let's toast!
레츠 토스트

☐ 건배!
Cheers!
치어즈

☐ 당신을 위하여! 위하여!
Here's to you! - Cheers!
히어즈 투 유 치어즈

☐ 건배!(행운을 빕니다!)
Happy landings!
해피 랜딩스

술을 마시면서

☐ 우리들의 건강을 위해!
To our health!
투 아워 헬쓰

  A : *To our health!*
  B : *Cheers!*
    치어즈
    (건배!)

☐ 여러분 모두의 행복을 위해!
To happiness for all of you!
투 해피니스 포 올 옆 유

☐ 제가 한 잔 따라 드리겠습니다.
Let me pour you a drink.
렡 미 포- 유 어 드링크

  A : *Let me pour you a drink.*
  B : *Let's get drunk.*
    레츠 겥 드렁크
    (취하도록 마셔 봅시다.)

☐ 마시면서 얘기 나눕시다.
Let's have a talk over drinks.
레츠 햅 어 토크 오버 드링스

☐ 2차 갑시다.
Let's go another round!
레츠 고 어나더 롸운드

☐ 당신 취했군요.
You are drunk.
유 아 드렁크

☐ 제가 내겠습니다.
It's on me, please.
이츠 온 미 플리즈

☐ 저는 술을 좋아합니다.
I'm a drinker.
아임 어 드링커

음주에 대해서

주량에 대해서

❒ 이 맥주 맛 끝내주는데요.
This beer hits the spot.
디스 비어 히츠 더 스팟

> A : This beer hits the spot.
> B : I prefer draft beer.
> 아이 프리퍼 드랩트 비어
> (저는 생맥주가 더 좋아요.)

❒ 이 술은 뒷맛이 안 좋아요.
This liquor leaves a nasty aftertaste.
디스 리커 리브즈 어 내스티 앺터테이스트

❒ 평소에 어느 정도 마십니까?
How much do you usually drink?
하우 머취 두 유 유쥬얼리 드링크

> A : How much do you usually drink?
> B : I'm a light drinker.
> 아임 어 라잍 드링커
> (저는 술을 별로 안 마셔요.)

❒ 저는 술고래입니다.
I'm a heavy drinker.
아임 어 헤비 드링커

❒ 저는 한 잔만 마셔도 얼굴이 빨개져요.
A single cup of wine makes me flushed.
어 씽글 컾 옾 와인 메잌스 미 플러쉬트

❒ 나는 술을 천천히 마시는 편입니다.
I like to nurse my drinks.
아이 라잌 투 너스 마이 드링스

❒ 어느 정도 술을 마십니까?
How much do you drink?
하우 머취 두 유 드링크

> A : How much do you drink?
> B : I sometimes drink the odd can of beer.
> 아이 썸타임즈 드링크 디 어드 캔 옾 비어
> (가끔 캔맥주를 조금 마시는 정도입니다.)

276

❐ 얼마나 자주 술을 마시러 갑니까?
How often do you go out drinking?
하우 오픈 두 유 고 아웉 드링킹

> A : *How often do you go out drinking?*
> B : *About four times a month on average.*
> 어바웉 포 타임즈 어 먼쓰 온 애버리쥐
> (평균 월 4회 정도 마시러 갑니다.)

❐ 매일 밤 술을 마시러 갑니다.
I go drinking every night.
아이 고 드링킹 에브리 나잍

❐ 술이라면 무엇이든 가리지 않습니다.
He's addicted to alcohol of any type.
히즈 어딕틷 투 앨컬 옾 에니 타입

❐ 숙취는 없습니까?
Don't you get hangovers?
돈트유 겥 행오버스

금주에 대해서

❐ 알코올은 입에 대지 않기로 했습니다.
I don't touch alcohol.
아이 돈트 터취 앨컬

❐ 의사가 술을 마시면 안 된다고 했습니다.
I can't drink. Doctor's orders.
아이 캔트 드링크   닥터스 오더즈

❐ 술을 끊는 것이 좋겠습니다.
I advise you to quit drinking.
아이 어드바이스 유 투 큍 드링킹

> A : *I advise you to quit drinking.*
> B : *I can't give up drinking.*
> 아이 캔트 깁엎 드링킹
> (술을 끊을 수 없습니다.)

❐ 술을 끊었습니다.
I gave up drinking.
아이 게입 엎 드링킹

Chapter 15 흡연에 대해서

ENGLISH CONVERSATION DICTIONARY

담배에 대해서

☐ 담배를 피우고 싶어 죽겠어요.
I'm dying for a smoke.
아임 다잉 포 어 스모욱

☐ 담배 한 대 피우시겠습니까?
Would you care for a cigarette?
운 유 케어 포 어 시거렡

> A : Would you care for a cigarette?
> B : No, thank you. I don't smoke.
> 　　노 쌩크 유　　　아이 돈트 스모욱
> (아뇨, 됐습니다. 저는 담배를 피우지 않습니다.)

☐ 수입 담배는 있습니까?
Do you sell imported cigarette?
두 유 셀 임포틷 시거렡

> A : Do you sell imported cigarette?
> B : Yes, we sell some imported brands.
> 　　예스 위 셀 썸 임포틷 브랜즈
> (예, 몇 가지 있습니다.)

☐ 불을 빌려 주시겠습니까?
Could I have a light, please?
쿧 아이 햅 어　라잍　　　　플리즈

☐ 재떨이를 집어 주시겠어요?
Will you pass me the ashtray?
윌 유 패스 미 더 애쉬트레이

☐ 아버지는 애연가입니다.
My father is a heavy smoker.
마이 파더 이즈 어 헤비 스모우커

278

**흡연을
허락받을 때**

❒ 하루에 어느 정도 피웁니까?

How many do you smoke a day?
하우 메니 두 유 스모옥 어 데이

❒ 식후에 피우는 담배는 정말 맛있습니다.

A puff after a meal is really satisfying.
어 퍼프 앺터 어 밀 이즈 리얼리 새티스파잉

❒ 담배를 피워도 되겠습니까?

Do you mind if I smoke?
두 유 마인드 이프 아이 스모옥

> A : Do you mind if I smoke?
> B : Yes. Go ahead.
> 예스 고 어헫
> (예. 피우십시오.)

❒ 여기서 담배를 피울 수 있습니까?

Can I smoke here?
캔 아이 스모옥 히어

❒ 어디서 담배를 피워야 됩니까?

Where can I smoke?
웨어 캔 아이 스모옥

❒ 이곳은 금연석입니까?

Is this a nonsmoking seat?
이즈 디스 어 난스모킹 시트

❒ 여기는 금연입니다.

This is a non-smoking area.
디스 이즈 어 난 스모우킹 에어리어

> A : This is a non-smoking area.
> B : Oh, yes. So it is. I'm sorry.
> 오 예스 소 잍 이즈 아임 쏘리
> (앗, 그렇군요. 미안합니다.)

❒ 흡연석이 있습니까?

Do you have a smoking seat?
두 유 햅 어 스모우킹 시트

흡연에 대해서

금연에 대해서

❏ 흡연석을 원하십니까? 아니면 금연석을 원하십니까?
Do you want smoking or non-smoking section?
두 유 원트 스모우킹 오어 난스모우킹 섹션

> A : Do you want smoking or non-smoking section?
> B : Non-smoking section, please.
> 　　난 스모우킹 섹션　　　　플리즈
> 　(금연석을 부탁합니다.)

❏ 금연석으로 변경할 수 있습니까?
Can I change it in to a non-smoking seat?
캔 아이 체인쥐 잍 인 투 어 난 스모우킹 시트

❏ 담배를 끊으셔야 해요.
You've got to give up smoking.
유브 같 투 깁 엎 스모우킹

❏ 당신은 담배를 너무 피워요. 몸에 안 좋은지 알아요.
You smoke too much. It isn't good for you, you know.
유 스모욱 투 머취　　　잍 이즌트 굳 포 유　　유 노우

❏ 2년 전에 담배를 끊었습니다.
I gave up smoking two years ago.
아이 게입 엎 스모우킹 투 이어즈 어고우

❏ 당신이 담배를 끊으면 좋겠어요.
I want you to stop smoking.
아이 원트 유 투 스탚 스모우킹

> A : I want you to stop smoking.
> B : Do you want me to stop smoking?
> 　　두 유 원트미 투 스탚 스모우킹
> 　(내가 담배 끊기를 원해요?)

❏ 담배를 끊었어.
I gave up smoking.
아이 게입 엎 스모우킹

❏ 금연 따윈 식은죽먹기예요.
It's easy to give up smoking.
이츠 이지 투 깁엎 스모우킹

Chapter 16 가게를 찾을 때

쇼핑센터를 찾을 때

☐ 쇼핑센터는 어디에 있습니까?
Where's shopping mall?
웨어즈 샤핑 몰

☐ 이 도시의 쇼핑가는 어디에 있습니까?
Where is the shopping area in this town?
웨어 이즈 더 샤핑 에어리어 인 디스 타운

☐ 쇼핑 가이드는 있나요?
Do you have a shopping guide?
두 유 햅 어 샤핑 가이드

☐ 선물은 어디서 살 수 있습니까?
Where can I buy some souvenirs?
웨어 캔 아이 바이 썸 수버니어즈

☐ 면세점은 있습니까?
Is there a duty-free shop?
이즈 데어 어 듀티프리 샵

☐ 이 주변에 백화점은 있습니까?
Is there a department store around here?
이즈 데어 어 디파트먼트 스토어 어라운드 히어

☐ 실례합니다. 백화점은 어디 있습니까?
Excuse me. Where is the department store?
익스큐즈 미 웨어이즈 더 디파트먼트 스토어

☐ 여기서 가장 가까운 편의점은 어디에 있습니까?
Where's the nearest convenience store from here?
웨어즈 더 니어리스트 컨비니언스 스토어 프럼 히어

매장을 찾을 때

☐ 편의점을 찾고 있습니다.
I'm looking for a convenience store.
아임 루킹 포 어 컨비니언스 스토어

☐ 이 주변에 할인점은 있습니까?
Is there a discount shop around here?
이즈 데어 어 디스카운트 샵 어라운드 히어

☐ 오늘 쇼핑하러 갈 겁니까?
Are you going shopping today?
아 유 고잉 샤핑 투데이

> A : Are you going shopping today?
> B : I'm going shopping this afternoon.
> 아임 고잉 샤핑 디스 앺터눈
> (오늘 오후에 쇼핑하러 갈 겁니다.)

☐ 윈도쇼핑을 하고 있습니다.
We are just window shopping.
위 아 저스트 윈도우 샤핑

☐ 매장 안내소는 어디입니까?
Where is the information booth?
웨어 이즈 디 인포메이션 부쓰

☐ 아동복은 어디서 사죠?
Where can I buy children's clothing?
웨어 캔 아이 바이 췰드런 클로우딩

☐ 장난감은 어디서 팝니까?
Where do they sell toys?
웨어 두 데이 쎌 토이즈

☐ 필름은 어디서 살 수 있습니까?
Where can I buy a film?
웨어 캔 아이 바이 어 필름

☐ 남성복은 몇 층에 있습니까?
Which floor is the men's wear on?
위치 플로 이즈 더 멘스 웨어 온

가게로
가고자 할 때

□ 넥타이는 어디서 팝니까?
Where can I get ties?
웨어 캔 아이 겥 타이즈

□ 가장 가까운 식료품점은 어디에 있습니까?
Where's the nearest grocery store?
웨어즈 더 니어리스트 그로우서리 스토어

□ 세일은 어디서 하고 있습니까?
Who's having a sale?
후즈 해빙 어 세일

□ 그건 어디서 살 수 있나요?
Where can I buy it?
웨어 캔 아이 바이 잍

□ 그 가게는 오늘 열려 있습니까?
Is that shop open today?
이즈 댙 샵 오픈 투데이

□ 여기서 멉니까?
Is that far from here?
이즈 댙 파 프럼 히어

□ 몇 시에 문을 엽니까?
What time do you open?
왙 타임 두 유 오픈

□ 몇 시에 문을 닫습니까?
What time do you close?
왙 타임 두 유 클로우즈

□ 영업시간은 몇 시부터 몇 시까지입니까?
What are your business hours?
왙 아 유어 비즈니스 아워즈

□ 몇 시까지 합니까?
How late are you open?
하우 레잍 아유 오픈

가게를 찾을 때

ENGLISH CONVERSATION DICTIONARY

Chapter 17
쇼핑의 기본표현

가게에 들어서서

☐ 어서 오십시오.
What can I do for you?
왓 캔 아이 두 포 유

☐ 무얼 찾으십니까?
May I help you?
메이 아이 핼프 유

> A : May I help you?
> B : I'm just looking.
> 아임 저스트 루킹
> (그냥 보고 있을 뿐입니다.)

☐ 필요한 것이 있으면 말씀하십시오.
If you need any help, let me know.
이프 유 니드 에니 헬프 렡 미 노우

물건을 찾을 때

☐ 여기 잠깐 봐 주시겠어요?
Hello. Can you help me?
헬로 캔 유 헬프 미

☐ 블라우스를 찾고 있습니다.
I'm looking for a blouse.
아임 루킹 포 어 블라우스

☐ 코트를 찾고 있습니다.
I'm looking for a coat.
아임 루킹 포 어 코우트

☐ 운동화를 사고 싶은데요.
I want a pair of sneakers.
아이 원트 어 페어 옵 스니커즈

284

구체적으로 찾는
물건을 말할 때

☐ 아내에게 선물할 것을 찾고 있습니다.
I'm looking for something for my wife.
아임 루킹 포 썸씽 포 마이 와잎

> A : May I help you?
> 메이아이 핼프유
> (무얼 찾으십니까?)
>
> B : I'm looking for something for my wife.

☐ 캐주얼한 것을 찾고 있습니다.
I'd like something casual.
아이드 라잌 썸씽 캐주얼

☐ 선물로 적당한 것은 없습니까?
Could you recommend something good for a souvenir?
쿧 유 레커멘드 썸씽 굳 포 어 수버니어

☐ 저걸 보여 주시겠어요?
Would you show me that one?
욷 유 쇼우 미 댙 원

☐ 면으로 된 것이 필요한데요.
I'd like something in cotton.
아이드 라잌 썸씽 인 카튼

> A : What are you looking for?
> 왙 아유루킹 포
> (뭘 찾고 계십니까?)
>
> B : I'm looking for something for my wife.

☐ 이것뿐입니까?
Is this all?
이즈 디스 올

☐ 이것 6호는 있습니까?
Do you have this in size six?
두 유 햅 디스 인 싸이즈 씩스

☐ 그걸 봐도 될까요?
May I see it?
메이아이 씨 잍

물건을 보고
싶을 때

☐ 이것과 같은 것은 있습니까?
Do you have any more like this?
두 유 햅 에니 모어 라익 디스

> A : Do you have any more like this?
> B : They're all sold out.
> 　　데이어 올 솔드 아웃
> 　　(마침 그 물건이 떨어졌습니다.)

☐ 몇 개 보여 주세요.
Could you show me some?
쿠 유 쇼우 미 썸

☐ 이 가방을 보여 주시겠어요?
Could you show me this bag?
쿠 유 쇼우 미 디스 백

☐ 다른 것을 보여 주시겠어요?
Can you show me another one?
캔 유 쇼우 미 어나더 원

☐ 더 품질이 좋은 것은 없습니까?
Do you have anything of better quality?
두 유 햅 에니씽 업 베터 퀄리티

☐ 잠깐 다른 것을 보겠습니다.
I'll try somewhere else.
아일 트라이 썸웨어 엘스

☐ 이 물건 있습니까?
Do you have this in stock?
두 유 햅 디스 인 스탁

> A : Do you have this in stock?
> B : The item is out of stock.
> 　　디 아이텀 이즈 아웃 업 스탁
> 　　(그 상품은 재고가 없습니다.)

☐ 저희 상품들을 보여 드릴까요?
May I show you our line?
메이 아이 쇼우 유 아워 라인

❏ 마음에 드는 게 없군요.
I don't see anything I want.
아이 돈트 씨 에니씽 아이 원트

   A : *How do you like this one?*
      하우 두 유 라잌 디스 원
     (이것은 어떻습니까?)
   B : *I don't see anything I want.*

❏ 그렇게 하세요. 천천히 보세요.
I hope you will. Take your time.
아이 호옾 유 윌   테잌 유어 타임

   A : *I'm just looking.*
      아임 저스트 루킹
     (그냥 보고 있을 뿐입니다.)
   B : *I hope you will. Take your time.*

❏ 그런 상품은 취급하지 않습니다.
We don't carry that item.
위 돈트 캐리 댙 아이템

❏ 즉시 갖다 드리겠습니다.
I'll get it for you right away.
아일 겥 잍 포 유 롸잍 어웨이

❏ 이것이 가장 잘 팔리는 상품입니다.
This is the largest selling brand.
디스 이즈 더 라줘스트 쎌링 브랜드

❏ 그런 물건은 흔하지 않아요.
Such things are by no means common.
써취 씽스 아 바이 노 민스 카먼

❏ 그건 중고품들입니다.
They are second hand.
데이 알 세컨드 핸드

❏ 어떤 상표를 원하십니까?
Which brand do you want?
위치 브랜드 두 유 원트

색상을 고를 때

❏ 무슨 색이 있습니까?
What kind of colors do you have?
왓 카인드 옾 컬러스 두 유 햅

❏ 빨간 것은 있습니까?
Do you have a red one?
두 유 햅 어 렏 원

❏ 너무 화려(수수)합니다.
This is too flashy(plain).
디스 이즈 투 플래쉬(플레인)

❏ 더 화려한 것은 있습니까?
Do you have a flashier one?
두 유 햅 어 플래쉬어 원

❏ 더 수수한 것은 있습니까?
Do you have a plainer one?
두 유 햅 어 플레이너 원

❏ 이 색은 좋아하지 않습니다.
I don't like this color.
아이 돈트 라익 디스 컬러

❏ 감청색으로 된 것을 좀 볼 수 있겠습니까?
May I see some dark-blue ones?
메이 아이 씨 썸 다크 블루 원스

❏ 무지인 것은 없습니까?
Don't you have any plain color ones?
돈트 유 햅 에니 플레인 컬러 원스

❏ 푸른색의 것을 찾고 있습니다.
I'm looking for something in blue.
아임 루킹 포 썸씽 인 블루

❏ 황색으로 된 것이 있습니까?
Would you have it in yellow?
욷 유 햅 잍 인 옐로우

디자인을 고를 때

☐ 다른 스타일은 있습니까?
 Do you have any other style?
 두 유 햅 에니 아더 스타일

☐ 어떤 디자인이 유행하고 있습니까?
 What kind of style is now in fashion?
 왓 카인드 옆 스타일 이즈 나우 인 패션

☐ 이런 디자인은 좋아하지 않습니다.
 I don't like this design.
 아이 돈트 라익 디스 디자인

☐ 다른 디자인은 있습니까?
 Do you have any other design?
 두 유 햅 에니 아더 디자인

☐ 디자인이 비슷한 것은 있습니까?
 Do you have one with a similar design?
 두 유 햅 원 윋 어 씨멀러 디자인

☐ 이 벨트는 남성용입니까?
 Is this belt for men?
 이즈 디스 벨트 포 멘

사이즈를 고를 때

☐ 어떤 사이즈를 찾으십니까?
 What size are you looking for?
 왓 사이즈 아유 루킹 포

> A : What size are you looking for?
> B : I would like size 13.
> 아이 욷 라익 싸이즈 써틴
> (13호 치수를 원합니다.)

☐ 사이즈는 이것뿐입니까?
 Is this the only size you have?
 이즈 디스 디 온리 싸이즈 유 햅

☐ 제 사이즈를 모르겠는데요.
 I don't know my size.
 아이 돈트 노우 마이 싸이즈

쇼핑의 기본표현

❏ 사이즈를 재주시겠어요?
Could you measure me?
쿧 유 메쥐 미

❏ 더 큰 것은 있습니까?
Do you have a bigger one?
두 유 햅 어 비거 원

❏ 더 작은 것은 있습니까?
Do you have a smaller one?
두 유 햅 어 스몰러 원

**사이즈가
맞지 않을 때**

❏ 이 재킷은 제게 맞지 않습니다.
This jacket doesn't fit me.
디스 재킽 더즌트 핕 미

❏ 조금 큰 것 같군요.
It seems to be a little too big.
잍 씸즈 투 비 어 리틀 투 빅

❏ 이 스웨터는 너무 헐렁한 것 같군요.
This sweater seems too loose.
디스 스웨터 씸즈 투 루즈

❏ 너무 큽니다.
It's too big.
이츠 투 빅

❏ 너무 헐렁합니다.
It's too loose.
이츠 투 루즈

❏ 너무 적습니다.
It's too small.
이츠 투 스몰

❏ 너무 꽉 낍니다.
It's too tight.
이츠 투 타잍

❐ 길이를 맞춰 주실 수 있습니까?
Can you adjust the length?
캔 유 얻저스트 더 렝쓰

❐ 짧게 해주세요.
A little bit shorter, please.
어 리틀 빝 쇼터   플리즈

❐ 소매를 조금 짧게 해주세요.
I'd like the sleeves a little shorter.
아이드 라잌 더 슬립스 어 리틀 쇼터

품질을 물을 때

❐ 재질은 무엇입니까?
What's this made of?
와츠 디스 메읻 엎

❐ 미국제품입니까?
Is this made in U.S.A?
이즈 디스 메읻 인 유 에스 에이

❐ 질은 괜찮습니까?
Is this good quality?
이즈 디스 굳 퀄러티

❐ 이건 실크 100%입니까?
Is this 100%(a hundred percent) silk?
이즈 디스 어 헌드렏 퍼센트 실크

❐ 이건 수제입니까?
Is this hand-made?
이즈 디스 핸드 메읻

❐ 이건 무슨 향입니까?
What's this fragrance?
와츠 디스 프레이그런스

쇼핑의 기본표현

Chapter 18 물건 구입

ENGLISH CONVERSATION DICTIONARY

생활용품을 구입할 때

☐ 칫솔은 어디에 있습니까?
Where are the toothbrushes?
웨어 아 더 투쓰브러쉬즈

☐ 손톱깎이는 있습니까?
Do you have nail clippers?
두 유 햅 네일 클리퍼스

☐ 이것과 같은 전지는 있습니까?
Do you have the same battery as this?
두 유 햅 더 세임 배터리 애즈 디스

☐ 세면용품은 어디에 있나요?
Where are the toiletries, please?
웨어 아 더 토일리트리스   플리즈

야채와 과일을 구입할 때

☐ 안녕하세요. 야채 주세요.
Hello. I'd like some vegetables.
헬로우   아이드 라익 썸 베지터블즈

☐ 감자는 있나요?
Don't you have any potatoes?
돈트 유 햅 에니 포테이토스

☐ 제철 야채는 어떤 것입니까?
What vegetables are in season?
왙 베지터블즈 아 인 씨즌

☐ 이 파인애플은 얼마입니까?
How much is this pineapple?
하우 머취 이즈 디스 파인애플

생선과 고기를
구입할 때

- 이 사과는 답니까?

  Are these apples sweet?
  아 디즈 애플즈 스위트

- 이건 온실재배입니까?

  Was this grown in a greenhouse?
  워즈 디스 그로운 인 어 그린하우스

- 이 수박 신선해요?

  Are these watermelons fresh?
  아 디즈 워터멜런스 프레쉬

- 이 생선 신선한가요?

  Is this fish fresh?
  이즈 디스 피쉬 프레쉬

- 이것들은 신선해 보이지 않네요.

  These don't look fresh.
  디즈 돈트 룩 프레쉬

- 이것은 송어입니까, 연어입니까?

  Is this trout or salmon?
  이즈 디스 트라웉 오어 새먼

- 민물고기는 없습니까?

  Don't you sell fresh water fish?
  돈트 유 셀 프레쉬 워터 피시

- 이 고기는 부드럽습니까?

  Is this meat tender?
  이즈 디스 미트 탠더

- 소고기 600그램을 주세요.

  I'd like 600 grams of beef.
  아이드 라익 씩스 헌드럳 그램스 엎 비프

- 신선한 양고기는 있나요?

  Do you have any fresh mutton?
  두 유 햅 에니 프레쉬 머튼

물건 구입

빵과 과자를 구입할 때

☐ 빵 두 개 주세요.
Two loaves of bread, please.
투 로웁즈 엎 브렏   플리즈

☐ 롤빵 6개 주세요.
Half a dozen rolls, please.
하프 어 더즌 롤스   플리즈

☐ 갓 구운 빵은 있나요?
Isn't there any bread fresh out of the oven?
이즌트 데어 에니 브렏 프레쉬 아웉 엎 디 오븐

☐ 얇게 잘라 주세요.
Could you slice this thin, please?
쿧 유 슬라이스 디스 씬   플리즈

☐ 이 크래커는 맛있습니까?
Are these crackers nice?
아 디즈 크래커스 나이스

☐ 이 케이크는 뭘로 만들었나요?
What is this cake made of?
왙 이즈 디스 케잌 메읻 엎

☐ 내용물은 무엇입니까?
What's inside?
와츠 인사이드

옷을 구입할 때

☐ 입어 봐도 되겠습니까?
May I try this on?
메이 아이 트롸이 디스 온

☐ 이걸로 내게 맞는 사이즈는 있습니까?
Do you have this one in my size?
두 유 햅 디스 원 인 마이 싸이즈

☐ 색상이 다른 건 있습니까?
In different colors?
인 디퍼런트 컬러스

❏ 당신에게 아주 잘 어울리는데요.

It goes well with you.
잍 고우즈 웰 윋 유

❏ 어때요, 잘 맞습니까?

How's the fit?
하우즈 더 핕

> A : How's the fit?
> B : It doesn't fit me.
>   잍더즌트 핕 미
>   (저에게 맞지 않습니다.)

❏ 저에게 잘 맞습니다.

It fits me very well.
잍 피츠 미 베리 웰

❏ 더 큰 것은 없나요?

Don't you have a larger one?
돈트 유 햅 어 라져 원

❏ 어떤 사이즈를 입으세요(찾으세요)?

What size do you wear (need)?
왙 싸이즈 두 유 웨어 (니드)

❏ 진열장 안에 있는 저 드레스를 볼 수 있을까요?

Can I see that dress in the window?
캔 아이 씨 댙 드레스 인 더 윈도우

❏ 별로 마음에 안 들어요.

I don't really like it.
아이 돈트 리얼리 라잌 잍

❏ 이 코트는 방수가 됩니다.

This coat is waterproof.
디스 코우트 이즈 워터프루프

❏ 이 셔츠는 물세탁이 가능합니다.

This shirt is washable.
디스 셔트 이즈 와셔블

물건 구입

295

- 이 바지는 다리미질을 하지 않아도 됩니다.
  These pants are drip-dry.
  디즈 팬츠 아 드립 드라이

- 지금 유행하고 있는 것이 뭔가요?
  What is fashionable?
  왙이즈 패셔너블

- 요즘 숙녀복은 어떤 것이 인기가 있나요?
  What's popular in women's clothing?
  와츠 파퓰러 인 위민즈 클로우딩

신발을 구입할 때

- 어떠세요, 잘 맞습니까?
  How do you feel?
  하우 두 유 필

  > A : How do you feel?
  > B : These shoes are so tight they hurt.
  > 디즈 슈즈 아 쏘 타잍 데이 허트
  > (구두가 너무 꼭 끼어서 아파요.)

- 이 신발이 딱 맞습니다.
  These shoes are just right.
  디즈 슈즈 아 저스트 롸잍

- 이 사이즈로 다른 걸 보여 주세요.
  Please show me another one in this size.
  플리즈 쇼우 미 어나더 원 인 디스 싸이즈

모자와 가방을 구입할 때

- 제 신발 사이즈를 좀 재주세요.
  Please check my shoe size.
  플리즈 첵 마이 슈 싸이즈

- 샤넬 백은 어디에 있습니까?
  Where are Chanel bags?
  웨어 아 샤넬 백스

- 이건 인조 가죽입니까?
  Is this artificial leather?
  이즈 디스 아티피셜 레더

❐ 이 색상으로 다른 모양은 있습니까?
Do you have another type in this color?
두 유 햅 어나더 타잎 인 디스 컬러

❐ 이 모양으로 검정색은 있습니까?
Do you have this in black?
두 유 햅 디스 인 블랙

❐ 다른 디자인은 있습니까?
Do you have any other designs?
두 유 햅 에니 아더 디자인스

❐ 모자 있습니까?
Have you got any hats?
햅 유 갓 에니 해츠

❐ 이 소재는 무엇입니까?
What material is this?
왓 머티어리얼 이즈 디스

> A : *What material is this?*
> B : *As this bag is made of vinyl, it's very strong.*
> 애즈 디스 백 이즈 메읻 옾 비닐   이츠 베리 스트롱
> (이 가방은 비닐제품으로 매우 튼튼해요.)

화장품을
구입할 때

❐ 화장품 코너는 어디에 있습니까?
Where is the cosmetic counter?
웨어 이즈 더 코즈메틱 카운터

❐ 립스틱을 하나 사려고 하는데요.
I'd like to buy a lipstick.
아이드 라잌 투 바이 어 립스틱

❐ 이건 무슨 향입니까?
What type of fragrance is this?
왓 타잎 옾 프레이그런스 이즈 디스

❐ 좀더 진한 색으로 주세요.
A deeper color, please.
어 디퍼 컬러   플리즈

물건 구입

297

보석과 액세서리를 구입할 때

- 여기 샘플이 있습니다. 발라 보세요.
  Here's a tester. Please try it.
  히어즈 어 테스터   플리즈 트롸이 잍

- 어떤 피부를 가지고 계신가요?
  What type of skin do you have?
  왙 타잎 엎 스킨 두 유 햅

- 피부가 건조하시군요.
  Your skin is dry.
  유어 스킨 이즈 드롸이

- 보석 매장은 어디죠?
  Where's the jewelry department?
  웨어즈 더 쥬얼리 디파트먼트

- 다이아몬드 반지 좀 볼까요?
  Can I see some diamond rings?
  캔 아이 씨 썸 다이어먼드 링스

- 이건 몇 캐럿이죠?
  How many carats is this?
  하우 메니 캐러츠 이즈 디스

- 끼워봐도 되나요?
  May I try it on?
  메이 아이 트롸이 잍 온

- 이건 진짜입니까, 모조품입니까?
  Is this genuine or an imitation?
  이즈 디스 제뉴인 오어 언 이미테이션

- 이건 가짜 같은데요?
  This looks phony.
  디스 룩스 포니

- 이 돌은 무엇입니까?
  What's this stone?
  와츠 디스 스토운

☐ 이 팔찌를 보여 주세요.
Show me this bracelet.
쇼우   미   디스 브레이스릴

☐ 왼쪽에서 두 번째 것을 보여 주세요.
Second one from the left, please.
세컨드 원 프럼 더 렢트   플리즈

☐ 이건 24K(금)입니까?
Is this 24 carat gold?
이즈 디스 투엔티포 캐럴 골드

☐ 보증서는 있습니까?
Is this with a guarantee?
이즈 디스 윋 어 개런티

☐ 항공우편 봉투는 있습니까?
Do you have airmail envelopes?
두 유 햅 에어메일 엔빌롶스

☐ 생일카드 있습니까?
Do you have birthday cards?
두 유 햅 버쓰데이 카드스

> A : *Do you have birthday cards?*
> B : *Yes, sir. Which one do you like?*
>   예스 써   위치 원 두 유 라잌
>   (있습니다. 어느 것이 좋을까요?)

☐ 볼펜을 보여주세요.
Show me some ball-point pens, please.
쇼우   미   썸   볼-포인트 펜스   플리즈

☐ 생일카드를 사고 싶습니다.
I'd like some birthday cards, please.
아이드 라잌썸 버쓰데이 카드스   플리즈

☐ 이 만년필을 선물용으로 포장해 주세요.
Will you wrap this fountain pen as a gift?
윌 유 랲 디스 파운틴 펜 애즈 어 깊트

문구를
구입할 때

물건 구입

299

책을 구입할 때

❏ 그 책은 잘 팔립니까?
Is the book selling well?
이즈 더 북 쎌링 웰

❏ 최근의 베스트셀러를 찾고 있습니다.
I'm looking for some recent best-sellers.
아임 루킹 포 썸 리쎈트 베스트 셀러즈

❏ 이 도시의 지도를 팝니까?
Do you have a map of this city?
두 유 햅 어 맵 엎 디스 씨티

❏ 가격표가 안 보이는데요.
I can't see a price tag.
아이 캔트 씨 어 프라이스 택

기념품을 구입할 때

❏ 제 아들에게 줄 기념품을 찾고 있습니다.
I'm looking for some souvenirs for my son.
아임 루킹 포 썸 수버니어즈 포 마이 썬

❏ 이 지방의 대표적인 공예품을 찾고 있습니다.
I'm looking for typical crafts of this area.
아임 루킹 포 티피컬 크랲스 엎 디스 에어리어

❏ 고르는 데 도움을 주시겠습니까?
Could you help me to make a selection?
쿤 유 핼프 미 투 메이크 어 셀렉션

> A : Could you help me to make a selection?
> B : I'd be glad to.
> 아이드 비 글랟 투
> (기꺼이 도와 드리죠.)

❏ 교육적인 것이 있습니까?
Do you have anything educational?
두 유 햅 에니씽 에듀케이셔널

❏ 당신이 쓰실 건가요?
Is it for you?
이즈 잍 포 유

가전제품을
구입할 때

❒ 제 아내한테 줄 선물로 무엇이 좋을까요?

What gift would you recommend for my wife?
왙 깊트 울 유 레커맨드 포 마이 와잎

> A : What gift would you recommend for my wife?
> B : These have been quite popular among tourists lately.
> 디즈 햅 빈 콰잍 파퓰러 어망 투어리스츠 레이틀리
> (이건 요즘 외국인 관광객들에게 대단히 인기가 많습니다.)

❒ 이 버튼은 무슨 용도이죠?

What are these buttons for?
왙아 디즈 버튼스 포

❒ 이 가전제품은 몇 볼트를 사용하나요?

What voltage does this appliance use?
왙 볼티쥐 더즈 디스 어플라이언스 유즈

❒ 이게 가장 최신 모델인가요?

Is this your latest model?
이즈 디스 유어 레이티스트 마들

❒ 리모컨도 딸려 나오나요?

Does it come with a remote?
더즈 잍 컴 윋 어 리모우트

❒ 이게 동작(정지) 버튼입니다.

This is on(off) button here.
디스 이즈 온(오프) 버튼 히어

❒ 어떤 카메라를 원하십니까?

What type of camera do you want, sir?
왙 타잎 옆 캐머러 두 유 원트   써

> A : What type of camera do you want, sir?
> B : I'd like to see that camera.
> 아이드 라잌 투 씨 댙 캐머러
> (저 카메라를 좀 보고 싶습니다.)

❒ 이건 어때요? 전자동 카메라입니다.

How about this? It is fully automatic type camera.
하우 어바웉 디스   잍이즈풀리 오터매틱 타잎 캐머러

물건 구입

301

면세점에서

❏ 35밀리 카메라를 사고 싶습니다.
I want to buy a 35mm camera.
아이 원트 투 바이 어 써티파이브 밀리 캐머러

❏ 이것 필름 현상과 프린트를 부탁합니다.
Please develop and print these films.
플리즈 디벨렆 앤드 프린트 디즈 필름즈

❏ 보통 사이즈로 프린트해 주세요.
Print each in regular size.
프린트 이취인 레귤러 싸이즈

❏ 면세점은 어디에 있습니까?
Where's a duty free shop?
웨어즈 어 듀티프리 샵

❏ 얼마까지 면세가 됩니까?
How much duty free can I buy?
하우 머취 듀티프리 캔 아이 바이

❏ 어느 브랜드가 좋겠습니까?
What brand do you suggest?
왙 브랜드 두 유 서제스트

❏ 이 가게에서는 면세로 살 수 있습니까?
Can I buy things duty free here?
캔 아이 바이 씽스 듀티 프리 히어

❏ 여권을 보여 주십시오.
May I have your passport, please?
메이 아이 햅 유어 패스포트   플리즈

❏ 비행기를 타기 전에 수취하십시오.
Receive before boarding.
리시브 비포 보딩

ENGLISH CONVERSATION DICTIONARY

Chapter 19 물건값의 흥정

값을 흥정할 때

☐ 너무 비쌉니다.
It's too expensive.
이츠 투 익스펜시브

☐ 깎아 주시겠어요?
Can you give a discount?
캔 유 깁 어 디스카운트

☐ 더 싼 것은 없습니까?
Anything cheaper?
에니씽 취퍼

☐ 더 싸게 해 주실래요?
Will you take less than that?
윌 유 테익 레스 댄 댙

☐ 깎아주면 사겠습니다.
If you discount I'll buy.
이프 유 디스카운트 아일 바이

> A : If you discount I'll buy.
> B : How much are you asking?
>   하우 머취 아유 애스킹
>   (얼마면 되겠습니까?)

☐ 현금으로 지불하면 더 싸게 됩니까?
Do you give discounts for cash?
두 유 깁 디스카운츠 포 캐쉬

☐ 깎아줄래요?
Can you give me a discount?
캔 유 깁 미 어 디스카운트

303

☐ 30달러로 안 되겠습니까?

To thirty dollars?
투 써티 달러즈

> A : *To thirty dollars?*
> B : *It's the most I can offer you.*
> 이츠 더 모우스트 아이 캔 오퍼 유
> (그게 제가 제시할 수 있는 최상의 조건입니다.)

☐ 제 친구도 여기서 살 생각입니다.

My friend will also buy here.
마이 프랜드 윌 올소우 바이 히어

☐ 이건 다른 가게에서 60달러입니다.

This is sixty dollars at another store.
디스 이즈 씩스티 달러즈 앹 어나더 스토어

☐ 값 좀 싸게 해줄 수 없어요?

Can you come down on the price?
캔 유 컴 다운 온 더 프라이스

> A : *Can you come down on the price?*
> B : *We can't reduce the price.*
> 위 캔트 리듀스 더 프라이스
> (할인해 드릴 수 없습니다.)

☐ 제가 예산했던 것보다 비싸군요.

That's more than I wanted to spend.
댙츠 모어 댄 아이 원틷 투 스펜드

값을 물을 때

☐ 이건 얼마입니까?

How much is this?
하우 머취 이즈 디스

☐ 하나에 얼마입니까?

How much for one?
하우 머취 포원

☐ (다른 상품의 가격을 물을 때) 이건 어때요?

How about this one?
하우 어바웉 디스 원

□ 이건 세일 중입니까?
Is this on sale?
이즈 디스 온 세일

□ 전부해서 얼마나 됩니까?
How much is it all together?
하우 머취 이즈 잍 올 투게더

> A : *How much is it all together?*
> B : *Twenty-three dollars, including tax.*
> 　　투엔티쓰리 달러즈　　인클루딩 텍스
> *(세금 포함해서 23달러입니다.)*

□ 세금이 포함된 가격입니까?
Does it include tax?
더즈 잍 인클루드 텍스

구입을 결정할 때

□ 이걸로 하겠습니다.
I'll take this.
아일 테익 디스

□ 이것을 10개 주세요.
I'll take ten of these.
아일 테익 텐 옆 디즈

계산할 때

□ 어디서 계산을 하죠?
Where do I pay?
웨어 두 아이 페이

> A : *Where do I pay?*
> B : *At the register counter over there, please.*
> 　　앹 더 레지스터 카운터 오버 데어　　　플리즈
> *(저쪽 계산대에서 합니다.)*

□ 이것 좀 계산해 주시겠어요?
Will you add these up for me?
윌 유 doe 디즈 엎 포 미

□ 합계가 얼마입니까?
How much in all?
하우 머취 인 올

물건가격의 흥정

지불 방법을 결정할 때

❏ 아참, 이 셔츠도 계산에 넣어 주세요.
Oh, and add in this shirt.
오 앤드 doe 인 디스 셔트

❏ 지불은 어떻게 하시겠습니까?
How would you like to pay?
하우 운유 라익 투 페이

> A : How would you like to pay?
> B : I'd like to pay with a traveler's check.
> 아이드 라익 투 페이 윋 어 트레벌러즈 첵
> (여행자 수표로 지불하고 싶습니다.)

❏ 카드도 됩니까?
May I use a credit card?
메이 아이 유즈 어 크레딭 카드

❏ 신용카드로 계산하겠습니다.
Let me pay for it with my card.
렡 미 페이 포 잍 윋 마이 카드

거스름돈과 영수증

❏ 거스름돈이 모자라는 것 같군요.
I think I was shortchanged.
아이 씽크 아이 워즈 숏체인쥐드

❏ 거스름돈을 더 주셨습니다.
You gave me too much change.
유 게입 미 투 머취 체인쥐

❏ 영수증을 주시겠어요?
Could I have a receipt?
쿠드 아이 햅 어 리씨트

❏ 영수증 좀 끊어 주세요.
Let me have a receipt, please.
렡 미 햅 어 리씨트 플리즈

❏ 영수증을 받으십시오.
Here's the receipt.
히어즈 더 리씨트

Chapter 20 배달과 배송

포장을 원할 때

□ 봉지를 주시겠어요?
Could I have a bag?
쿠드 아이 햅 어 백

□ 봉지에 넣기만 하면 됩니다.
Just put it in a bag, please.
저스트 풋 잇 인어 백   플리즈

□ 이걸 선물용으로 포장해 주시겠어요?
Can you gift-wrap this?
캔 유 깊트 랩 디스

□ 따로따로 포장해 주세요.
Please wrap them separately.
플리즈 랩 뎀 세퍼레이틀리

> A : Please wrap them separately.
> B : Oh, okay.
>   오 오케이
>   (예, 알겠습니다.)

□ 이거 넣을 박스 좀 얻을 수 있나요?
Is it possible to get a box for this?
이즈 잇 파써블 투 겟 어 박스 포 디스

□ 이거 포장할 수 있나요? 우편으로 보내고 싶은데요.
Can you wrap this up? I want to send it in the mail.
캔 유 랩 디스 엎   아이 원트 투 센드잇 인더 메일

배달을 원할 때

□ 이걸 ○○호텔까지 갖다 주시겠어요?
Could you send this to ○○Hotel?
쿠드 유 센드 디스 투 ○○호텔

307

배송을 원할 때

◻ 오늘 중으로(내일까지) 배달해 주었으면 하는데요.
I'd like to have it today(by tomorrow).
아이드 라익 투 햅 잇 투데이(바이 터머로우)

◻ 언제 배달해 주시겠습니까?
When would it arrive?
웬 욷 잇 어라이브

◻ 별도로 요금이 듭니까?
Is there an extra charge for that?
이즈데어 언 엑스트러 챠쥐 포 댙

◻ 이 카드를 첨부해서 보내 주세요.
I'd like to send it with this card.
아이드 라익 투 센드 잇 윋 디스 카드

◻ 이 주소로 보내 주세요.
Please send it to this address.
플리즈 센드 잇 투 디스 어드레스

◻ 이 가게에서 한국으로 발송해 주시겠어요?
Could you send this to Korea from here?
쿧 유 센드 디스 투 코리어 프럼 히어

◻ 한국 제 주소로 보내 주시겠어요?
Could you send it to my address in Korea?
쿧 유 센드 잇 투마이 어드레스 인 코리어

◻ 항공편(선편)으로 부탁합니다.
By air mail(sea mail), please.
바이 에어 메일(씨 메일)   플리즈

◻ 한국까지 항공편으로 며칠 정도 걸립니까?
How long does it take to reach Korea by air mail?
하우 롱 더즈 잇 테익 투 리취 코리어 바이에어 메일

◻ 항공편으로 얼마나 듭니까?
How much does it cost by air mail?
하우 머취 더즈 잇 코스트 바이에어 메일

Chapter 21 물건에 대한 클레임

교환을 원할 때

☐ 이걸 교환해 주시겠어요?
Can I exchange this?
캔 아이 익스체인쥐 디스

> A : Can I exchange this?
> B : Yes, of course. Do you have the receipt?
> 예스 옾 코스　두 유 햅 더 리씨트
> (물론이죠 영수증 가시고 계십니까?)

☐ 이걸 교환해 주었으면 하는데요.
I'd like to exchange this.
아이드 라익투 익스체인쥐 디스

☐ 다른 것으로 바꿔 주시겠어요?
Can I exchange it for another one?
캔 아이 익스체인쥐 잍 포 어나더 원

☐ 때가 묻었습니다.
It's dirty.
이츠 더티

☐ 깨져 있습니다.
It's broken.
이츠 브로컨

☐ 찢어있습니다.
It's ripped.
이츠 맆트

☐ 사이즈가 안 맞았어요.
This size doesn't fit me.
디스 싸이즈 더즌트 핕 미

309

반품을 원할 때

❒ 여기에 얼룩이 있습니다.
I found a stain here.
아이 파운드 어 스테인 히어

> A : I found a stain here.
> B : I'll get you a new one.
> 아일 겟 유 어 뉴 원
> (새 것으로 바꿔드리겠습니다.)

❒ 구입할 때 망가져 있었습니까?
Was it broken when you bought it?
워즈 잍 브로큰 웬 유 보트 잍

> A : Was it broken when you bought it?
> B : I didn't notice it when I bought it.
> 아이 디든트 노티스 잍 웬 아이 보트 잍
> (샀을 때는 몰랐습니다.)

❒ 불량품인 것 같은데요.
I think it's defective.
아이 씽크 이츠 디펙팁

❒ 어디로 가면 됩니까?
Where should I go?
웨어 슏 아이 고

❒ 반품하고 싶은데요.
I'd like to return this.
아이드 라익 투 리턴 디스

❒ 아직 쓰지 않았습니다.
I haven't used it at all.
아이 해븐트 유즈드 잍 앹 올

❒ 가짜가 하나 섞여 있었습니다.
I found a fake included.
아이 파운드 어 페이크 인클루딛

❒ 영수증은 여기 있습니다.
Here is a receipt.
히어 이즈 어 리씨트

- 어제 샀습니다.

  I bought it yesterday.
  아이 보트 잍 예스터데이

환불을 원할 때

- 환불해 주시겠어요?

  Can I have a refund?
  캔 아이 햅 어 리펀드

- 산 물건하고 다릅니다.

  This is different from what I bought.
  디스 이즈 디퍼런트 프럼 왙 아이 보트

  > A : *This is different from what I bought.*
  > B : *Show me.*
  >   쇼우 미
  >   (어디 보여 주십시요.)

- 구입한 게 아직 배달되지 않았습니다.

  I haven't got what I bought yet.
  아이 해븐트 같 왙 아이 보트 옡

- 대금은 이미 지불했습니다.

  I already paid.
  아이 올레디 페이드

- 수리해주던지 환불해 주시겠어요?

  Could you fix it or give me a refund?
  쿧 유 픽스 잍 오어 깁 미 어 리펀드

- 계산이 틀린 것 같습니다.

  I think your calculation is wrong.
  아이 씽크 유어 캘커레이션 이즈 렁

물건에 대한 클레임

ENGLISH CONVERSATION DICTIONARY

Chapter 22

출신과 종교

거주지를 말할 때

☐ 어디에서 사세요?
Where do you live?
웨어 두 유 립

> A : Where do you live?
> B : I live in the suburbs of Seoul.
> 아이 립 인 더 써버브스 옆 써울
> (서울 교외에서 살고 있어요.)

☐ 본적지가 어디세요?
What's your permanent address?
와츠 유어 퍼머넌트 어드래스

☐ 어디에 살고 계세요?
Where are you living now?
웨어 아 유 리빙 나우

> A : Where are you living now?
> B : I'm living near here.
> 아임 리빙 니어 히어
> (이 근처에 살고 있어요.)

☐ 그곳에서 얼마나 사셨어요?
How long have you lived there?
하우 롱 햅 유 립드 데어

☐ 주소가 어떻게 됩니까?
What's your address?
와츠 유어 어드레스

☐ 서울에서 얼마나 사셨어요?
How long have you lived in Seoul?
하우 롱 햅 유 립드 인 써울

☐ 그곳까지 얼마나 걸립니까?
How long does it take to get there?
하우 롱 더즈 잍 테잌 투 겥 데어

☐ 아파트에 사세요, 단독에 사세요?
Do you live in an apartment or in a house?
두 유 립 인 언 어파트먼트 오어 인 어 하우스

☐ 저희 집 주변은 시끄러워요.
My neighborhood is noisy.
마이 네이버훋 이즈 노이지

☐ 저는 교통이 편한 곳에 살고 있습니다.
I live where transportation is convenient.
아이 립 웨어 트랜스퍼테이션 이즈 컨비니언트

고향과 출신지에
대해 말할 때

☐ 고향은 어디세요?
Where are you from?
웨어 아 유 프럼

> A : *Where are you from?*
> B : *I'm from Seoul.*
> 아임 프럼 써울
> (서울입니다.)

☐ 국적이 어디십니까?
What's your nationality?
와츠 유어 내셔낼러티

☐ 어디에서 오셨습니까?
Where do you come from?
웨어 두 유 컴 프럼

☐ 어디에서 자라셨습니까?
Where did you grow up?
웨어 딛 유 그로우 엎

> A : *Where did you grow up?*
> B : *I grew up in Seoul.*
> 아이 그루 엎 인써울
> (서울에서 자랐어요.)

☐ 태어나서 자란 곳이 어디입니까?

Where were you born and raised?
웨어 워 유 본 앤드 레이즈드

> A : Where were you born and raised?
> B : I was born and bred in Seoul.
> 아이 워즈 본 앤드 브렏 인 써울
> (서울 토박입니다.)

종교에 대해 말할 때

☐ 무슨 종교를 믿습니까?

What religion do you profess?
왙 릴리젼 두 유 프러페스

> A : What religion do you profess?
> B : I'm a Christian.
> 아임 어 크리스쳔
> (저는 기독교 신자입니다.)

☐ 신의 존재를 믿으세요?

Do you believe in God?
두 유 빌리브 인 갇

☐ 미신을 믿으세요?

Are you superstitious?
아 유 슈퍼스티셔스

☐ 저는 천주교를 믿습니다.

I believe in Catholicism.
아이 빌리브 인 커쌀러씨즘

☐ 저는 불교 신자입니다.

I'm Buddhist.
아임 부디스트

☐ 당신은 종파가 뭡니까?

Which denomination are you in?
위치 디나머네이션 아 유 인

☐ 그는 신앙심이 매우 깊어요.

He is very religious.
히 이즈 베리 릴리져스

ENGLISH CONVERSATION DICTIONARY

Chapter 23
학생과 학교생활

출신학교에 대해서

□ 어느 학교에 다니십니까?
Where do you go to school?
웨어 두 유 고 투 스쿨

A : Where do you go to school?
B : I'm attending UCLA.
　　아임 어텐딩 유씨엘에이
　　(UCLA에 다니고 있습니다.)

□ 어느 대학에 다니십니까?
Which college are you attending?
위치 칼리쥐 아 유 어텐딩

A : Which college are you attending?
B : I go to Washington State University.
　　아이 고 투 와싱턴 스테이트 유니버시티
　　(워싱턴 주립대학을 다닙니다.)

□ 저는 서울대학생입니다.
I'm a student at Seoul National University.
아임 어 슈튜던트 앹 싸울 내셔널 유니버시티

□ 그는 대학중퇴자입니다.
He is a college drop out.
히 이즈 어 칼리쥐 드롭 아웉

□ 그는 고학으로 대학을 나왔어요.
He worked his way through college.
히 웍트 히즈 웨이 쓰루 칼리쥐

□ 몇 년도에 졸업했습니까?
What class are you?
왙 클래스 아 유

315

❐ 어느 학교를 졸업하셨습니까?

What school did you graduate from?
왓 스쿨 딛 유 그래쥬에잍 프럼

> A : What school did you graduate from?
> B : I'm a graduate of Harvard University.
> 아임 어 그래쥬에잍 앞 하버드 유니버서티
> (저는 하버드 대학 졸업생입니다.)

❐ 그녀는 고등학교를 갓 나왔습니다.

She's fresh out of high school.
쉬즈 프레쉬 아웉 엎 하이스쿨

❐ 그는 고등학교 중퇴자입니다.

He is a high school drop out.
히 이즈 어 하이스쿨 드롶 아웉

❐ 그녀는 학교에서 퇴학당했습니다.

She was kicked out of the school.
쉬 워즈 킥트 아웉 엎 더 스쿨

❐ 그는 고학으로 고등학교를 나왔어요.

He worked his way through high school.
히 웍트 히즈 웨이 쓰루 하이스쿨

❐ 몇 학년이세요?

What year are you in?
왓 이어 아유 인

> A : What year are you in?
> B : I'm a senior.
> 아임 어 씨니어
> (대학교 4학년입니다.)

❐ 아들은 초등학생입니다.

My son is in the grades school.
마이 썬 이즈 인 더 그레읻즈 스쿨

❐ 저보다 3년 선배이시군요.

You're three years ahead me.
유어 쓰리 이어즈 어헫 미

	❒ 그는 제 학교 선배입니다. **He's ahead of me in school.** 히즈 어헫 옾 미 인 스쿨
전공에 대해서	❒ 대학교 때 전공이 무엇이었습니까? **What was your major at college?** 왙 워즈 유어 메이져 앹 칼리쥐
	❒ 어떤 학위를 가지고 계십니까? **What degree do you have?** 왙 디그리 두 유 햅
	❒ 무얼 전공하십니까? **What are you majoring in?** 왙 아 유 메이져링 인 A : *What are you majoring in?* B : *I'm majoring in Education.* 아임 메이져링 인 에듀케이션 (교육학을 전공하고 있습니다.)
학교생활에 대해서	❒ 나는 오늘 미팅했어요. **I had a blind date today.** 아이 햍 어 블라인드 데잍 투데이
	❒ 아르바이트하는 학생들이 많아요. **Many students are working at part time jobs.** 메니 슈튜던츠 아 워킹 앹 파트 타임 잡스
	❒ 아르바이트를 하고 있나요? **Do you have a part time job?** 두 유 햅 어 파트 타임 잡
	❒ 이번 학기에는 몇 과목이나 수강신청을 했습니까? **How many courses are you taking this semester?** 하우 메니 코시스 아 유 테이킹 디스 씨메스터
	❒ 나는 결강하고 싶지 않습니다. **I don't want to cut class.** 아이 돈트 원트 투 컽 클래스

❒ 그는 수업 준비하느라 바쁩니다.
He's busy preparing for class.
히즈 비지 프리페어링 포 클래스

❒ 그게 무슨 책이죠?
What's the book about?
와츠 더 북 어바웉

❒ 저는 수학적인 머리가 없는 것 같아요.
I don't think I have a mathematic brain.
아이 돈트 씽크 아이 햅 어 매쓰매틱 브레인

❒ 나는 장학금을 신청했습니다.
I applied for a scholarship.
아이 어플라이드 포 어 스칼러쉽

❒ 이건 제게 어려운 학과였어요.
This has been a hard course for me.
디스 해즈 빈 어 하드 코스 포 미

❒ 우리는 그것을 암기하지 않으면 안 되었어요.
We had to learn it by heart.
위 핻 투 런 잍 바이 하트

❒ 그는 물리학에 뛰어난 사람이에요.
He's a bear for physics.
히즈 어 베어 포 피직스

❒ 게시판에 뭐라고 씌어 있는 거예요?
What does the board say?
왇 더즈 더 보드 세이

❒ 나는 맨 뒷자리에 앉기를 좋아해요.
I like to sit way in the back.
아이 라익 투 앁 웨이 인 더 백

❒ 친구의 영어 테이프를 복사하고 있어요.
I'm copying my friend's English tapes.
아임 카핑 마이 프렌즈 잉글리쉬 테입스

	❐ 너희들은 항상 붙어 다니는구나.
	You always stick together.
	유 올웨이즈 스틱 투게더

학교수업에
대해서

❐ 그 문제에 대한 답을 알겠어요.
I know the answer to that problem.
아이 노우 디 앤써 투 댙 프라블럼

❐ 3 더하기 5는 얼마입니까?
How much are three and five?
하우 머취 아 쓰리 앤드 파이브

❐ 30 빼기 25는 얼마입니까?
How much is thirty minus twenty-five?
하우 머취 이즈 써티 마이너스 투웬티파이브

❐ 3 곱하기 5는 얼마입니까?
How much is three times five?
하우 머취 이즈 쓰리 타임즈 파이브

❐ 20 나누기 4는 얼마입니까?
How much is twenty divided by four?
하우 머취 이즈 투웬티 디바이딛 바이 포

성적에 대해서

❐ 공부를 해야겠어요.
I'd better hit the books.
아이드 베터 힡 더 붘스

❐ 이제 공부를 좀 해야 할 것 같아요.
I think I have to hit the books now.
아이 씽크 아이 햅 투 힡 더 붘스 나우

> A : *I think I have to hit the books now.*
> B : *There's nothing wrong with hard work.*
> 데어즈 나씽 렁 윋 하드 워크
> (열심히 공부하는 게 나쁠 건 하나도 없어요.)

❐ 시험이 박두했어요.
Examination are at hand.
익재머네이션 아 앹 핸드

❒ 그는 밤중까지 공부를 해요.
He is burning the midnight oil.
히 이즈 버닝 더 미드나읻 오일

❒ 시험결과는 어떻게 되었나요?
How did the test turn out?
하우 딛 더 테스트 턴 아웉

> A : How did the test turn out?
> B : I got a hundred on the English test.
> 아이 갇 어 헌드렏 온 디 잉글리쉬 테스트
> (영어시험에서 100점을 받았습니다.)

❒ 난 그 실험결과에 큰 기대를 걸고 있어요.
I'm bent on the outcome of the experiment.
아임 벤트 온 디 아웉컴 엎 더 익스페러먼트

❒ 그는 전 학년을 커닝을 해서 다녔습니다.
He passed the whole grades by cheating.
히 패스트 더 호울 그레읻즈 바이 취팅

❒ 수학 성적은 어땠어?
What was your score in math?
왇 워즈 유어 스코어 인 매쓰

❒ 그는 학교 성적이 매우 좋아진 것 같아요.
He seems to be getting on very well at school.
히 심즈 투 비 게팅 온 베리 웰 앹 스쿨

❒ 그녀는 반에서 1등이에요.
She is at the top of her class.
쉬 이즈 앹 더 탚 엎 허 클래스

❒ 그녀는 동급생 중에서도 두드러집니다.
She is a cut above her classmates.
쉬 이즈 어 컽 어밥 허 클래스메이츠

❒ 내가 우리 반에서 제일 뒤떨어진 것 같아요.
Looks like I'm far behind my classmates.
룩스 라잌 아임 파 비하인드 마이 클래스메이츠

Chapter 24 전화를 받을 때

ENGLISH CONVERSATION DICTIONARY

전화가 걸려왔을 때

❒ 전화 왔습니다.
There's a call for you.
데어즈 어 콜 포 유

> A : There's a call for you.
> B : I'll take it.
> 아일 테익 잍
> (제가 받을게요.)

❒ 전화는 제가 받을게요.
I'll cover the phones.
아일 커버 더 폰즈

❒ 전화한 사람이 누구예요.
Who was that on telephone?
후 워즈 댙 온 텔러폰

❒ 전화를 받으십시오.
Please answer the phone.
플리즈 앤써 더 폰

❒ 전화 좀 받아 주실래요?
Would you get that phone, please?
웉 유 겥 댙 폰 　　　　플리즈

> A : Would you get that phone, please?
> B : Sure, hello.
> 슈어 헬로우
> (그러죠, 여보세요.)

전화를 받을 때

❒ 네, 전화 주셔서 감사합니다.
O.K. Thank you for calling.
오케이 쌩크 유 포 콜링

321

◘ 전화하시는 분은 누구시죠?
Who's calling?
후즈 콜링

◘ 누구시죠?
Who's this?
후즈 디스

> A : Who's this?
> B : This is he(she).
> 디스 이즈 히(쉬)
> (접니다.)

◘ 누구십니까?
May I ask who is calling?
메이 아이 애스크 후 이즈 콜링

◘ 성함을 여쭤봐도 될까요?
May I have your name, please?
메이 아이 햅 유어 네임   플리즈

◘ 어떤 용건인지 여쭤봐도 될까요?
May I ask what this is regarding?
메이 아이 애스크 왙 디스 이즈 리가딩

◘ 무엇을 도와드릴까요?
How may I help you?
하우 메이 아이 핼프 유

전화를
바꿔줄 때

◘ 여보세요. 김입니다.
Hello. Kim speaking.
헬로우 킴 스피킹

> A : Hello. Kim speaking.
> B : Good morning. International Hotel.
> 굳 모닝   인터내셔널 호텔
> (안녕하세요. 인터내셔널 호텔입니다.)

◘ 잠깐만 기다려 주세요.
One moment, please.
원 모먼트   플리즈

▫ 누구 바꿔 드릴까요?
Who do you wish to speak to?
후 두 유 위시 투 스피크 투

▫ 미스터 이, 미스터 김 전화에요.
Mr. Lee, Mr. Kim is on the line.
미스터 리   미스터 킴 이즈 온 더 라인

▫ 잠깐만 기다려 주시겠어요?
Will you hold the line a moment, please?
윌 유 홀드 더 라인 어 모먼트   플리즈

> A : *How can I reach Mr. Lee?*
> 하우 캔 아이 리취 미스터 리
> (미스터 이와 통화할 수 있을까요?)
> B : *Will you hold the line a moment, please?*

▫ 기다려 주셔서 감사합니다.
Thank you for waiting.
쌩크 유 포 웨이팅

▫ 미스터 김한테 전화를 돌려드리겠습니다.
I'll put you through to Mr. Kim.
아일 풋 유 쓰루 투 미스터 킴

▫ 미스터 화이트, 전화입니다.
Mr. White, telephone.
미스터 화잍   텔러폰

▫ 전화를 담당 부서로 연결해 드리겠습니다.
I'll connect you with the department concerned.
아윌 커넥트 유 윋 더 디파트먼트 컨선드

전화를 받을 상대가 없을 때

▫ 지금 나가셨는데요.
He's out at the moment.
히즈 아웉 앹 더 모먼트

▫ 지금 자리에 안 계세요.
He's not in right now.
히즈 낱 인 롸잍 나우

❏ 그는 지금 통화하기 힘들어요.

He's not available now.
히즈 낱 어베일러블 나우

❏ 전화 안 받아요.

There's no answer.
데어즈 노 앤써

❏ 지금은 외출중입니다.

He's out at the moment.
히즈 아웉 앹 더 모먼트

> A : *He's out at the moment.*
> B : *I see. I'll call back later.*
> 아이 씨 아윌 콜 백 레이터
> (알겠습니다. 나중에 다시 걸지요.)

❏ 그는 방금 사무실을 나갔습니다.

He's just out of the office.
히즈 저스트 아웉 엎 디 오피스

❏ 지금은 외출중입니다. 곧 돌아오실 겁니다.

She's out now. She'll be back at any moment.
쉬즈 아웉 나우   쉬일 비 백 앹 에니 모먼트

❏ 글쎄요. 잠깐만요, 지금 막 들어오셨어요.

I'm not sure. Hold on, he just come in.
아임 낱 슈어   홀드온   히 저스트 컴인

❏ 점심식사를 하러 나가셨습니다.

He's out for lunch.
히즈 아웉 포 런취

> A : *Hello. May I speak to(with) Tom?*
> 헬로우 메이 아이 스피크 투(윋) 탐
> (여보세요. 톰 좀 바꿔 주세요.)
> B : *He's out for lunch.*

❏ 지금 회의 중입니다.

He's in a meeting.
히즈 인 어 미팅

❒ 퇴근하셨습니다.
He's gone for the day.
히즈 간 포 더 데이

❒ 아파서 결근한다고 전화가 왔습니다.
He called in sick this morning.
히 콜드 인 씩 디스 모닝

❒ 지금 다른 전화를 받고 있습니다.
He's on another line.
히즈 온 어나더 라인

> A : He's on another line.
> B : I'll call back in a while.
> 아일 콜 백 인 어 와일
> (잠시 후에 다시 걸게요.)

통화하기를 원할 때

❒ 언제 돌아옵니까?
When will he be back?
웬 윌 히 비 백

> A : When will he be back?
> B : He should be back at any moment.
> 히 슛 비 백 앹 에니 모먼트
> (곧 들어올 겁니다.)

❒ 그녀가 언제 돌아올 것 같습니까?
When do you expect her back?
웬 두 유 익스펙트 허 백

> A : When do you expect her back?
> B : I expect her by two.
> 아이 익스펙트 허 바이 투
> (2시까지는 들어올 것으로 예상됩니다.)

❒ 그가 언제 돌아오는지 아십니까?
Do you know when he'll be back?
두 유 노우 웬 히일 비 백

> A : Do you know when he'll be back?
> B : I'm not sure when he'll be back.
> 아임 낱 슈어 웬 히일 비 백
> (언제 들어올지 모르겠습니다.)

전화를 받을 때

325

- 돌아오면 제게 전화하라고 전해주십시오.
  Please have her call me when she gets back.
  플리즈 햅 허 콜 미 웬 쉬 게츠 백

- 브라운이 전화했더라고 만 전해주세요.
  Please just tell him Mr. Brown called.
  플리즈 저스트 텔 힘 미스터 브라운 콜드

- 그에게 전화 드리라고 할까요?
  Do you want him to call you back?
  두 유 원트 힘 투 콜 유 백

- 6시에 전화해 주세요.
  Please give me a ring at six o'clock.
  플리즈 깁 미 어 링 앹 씩스 어클락

- 한 시간 전에 전화 드렸는데요.
  I called an hour ago.
  아이 콜드 언 아워 어고우

- 또 귀찮게 해서 죄송해요.
  I'm sorry to bother(troubled) you again.
  아임 쏘리 투 바더(트러블드) 유 어게인

- 제가 도와드릴 일은 없습니까?
  Could I do something for you?
  쿧 아이 두 썸씽 포 유

  > A : *Could I do something for you?*
  > B : *Do you happen to know where I can reach her?*
  > 두 유 해편 투 노우 웨어 아이 캔 리취 허
  > (혹시 그녀와 통화할 수 있는 곳을 아십니까?)

잘못 걸려온 전화를 받았을 때

- 제가 전화를 잘못 걸었습니다.
  I must have the wrong number.
  아이 머스트 햅 더 렁 넘버

- 전화번호를 다시 확인해 보세요.
  You'd better check the number again.
  유드 베터 첵 더 넘버 어게인

❒ 미안합니다만, 여긴 김이라는 사람이 없는데요.
I'm sorry, we don't have a Kim here.
아임 쏘리   위 돈트 햅 어 킴 히어

   A : Is Mr. Kim there?
      이즈 미스터 킴 데어
      (김씨 거기에 있습니까?)
   B : I'm sorry, we don't have a Kim here.

❒ 아닌데요.
No, it isn't.
노   잍 이즌트

   A : Hello, Miss Park?
      헬로우 미스 박
      (여보세요, 미스 박?)
   B : No, it isn't.

❒ 여보세요. 누구를 찾으세요?
Hello. Who are you calling?
헬로우   후 아유 콜링

❒ 여긴 그런 이름 가진 사람 없는데요.
There is no one here by that name.
데어 이즈 노 원 히어 바이 댙 네임

❒ 죄송합니다. 전화를 잘못 거셨습니다.
I'm sorry. You must have the wrong number.
아임 쏘리   유 머스트 햅 더 렁 넘버

❒ 몇 번을 돌리셨나요?
What number did you dial?
왙 넘버 딛 유 다이얼

   A : What number did you dial?
   B : Oh, I'm sorry. I bothered you.
      오 아임 쏘리   아이 바더드 유
      (아, 괴롭혀 드려 죄송합니다.)

❒ 교환에게 걸려면 어떻게 해야 합니까?
How do I get the operator?
하우 두 아이 겥 디 아퍼레이터

교환을
이용할 때

❑ 교환입니다. 무얼 도와드릴까요?

Directory assistance. May I help you?
디렉트리 어시스턴스   메이 아이 핼프유

> A : *Directory assistance. May I help you?*
> B : *Would you connect me with the room number 235?*
> 　　운 유 커넥트 미 윌 더 룸 넘버 투쓰리파이브
> 　　*(235실을 연결해 주십시오.)*
>
> A : *Just a moment please, and I'll put your call through.*
> 　　저스트 어 모먼트 플리즈　　앤드 아일 풀 유어 콜 쓰루
> 　　*(잠깐 기다리십시오. 전화를 연결해 드리겠습니다.)*

❑ 교환, 잘못 연결됐어요.

Operator, I reached the wrong number.
아퍼레이터   아이 리취트 더 렁 넘버

> A : *Operator, I reached the wrong number.*
> B : *Let me ring it again for you.*
> 　　렡 미 링 잍 어게인 포 유
> 　　*(다시 연결시켜 드리겠습니다.)*

❑ 기다려 주시겠습니까?

Would you hold the line?
운 유 홀드 더 라인

❑ 상대방이 연결되었습니다. 자 통화하십시오.

Your party is on the line. Please go ahead.
유어 파티 이즈 온 더 라인   플리즈 고 어헿

Chapter 25

ENGLISH CONVERSATION DICTIONARY

전화를 걸 때

전화를 걸 때

❒ 공중전화는 어디에 있습니까?
Can you tell me where the pay telephone is?
캔 유 텔 미 웨어 더 페이 텔러폰 이즈

❒ 전화를 사용해도 될까요?
May I use your phone?
메이 아이 유즈 유어 폰

❒ 이 전화로 시외전화를 할 수 있습니까?
Can I make a long distance call from this phone?
캔 아이 메익 어 롱 디스턴스 콜 프럼 디스 폰

❒ 전화번호부가 있습니까?
Do you have a telephone directory?
두 유 햅 어 텔러폰 디렉토리

❒ 장거리 전화를 부탁합니다.
Long distance, please.
롱 디스턴스   플리즈

❒ 뉴욕의 지역번호는 몇 번입니까?
What's the area code for New York?
와츠 디 에어리어 코드 포 뉴욕

❒ 전화를 걸어 주시겠습니까?
Could you call me, please.
쿧 유 콜 미   플리즈

❒ 여보세요! 저는 미스터 김인데요.
Hello! This is Mr. Kim speaking.
헬로우   디스 이즈 미스터 킴 스피킹

329

❏ 여보세요! 저는 A사의 미스터 박입니다.
  Hello! This is Mr. Park of the A Company.
  헬로우 디스 이즈 미스터 팍 엎 디 에이 컴퍼니

❏ 서울에서 온 미스터 김입니다.
  This is Mr. Kim from Seoul.
  디스 이즈 미스터 킴 프럼 써울

  > A : *Who's calling?*
  >   후즈 콜링
  >   (전화하시는 분은 누구시죠?)
  > B : *This is Mr. Kim from Seoul.*

❏ 미스터 김 계세요.
  Is Mr. Kim in?
  이즈 미스터 킴 인

❏ 여보세요, 미스 박?
  Hello, Miss Park?
  헬로   미스 박

  > A : *Hello, Miss Park?*
  > B : *No, it isn't.*
  >   노 잍 이즌
  >   (아닌데요)

❏ 김씨 거기에 있습니까?
  Is Mr. Kim there?
  이즈 미스터 킴 데어

❏ 거기 김씨 댁 아닙니까?
  Isn't this the Kim residence?
  이즌트 디스 더 킴 레지던스

❏ 미스터 한이 계신 방 좀 대주세요.
  Would you ring Mr. han's room?
  욷 유 링 미스터 한스 룸

❏ 미스터 신이 전화하였다기에 전화합니다.
  I'm returning Mr. Sin's call.
  아임 리터닝 미스터 신스 콜

❒ (전화를 받으시는 분은) 누구십니까?
Who am I speaking to, please?
후 앰 아이 스피킹 투　　　플리즈

> A : *Who am I speaking to, please?*
> B : *This is Hong Kil-dong.*
> 　　디스 이즈 홍길동
> 　　(홍길동입니다.)

❒ 거기 경찰서 아닙니까?
Isn't this the police station?
이즌트 디스 더 폴리스 스테이션

❒ 시청이죠?
I'm calling City Hall.
아임 콜링 씨티 홀

❒ 메리 좀 바꿔 주세요.
Mary, please.
메리　　플리즈

❒ 김씨 좀 바꿔주세요.
I'd like to talk to Mr. Kim, please.
아이드 라익 투 토크 투 미스터 킴　　플리즈

메시지를 부탁할 때

❒ 그에게 메시지를 전해드릴까요?
May I take a message for him?
메이 아이 테익 어 메시쥐 포 힘

❒ 메시지를 남기시겠습니까?
Would you like to leave a message?
욷 유　라익 투 리브 어 메시쥐

❒ 그에게 전화 드리라고 할까요?
Would you like him to call(phone) you back?
욷 유　라익 힘 투 콜(폰) 유 백

❒ 그에게 메시지를 남겨도 될까요?
Can I leave him a message, please?
캔 아이 리브 힘 어 메시쥐　　플리즈

전화를 걸 때

❐ 알겠습니다. 말씀 좀 전해 주시겠습니까?
I see. May I leave a message please?
아이 씨 메이 아이 리브 어 메시쥐 플리즈

❐ 그녀에게 메시지를 남기고 싶은데요.
I'd like to leave her a message, please.
아이드 라익 투 리브 허 어 메시쥐   플리즈

❐ 메시지를 받아둘까요?
Can I take your message?
캔 아이 테익 유어 메시쥐

❐ 제게 전화해 달라고 그에게 전해주시겠습니까?
Could you ask him to phone me back, please?
쿠 유 애스크 힘 투 폰 미 백   플리즈

> A : *Any message?*
> 에니 메시쥐
> (전하실 말씀이 있나요?)
> B : *Could you ask him to phone me back, please?*

❐ 돌아오면 저한테 전화해 달라고 전해 주시겠습니까?
Please tell him to call me back.
플리즈 텔 힘 투 콜 미 백

❐ 제가 전화했다고 그에게 좀 전해주시겠습니까?
Will you tell him I called, please?
윌 유 텔 힘 아이 콜드   플리즈

> A : *Will you tell him I called, please?*
> B : *I'll give Mr. Kim your message.*
> 아일 깁 미스터 킴 유어 메시쥐
> (댁의 말씀을 김에게 전하겠습니다.)

❐ 그에게 제가 다시 전화하겠다고 좀 전해주십시오.
Please tell him I'll call back.
플리즈 텔 힘 아일 콜 백

❐ 그냥 제가 전화했다고 그에게 말하세요.
Just tell him that I called.
저스트 텔 힘 댙 아이 콜드

- 댁의 전화번호를 가르쳐 주십시오.

  May I have your number please?
  메이 아이 햅 유어 넘버 플리즈

- 전화번호를 알려 주십시오.

  What's your phone number?
  와츠 유어 폰 넘버

- 당신이 외출한 사이에 김씨가 전화를 했어요.

  Mr. Kim called while you were out.
  미스터 킴 콜드 와일 유 워 아웃

  > A : *Were there any phone calls for me while I was out?*
  > 워 데어 에니 폰 콜즈 포미 와일 아이 워즈 아웃
  > (내가 외출한 사이에 전화 온 게 있었습니까?)
  >
  > B : *Mr. Kim called while you were out.*

국제전화를 걸 때

- 한국 서울로 국제전화를 하고 싶습니다.

  I'd like to make an international call Seoul Korea.
  아이드 라익 투 메익언 인터내셔널 콜 써울 코리어

- 이 전화로 국제전화를 할 수 있습니까?

  Can I make an international phone call from this phone?
  캔 아이 메익언 인터내셔널 폰 콜 프럼 디스 폰

- 전화번호가 몇 번입니까?

  What's the phone number, please?
  와츠 더 폰 넘버   플리즈

- 이 전화로 한국에 걸 수 있습니까?

  Can I call Korea with this telephone?
  캔 아이 콜 코리어 윋   디스 텔러폰

- 한국에 전화하고 싶은데요.

  I'd like to call Korea.
  아이드 라익 투 콜 코리어

- 컬렉트콜로 부탁합니다.

  By collect call, please.
  바이 콜렉트 콜   플리즈

☐ 수신자 부담 통화를 하고 싶습니다.
I'd like to place a collect call.
아이드 라익 투 플레이스 어 콜렉트 콜

☐ 어느 정도 시간이면 한국에 걸립니까?
How long does it take to call Korea?
하우롱 더즈 잍 테익 투 콜 코리어

☐ 전화요금은 얼마입니까?
How much was the charge?
하우 머취 워즈 더 차쥐

☐ 직접 (국제)전화를 걸 수 있습니까?
Can I dial directly?
캔 아이 다이얼 다이렉트리

☐ 신용카드로 전화를 걸고 싶습니다.
I'd like to make a credit card call.
아이드 라익 투 메익 어 크레딭 카드 콜

☐ 한국에 지명통화로 국제전화를 하고 싶은데요.
I want to make an overseas personal call to Korea.
아이 웬트 투 메익언 오버씨즈 퍼스널 콜 투 코리어

☐ 번호통화를 부탁합니다.
Make it a station-to-station call, please.
메익 잍 어 스테이션 투 스테이션 콜   플리즈

☐ 걸린 시간과 요금을 가르쳐 주십시오.
Could you tell me, the time and charge?
쿧 유 텔 미   더 타임 앤드 차쥐

공중전화를 이용할 때

☐ 이 근처에 공중전화는 있습니까?
Is there a pay phone around here?
이즈 데어 어 페이 폰 어롸운드 히어

☐ 이 전화로 시외전화를 할 수 있나요?
Can I make a long-distance call from this phone?
캔 아이 메익 어 롱 디스턴스 콜 프럼 디스 폰

◻ 이 전화로 한국에 걸 수 있나요?
Can I make a call to Korea on this phone?
캔 아이 메익 어 콜 투 코리아 온 디스 폰

◻ 공중전화 카드는 어디서 사나요?
Where can I get a calling card?
웨어 캔 아이 겥 어 콜링 카드

> A : *Where can I get a calling card?*
> B : *We sell them here.*
>   위 셀 뎀 히어
>   (여기서도 팝니다.)

◻ 전화카드를 주세요.
Can I have a telephone card?
캔 아이 햅 어 텔러폰 카드

◻ 먼저 동전을 넣으십시오.
You put the coins in first.
유 풑 더 코인즈 인 퍼스트

> A : *You put the coins in first.*
> B : *How much do I put in?*
>   하우 머춰 두 아이 풑 인
>   (얼마 넣습니까?)

전화를 걸 때

ENGLISH CONVERSATION DICTIONARY

Chapter 26
우체국과 은행

**우체국과
우표를 살 때**

☐ 가장 가까운 우체국은 어디에 있습니까?
Where is the nearest post office?
웨어 이즈 더 니어리스트 포스트 오피스

☐ 우체통은 어디에 있나요?
Where is the mailbox?
웨어 이즈 더 메일박스

> A : *Where is the mailbox?*
> B : *There's one in the lobby.*
>   데어즈 원 인 더 라비
>   (로비에 있습니다.)

☐ 우체국은 몇 시에 닫습니까?
What time does the post office close?
왙 타임 더즈 더 포스트 오피스 클로즈

☐ 우표는 어디서 삽니까?
Where can I buy stamps?
웨어 캔 아이 바이 스탬스

☐ 우표를 좀 사고 싶어요.
I'd like some stamps.
아이드 라익 썸 스탬스

☐ 13센트 우표 5장 주십시오.
Five 13 cent stamps, please.
파이브 써틴 센트 스탬스   플리즈

☐ 1달러짜리 우표 3장 주십시오.
Please give me three one-dollar stamps.
플리즈 깁 미 쓰리 원 달러 스탬스

편지를 부칠 때

❏ 기념우표를 주세요.
Can I have commemorative stamps?
캔 아이 햅 커메머레이티브 스탬스

❏ 항공우편 봉투는 있습니까?
Do you have airmail envelopes?
두 유 햅 에어메일 엔벌롭스

❏ 이걸 한국으로 부치고 싶습니다.
I'd like to send this to Korea.
아이드 라익투 센드 디스 투 코리어

❏ 이걸 한국으로 보내려면 얼마나 듭니까?
How much would it cost to send this to Korea?
하우 머취 욷 잍 코스트 투 센드 디스 투 코리어

❏ 속달(등기)로 보내 주세요.
Express mail(Registered mail), please.
익스프레스 메일(레지스터드 메일)   플리즈

❏ 이 우편 요금은 얼마입니까?
How much is the postage for this?
하우 머취 이즈 더 포스티쥐 포 디스

❏ 한국에는 언제 쯤 도착합니까?
How long will it take to get to Korea?
하우 롱 윌 잍 테익 투 겥 투 코리어

❏ 항공편(선편)으로 부탁합니다.
By air mail(sea mail), please.
바이 에어 메일(씨 메일)   플리즈

❏ 어느 창구에서 우표를 팝니까?
Which window sells stamps?
위치 윈도우 셀즈 스템스

❏ 엽서를 보내고 싶습니다.
I want to send a post card.
아이 원트 투 센드 어 포스트 카드

| 소포를 부칠 때 | ❏ 이 소포를 한국으로 보내고 싶습니다.
I'd like to send this parcel to Korea.
아이드 라익 투 센드 디스 파슬 투 코리어

❏ 내용물은 무엇입니까?
What's inside?
와츠 인사이드

> A : *What's inside?*
> B : *My personal items.*
>   마이 퍼스널 아이템즈
>   (개인적으로 사용하는 것입니다.)

❏ 선편으로 며칠 정도면 한국에 도착합니까?
How long will it take by sea mail to Korea?
하우 롱 윌 잍 테익 바이 씨 메일 투 코리어

❏ 깨지기 쉬운 것이 들어 있습니다.
This is fragile.
디스 이즈 프래절

❏ 소포를 보험에 들겠어요.
I'd like to have this parcel insured.
아이드 라익 투 햅 디스 파슬 인슈어드

| 은행을 찾을 때 | ❏ 은행은 어디에 있습니까?
Where can I find the bank?
웨어 캔 아이 파인더 뱅크

❏ 은행에 좀 다녀와 줄 수 있겠어요?
Could you go to the bank for me?
쿠드 유 고 우 더 뱅크 포 미

❏ 은행 영업시간을 알려 주세요.
Please tell me the business hours of the bank.
플리즈 텔 미 더 비즈니스 아워즈 엎 더 뱅크

| 환전을 할 때 | ❏ 환전은 어디에서 합니까?
Where can I change money?
웨어 캔 아이 체인쥐 머니

☐ 여기서 환전할 수 있을까요?
Can I change some money here?
캔 아이 체인쥐 썸 머니 히어

☐ 원을 달러로 환전하고 싶습니다.
I would like to exchange Korean won for dollars.
아이 욷 라익 투 익스체인쥐 코리언 원 포 달러즈

☐ 이것을 달러로 바꿔 주십시오.
Change these to dollars, please.
체인쥐 디즈 투 달러즈   플리즈

☐ 오늘의 환율은 얼마입니까?
What's the exchange rate today?
와츠 디 익스체인쥐 레잍 투데이

☐ 현재 환율은 얼마입니까?
What's the current exchange rate?
와츠 더 커런트 익스체인쥐 레잍

☐ 달러에 대한 원의 환율은 얼마입니까?
What's the exchange rate for the won to the U.S. dollar?
와츠 디 익스체인쥐 레잍 포 더 원 투 디 유 에스 달러

잔돈을 바꿀 때

☐ 2달러를 25센트짜리 6개, 10센트짜리 5개로 바꿔 주십시오.
Please break 2 dollars into six quarters and five dimes.
플리즈 브레익 투 달러스 인투 씩스 쿼터스 앤드 파이브 다임스

☐ 100달러짜리로 바꿔 주십시오.
Could you change a 100 dollar bill for me?
쿧 유 체인쥐 어 원 헌드렏 달러 빌 포미

> A : Could you change a 100 dollar bill for me?
> B : Will you include small change?
> 윌 유 인클루드 스몰 체인쥐
> (잔돈을 포함해서 드릴까요?)

☐ 여행자 수표를 현금으로 바꾸고 싶습니다.
I would like to cash a traveler's check.
아이 욷 라익 투 캐쉬 어 트레벌러즈 첵

계좌를 개설할 때

❏ 여기서 여행자 수표를 현금으로 바꿀 수 있겠습니까?
Can I cash a traveler's check here?
캔 아이 캐쉬 어 트레벌러즈 첵 히어

❏ 보통예금 계좌로 해주세요.
A regular savings account, please.
어 레귤러 세이빙스 어카운트   플리즈

❏ 계좌를 개설하고 싶습니다.
I would like to open an account.
아이 욷 라익 투 오픈 언 어카운트

❏ 예금계좌를 원합니다.
I want a savings account, please.
아이 원트 어 세이빙스 어카운트   플리즈

❏ 당좌예금을 개설하고 싶습니다.
I would like to open a checking account.
아이 욷 라익 투 오픈 어 체킹 어카운트

예금·송금할 때

❏ 예금을 하고 싶습니다.
I'd like to make a deposit.
아이드 라익 투 메익어 디파짙

❏ 제 정기적금을 해약하고 싶습니다.
I'd like to annul my time deposit.
아이드 라익 투 어널 마이 타임 디파짙

❏ 현금을 제 통장으로 직접 입금시킬 수 있을까요?
May I have money sent direct to my account?
메이 아이 햅 머니 센트 다이렉트 투 마이 어카운트

❏ 여기에서 전신으로 송금할 수 있습니까?
Can I make a telegraphic transfer here?
캔 아이 메익 어 텔러그래픽 트랜스퍼 히어

❏ 송금 수수료는 얼마입니까?
What's the remittance charge?
와츠 더 리미턴스 차쥐

Chapter 27 이미용과 세탁

ENGLISH CONVERSATION DICTIONARY

이발소에서

❒ 이발을 하려고 합니다.
I need a haircut.
아이 니드 어 헤어컽

❒ 이발만 해 주세요.
Haircut only, please.
헤어컽 온리   플리즈

❒ 어떤 스타일로 해 드릴까요?
How should I style it?
하우 슏 아이 스타일 잍

　A : How should I style it?
　B : A crew cut, please.
　　　어 크루 컽   플리즈
　　(스포츠형으로 해 주세요.)

❒ 머리카락을 조금 잘라 주세요.
Will you thin it out a little?
윌 유 씬 잍 아웉 어 리틀

❒ 윗머리는 어떻게 해 드릴까요?
How about the top?
하우 어바웉 더 탑

　A : How about the top?
　B : A regular haircut, please.
　　　어 레귤러 헤어컽   플리즈
　　(적당히 잘라 주세요.)

❒ 너무 짧지 않도록 해 주세요.
Not too short, please.
낱 투 숕   플리즈

341

❐ 이 부분은 너무 짧지 않도록 해 주세요.
Not too short here, please.
낟 투 숃 히어   플리즈

❐ 뒤는 너무 짧지 않도록 해 주세요.
Not too short in the back.
낟 투 숃 인 더 백

❐ 면도는 하시겠어요?
Would you like a shave?
운 유 라읶 어 쉐이브

> A : *Would you like a shave?*
> B : *No, I don't think so.*
> 노 아이 돈트 씽크 쏘
> (그건 필요 없습니다.)

❐ 면도를 해 주세요.
Give me a shave, please.
깁 미 어 쉐이브   플리즈

❐ 머리 좀 감겨 주세요.
I want a shampoo, please.
아이 원트 어 샴푸   플리즈

❐ 그냥 드라이기로 말려 주세요.
Just blow-dry it, please.
저스트 블로우 드라이 잍 플리즈

❐ 이발하셨네요.
Did you get a haircut?
딛 유 겥 어 헤어컽

미용실에서

❐ 지금과 같은 머리 모양으로 해 주세요.
Follow the same style, please.
팔로우 더 세임 스타일   플리즈

❐ 커트해 주세요.
I'd like a cut.
아이드 라읶 어 컽

❒ 어느 정도 자를까요?

How would you like your hair cut?
하우 운 유 라잌 유어 헤어 컽

   A : *How would you like your hair cut?*
   B : *Please make it a little shorter.*
      플리즈 메잌 잍 어 리틀 쇼터
     (조금 짧게 해 주세요.)

❒ 옆을 좀더 잘라 주세요.

Please cut a little more off the sides.
플리즈 컽 어 리틀 모어 오프 더 싸읻즈

❒ 샤기 컷으로 해 주세요.

I'd like a shaggy cut.
아이드 라잌 어 샤기 컽

❒ 샴푸와 세트를 해 주세요.

I'd like to have my hair washed and set.
아이드 라잌 투 햅 마이 헤어 와시트 앤드 셑

❒ 끝을 다듬어 주세요.

Could you trim around the edges?
쿧 유 트림 어롸운드 디 에쥐즈

❒ 턱까지 길게 해 주세요.

Chin-length, please.
췬 렝쓰   플리즈

❒ 어깨까지 길게 해 주세요.

Shoulder-length, please.
쇼울더 렝쓰   플리즈

❒ 파마를 해 주세요.

A permanent, please.
어 퍼머넌트   플리즈

❒ 가볍게 파마를 해 주세요.

I'd like a gentle permanent.
아이드 라잌 어 젠틀 퍼머넌트

세탁소에서

☐ 머리를 염색을 하고 싶습니다.
I'd like to my hair dyed, please.
아이드 라익 투 마이 헤어 다이드 플리즈

☐ 샴푸는 필요 없어요.
I don't need the shampoo.
아이 돈트 니드 더 샴푸

☐ 이 양복을 다림질 좀 해 주세요.
I'd like to have this suit pressed, please.
아이드 라익 투 햅 디스 수트 프레스트 플리즈

☐ 이 양복을 세탁 좀 해 주세요.
I'd like to have this suit washed, please.
아이드 라익 투 햅 디스 수트 와시트 플리즈

☐ 이 셔츠에 있는 얼룩을 좀 제거해 주세요.
Could you remove the stain on this shirt?
쿤 유 리무브 더 스테인 온 디스 셔트

☐ 언제 찾아갈 수 있죠?
How soon can I get it back?
하우 쑨 캔 아이 겥 잍 백

☐ 언제 다 됩니까?
When will it be ready?
웬 윌 잍 비 레디

☐ 이 코트를 수선해 주시겠어요?
Could you mend this coat?
쿤 유 멘드 디스 코우트

☐ 옷 길이 좀 줄여 주세요.
Please have my dress shortened.
플리즈 햅 마이 드레스 쇼튼드

☐ 세탁비는 얼마예요?
What's the charge for cleaning?
와츠 더 차쥐 포 크리닝

Chapter 28 건강과 운동

건강에 대해 말할 때

☐ 운동을 많이 하십니까?
Do you get much exercise?
두 유 겟 머취 엑서싸이즈

☐ 조깅이 건강에 좋아요.
Jogging does you good.
쟈깅 더즈 유 굳

☐ 건강 유지를 위해 무엇을 하세요?
What do you do to stay healthy?
왙 두 유 두 투 스테이 핼씨

> A : What do you do to stay healthy?
> B : I go jogging everyday.
> 아이 고우 쟈깅 에브리데이
> (매일 조깅을 합니다.)

☐ 저는 건강 상태가 아주 좋아요.
I'm in a fairly good shape.
아임 인 어 페어리 굳 쉐입

☐ 나 무척 건강해.
I'm very healthy.
아임 베리 핼씨

☐ 건강에는 자신이 있어.
I'm confident of my health.
아임 칸피던트 옆 마이 핼쓰

☐ 나이를 먹었나봐.
I'm getting old.
아임 게팅 올드

☐ 계단을 오르면 숨이 차.
I get of breath when I go up stairs.
아이 겥 옆 브fp쓰 웬아이 고우 엎 스테어스

☐ 술을 줄이려고 마음먹었어.
I'm trying to drink less.
아임 트롸잉 투 드링크 레스

☐ 담배를 끊었어.
I gave up smoking.
아이 게입 옆 스모우킹

☐ 지금 다이어트 중이야.
I'm on a diet now.
아임 온어 다이엍 나우

☐ 갑자기 몸무게가 줄었어요.
I have suddenly lost weight.
아이 햅 써든리 로스트 웨잍

☐ 몸에 이상이 있는 것 같아요.
Something must be wrong with me.
썸씽 머스트 비 렁 윝 미

☐ 저는 건강 상태가 별로 안 좋아요.
My health is not so good.
마이 핼씨 이즈 낱 쏘 굳

☐ 요즘 몸이 무거워요.
Recently, I'm feeling sluggish.
리슨틀리　아임 필링 슬러기쉬

☐ 요즘은 쉽게 피로해져요.
I easily get tired these days.
아이 이질리 겥 타이어드 디즈 데이즈

☐ 기분은 어때요?
How are you feeling?
하우 아 유 필링

컨디션을 물을 때

□ 힘이 없어 보여.

You don't look very well.
유 돈트 룩 베리 웰

> A : *You don't look very well.*
> B : *I have a cold.*
>   아이 햅 어 콜드
>   (감기에 걸렸습니다.)

□ 괜찮아요?

Are you all right?
아 유 올 롸잍

□ 오늘 기분은 어때?

How are you feeling today?
하우 아 유 필링 투데이

> A : *How are you feeling today?*
> B : *Not too well, I'm afraid. I have a terrible headache.*
>   낱 투 웰   아임 어후레인 아이 햅어 테러블 헤드에익
>   (별로 안 좋아요. 두통이 심해요.)

□ 기분은 좋아졌니?

Are you feeling better?
아 유 필링 베터

□ 안색이 안 좋아 보여.

You look pale.
유 룩 페일

□ 잠시 쉬는 게 어떻겠니?

Why don't you lie down for a while?
와이 돈트 유 라이 다운 포 어 와일

□ 약은 먹었니?

Have you taken any medicine?
햅 유 테이큰 에니 메더씬

감기에
걸렸을 때

□ 감기에 걸려 고생하고 있습니다.

I'm suffering from a cold.
아임 서퍼링 프럼 어 콜드

건강과 운동

☐ 몸살이 났습니다.
I ache all over.
아이 에이크 올 오버

☐ 감기 기운이 있습니다.
I feel a cold coming on.
아이 필 어 콜드 커밍 온

☐ 1주일 넘게 감기를 앓고 있습니다.
I've had this cold for over a week.
아이브 햅 디스 콜드 포 오버 어 윅

> A : *You look pale.*
> 유 룩 페일
> (안색이 안 좋아 보여.)
> B : *I've had this cold for over a week.*

☐ 고열이 있습니다.
I have a high fever.
아이 햅 어 하이 피버

☐ 기침이 나고 콧물이 흐릅니다.
I have a cough and my nose is running.
아이 햅 어 코프 앤드 마이 노즈 이즈 러닝

☐ 콧물이 흐릅니다.
I have a running nose.
아이 햅 어 러닝 노즈

☐ 코가 막혔습니다.
I have a stuffy nose.
아이 햅 어 스터피 노즈

☐ 목안이 아픕니다.
I have a sore throat.
아이 햅 어 쏘어 쓰롤

☐ 편도선이 부었습니다.
I have swollen tonsils.
아이 햅 스월런 탄실즈

◻ 한기가 듭니다.
I feel chilly.
아이 필 칠리

◻ 무릎 찰과상이 아픕니다.
My cut knee pains me.
마이 컽 니 페인즈 미

◻ 그는 독감으로 누워 있습니다.
He's down with the flu.
히즈 다운 윋 더 플루

◻ 감기가 나았습니다.
I've recovered from my cold.
아이브 리커버드 프럼 마이 콜드

> A : *Have you got rid of your cold?*
> 햅 유 갈 리드 옆 유어 콜드
> *(감기는 나았습니까?)*
> B : *I've recovered from my cold.*

◻ 곧 회복하시길 바랍니다.
I hope you will get well soon.
아이 호웁 윌 겥 웰 순

Chapter 29 병원에서의 화제

ENGLISH CONVERSATION DICTIONARY

병원에 가기 전에

☐ 의사를 불러 주시겠습니까?
Would you call a doctor for me?
운 유 콜 어 닥터 포 미

☐ 근처에 병원이 있습니까?
Is there a hospital nearby?
이즈 데어 어 하스피털 니어바이

☐ 병원에 데려다 주세요.
Please take me to the hospital.
플리즈 테익 미 투 더 하스피털

☐ 구급차를 불러 주세요.
Call an ambulance, please.
콜 언 앰뷸런스   플리즈

병원에서

☐ 어디가 아파서 오셨습니까?
What brings you in?
왓 브링스 유 인

☐ 상태가 어떤지 말씀해 주시겠습니까?
Can you describe to me how you feel?
캔 유 디스크라입 투 미 하우 유 필

☐ 이런 증상이 있은 지 얼마나 오래 됐습니까?
How long have you had these symptoms?
하우 롱 햅 유 햍 디즈 심텀즈

☐ 이렇게 아픈지 얼마나 됐습니까?
How long have you had this pain?
하우 롱 햅 유 햍 디스 페인

❒ 또 다른 증상이 있습니까?

Do you have any other symptoms with it?
두 유 햅 에니 아더 심텀즈 윋 잍

❒ 오늘 좀 기분이 어떠세요?

Are you feeling any better today?
아 유 필링 에니 베터 투데이

❒ 검진해 봅시다.

Let me check you.
렡 미 첵 유

❒ 체온을 재보겠습니다.

Let me check your temperature.
렡 미 첵 유어 템퍼러쳐

❒ 열을 재보지요.

Let's take your temperature.
레츠 테익 유어 템퍼러쳐

❒ 혈압을 재겠습니다.

Let's take your blood pressure.
레츠 테익 유어 블럳 프레셔

❒ 목을 검사해 보겠습니다.

Let me examine your throat.
렡 미 익재민 유어 쓰롵

❒ 기침이 나옵니까?

How about coughing?
하우 어바웉 코핑

A : How about coughing?
B : Yes, I have a bad cough.
예스 아이 햅어 밷 코프
(예, 기침을 심하게 합니다.)

❒ 주사 한 대 놓겠습니다.

I will give you a shot.
아이 윌 깁 유 어 샫

통증을
호소할 때

❒ 입원해야만 합니다.
You should be hospitalized.
유 슏 비 하스피터라이즈드

❒ 얼마나 있어야 나을까요?
How long will it take before I recover?
하우 롱 윌 잍 테잌 비포 아이 리커버

❒ 머리가 깨지는 것 같이 아픕니다.
I have a splitting headache.
아이 햅 어 스플리팅 헫에잌

❒ 미치게 아파요.
It hurts like mad.
잍 허츠 라잌 맫

❒ 여기가 아파요.
It hurts right here.
잍 허츠 롸잍 히어

❒ 심한 두통이 있어요.
I have a terrible headache.
아이 햅 어 테러블 헫에잌

❒ 피곤하고 기운이 없어요.
I feel tired and run down.
아이 필 타이어드 앤드 런 다운

❒ 어지럽고 쓰러질 것 같아요.
I feel dizzy and faint.
아이 필 디지 앤드 페인트

> A : *What brings you in?*
> 왙 브링스 유 인
> *(어디가 아파서 오셨습니까?)*
> B : *I feel dizzy and faint.*

❒ 기침과 열이 나요.
I have a cough and a fever.
아이 햅 어 코프 앤드 어 피버

❐ 배가 아파요.
I have a stomachache.
아이 햅 어 스터먹에익

❐ 설사를 해요.
I have a diarrhea.
아이 햅 어 다이어리어

❐ 이가 아파요.
I have a toothache.
아이 햅 어 투쓰에익

❐ 귀가 아파요.
I have an earache.
아이 햅 언 이어레익

❐ 목이 뻐근해요.
I have a stiff neck.
아이 햅 어 스팁 넥

❐ 다리가 부었어요.
I have a swollen foot.
아이 햅 어 스월른 풑

❐ 식은땀을 흘러요.
I get night sweats.
아이 겥 나잍 스웨츠

❐ 벌레한테 물렸어요.
I have an insect bite.
아이 햅 언 인섹트 바잍

❐ 식욕이 없어요.
I have no appetite.
아이 햅 노 애피타잍

❐ 조금 나아진 것 같습니다.
I feel little better.
아이 필 리틀 베터

Chapter 30 다양한 진료과목

ENGLISH CONVERSATION DICTIONARY

내과에서

☐ 감기에 걸렸습니다.
I have a cold.
아이 햅 어 콜드

☐ 머리가 무겁습니다.
My head feels heavy.
마이 헬 필즈 헤비

☐ 재채기가 계속 나옵니다.
I sneeze non-stop.
아이 스니즈 난 스땁

☐ 감기가 떨어지지 않습니다.
I can't get rid of this cold.
아이 캔트 겔 릳 엎 디스 콜드

> A : *What brings you in?*
> 왙 브링스 유 인
> (어디가 아파서 오셨습니까?)
> B : *I can't get rid of this cold.*

☐ 가슴이 막힐 듯해요.
My chest is blocked up.
마이 체스트 이즈 블록트 엎

☐ 땀을 많이 흘려요.
I sweat a lot.
아이 스웰 어 랕

☐ 머리가 좀 띵합니다.
I have a minor headache.
아이 햅 어 마이너 헬에익

◻ 아랫배가 아픕니다.
I have a pain in the lower abdomen.
아이 햅 어 페인 인 더 로워 앱더먼

◻ 배탈이 났어요.
My stomach is upset.
마이 스토먹 이즈 엎셑

◻ 속이 매스꺼워요.
I'm nauseous.
아임 너셔스

◻ 구토를 합니다.
I can't keep my food down.
아이 캔트 킾 마이 푸드 다운

◻ 가슴이 답답합니다.
I have a lump in my chest.
아이 햅 어 럼프 인 마이 체스트

◻ 식중독에 걸린 것 같아요.
I think I've got food poisoning.
아이 씽크 아이브 갓 푸드 포이즈닝

◻ 배에 가스가 찼습니다.
I have gas in my stomach.
아이 햅 개스 인 마이 스토먹

◻ 숨이 찹니다.
I'm short of breath.
아임 쇼트 엎 브레쓰

외과에서

◻ 운동하다가 다쳤어요.
I hurt myself working out.
아이 허트 마이셀프 워킹 아웉

◻ 허리를 삐었습니다.
My back went out.
마이 백 웬트 아웉

다양한 진료과목

❏ 미끄러 넘어져 발목을 삐었습니다.
I slipped and fell and sprained my ankle.
아이 슬립트 앤드 펠 앤드 스프레인드 마이 앵클

❏ 팔이 부러진 것 같아요.
I think I broke my arm.
아이 씽크 아이 브로욱 마이 암

> A : *I think I broke my arm.*
> B : *Can you move it like this? How about like this?*
> 캔 유 무브 잍 라잌 디스   하우 어바웉 라잌 디스
> (이렇게 움직일 수 있어요? 이렇게는 어떤가요?)

❏ 다리가 저립니다.
My leg is asleep.
마이 렉 이즈 어슬맆

❏ 근육통이 심합니다.
I have a severe muscle pain.
아이 햅 어 씨비어 머슬 페인

❏ 어깨가 뻐근합니다.
My shoulders feel heavy.
마이 쇼울더즈 필 헤비

❏ 목을 거의 움직일 수가 없어요.
I can barely move my neck.
아이 캔 베어리 무브 마이 넥

❏ 깨진 유리조각을 밟았어요.
I stepped on a piece of broken glass.
아이 스텝트 온 어 피스 엎 브로우큰 글래스

❏ 어쩌다가 이렇게 되었어요?
How did this happen?
하우 딛 디스 해펀

❏ 끓는 물에 손을 데었습니다.
I burned my hand with boiling water.
아이 번드 마이 핸드 윋 보일링 워터

❏ 피가 많네요.
There is a lot of blood.
데어 이즈 어 랕 옆 블럳

❏ 햇볕으로 화상을 입었습니다.
I got sunburned.
아이 갓 썬번드

❏ 온몸에 멍이 들었습니다.
I'm black and blue all over.
아임 블랙 앤드 블루 올 오버

❏ 상처가 부었습니다.
The wound is swollen.
더 운드 이즈 스월른

❏ 상처에 고름이 생겼습니다.
Pus formed in the wound.
퍼스 폼드 인 더 운드

❏ 무거운 물건을 들지 마세요.
Don't lift heavy things.
돈트 맆트 헤비 씽스

산부인과에서

❏ 생리가 한번 없었습니다.
I've missed a period.
아이브 미스트 어 피어리어드

> A : *I've missed a period.*
> B : *Have you taken a pregnancy test?*
> 햅 유 테이큰 어 프레그넌시 테스트
> (임신 테스트를 해 보셨어요?)

❏ 생리가 1주 늦습니다.
My period is a week late.
마이 피어리어드 이즈 어 윜 레잍

❏ 분비물이 많습니다.
I have a lot of discharge.
아이 햅 어 랕 옆 디스차쥐

☐ 생리 주기는 항상 30일입니다.
My cycle is always 30 day.
마이 싸이클 이즈 올웨이즈 써티 데이

☐ 평상시보다 피가 많이 나와요.
I'm bleeding a lot more than normal.
아임 블리딩 어 랕 모어 댄 노멀

☐ 성욕이 없습니다.
I have no sexual desire.
아이 햅 노 섹슈얼 디자이어

☐ 저는 불감증입니다.
I'm frigid.
아임 프리쥗

☐ 음부에 염증이 생겼습니다.
My pubic region has become inflamed.
마이 퓨빅 리전 해즈 비컴 인플레임드

☐ 음부에 종기가 있습니다.
I have a lump in the pubic region.
아이 햅 어 럼프 인 더 퓨빅 리전

☐ 성교를 할 때 아픕니다.
I have pains during sexual intercourse.
아이 햅 페인즈 듀링 섹슈얼 인터코스

☐ 임신한 것 같습니다.
I think I'm pregnant.
아이 씽크 아임 프레그넌트

☐ 임신 6주입니다.
I'm six weeks pregnant.
아임 씩스 윜스 프레그넌트

☐ 입덧이 심합니다.
I have terrible morning sickness.
아이 햅 테러블 모닝 씨크니스

소아과에서

□ 양수가 터졌어요.
My water just broke.
마이 워터 저스트 브로욱

□ 5분마다 산통이 있어요.
My contractions are five minutes apart.
마이 컨트렉션스 아 파이브 미니츠 어파트

□ 아이가 감기에 걸린 것 같습니다.
He seems to have a cold.
히 씸즈 투 햅 어 콜드

> A : He seems to have a cold.
> B : Could you please describe his symptoms?
> 쿠쥬 플리즈 디스크라이브 히즈 씸텀즈
> (아이의 증상을 설명해 주시겠어요?)

□ 아이의 코가 막혔습니다.
He has a stuffed-up nose.
히 해즈 어 스텊트 엎 노즈

□ 아이가 먹지를 않아요.
She doesn't eat.
쉬 더즌트 이트

□ 아이의 편도선이 부었습니다.
His tonsils are swollen.
히즈 탄실즈 아 스월런

□ 아이가 젖을 잘 못 빨아요.
He's having problems nursing.
히즈 해빙 프러블럼즈 너씽

□ 아이가 온 몸을 떱니다.
He is trembling all over.
히 이즈 트렘블링 올 오버

□ 아이의 귀에 염증이 생겼습니다.
He has an ear infection.
히 해즈 언 이어 인펙션

❐ 아이가 코피를 자주 흘립니다.
He often has a nosebleed.
히 오픈 해즈 어 노즈블리드

❐ 아이가 뚜렷한 이유 없이 웁니다.
He cries for no apparent reason.
히 크라이즈 포 노 어페런트 리전

❐ 아이가 식욕이 별로 없습니다.
He doesn't have much appetite.
히 더즌트 햅 머취 애피타잍

❐ 아이가 몹시 가려운 것 같습니다.
He seems terrible itchy.
히 씸즈 테러블 이취

❐ 그 아이는 생후 2개월입니다.
He's two months old.
히즈 투 먼쓰즈 올드

❐ 아이가 괜찮을까요?
Will he be all right?
윌 히 비 올 롸잍

❐ 아이를 잡아주시겠어요?
Would you please hold the baby?
욷 유 플리즈 홀드 더 베이비

❐ 이 아이는 기저귀 발진이 있습니다.
She has diaper rash.
쉬 해즈 다이어퍼 래쉬

❐ 아이 몸이 항상 차가워요.
He's always cold.
히즈 올웨이즈 콜드

❐ 아이의 변 색깔이 이상해요.
My child's stool color is strange.
마이 촤일즈 스툴 컬러 이즈 스트레인쥐

피부과에서

☐ 피부가 건조합니다.
  My skin is dry.
  마이 스킨 이즈 드라이

☐ 등이 가렵습니다.
  My back itches.
  마이 백 이취즈

☐ 입술이 틉니다.
  My lips are chapped.
  마이 립스 아 챕트

☐ 향수 알레르기가 있습니다.
  I'm allergic to perfume.
  아임 얼러직 투 퍼퓸

☐ 피부가 텄습니다.
  I have chapped skin.
  아이 햅 챕트 스킨

☐ 여드름이 심각해요.
  My acne is very severe.
  마이 액니 이즈 베리 씨비어

☐ 제 피부가 몹시 거칠어요.
  My skin is very rough.
  마이 스킨 이즈 베리 러프

☐ 손바닥에 굳은살에 생겼어요.
  I have calluses on my hand.
  아이 햅 캘러씨즈 온 마이 핸드

☐ 화장품 때문에 살갗에 발진이 생겼습니다.
  I have skin rash caused by cosmetics.
  아이 햅 스킨 래쉬 코즈드 바이 코즈메틱스

☐ 피부가 불그스레하고 얼룩이 있어요.
  My skin is red and blotchy.
  마이 스킨 이즈 렏 앤드 블라취

비뇨기과에서

❏ 오른쪽 팔에 물집이 생겼어요.
I've got a blister on my right arm.
아이브 갓 어 블리스터 온 마이 롸잍 암

❏ 소변을 자주 보는 것 같습니다.
I seem to urinate often.
아이 씸 투 유어러네잍 오픈

❏ 소변 색깔이 진합니다.
My urine is dark.
마이 유어린 이즈 다크

❏ 소변을 보려고 할 때 아픕니다.
It hurts when I begin to urinate.
잍 허츠 웬 아이 비긴 투 유어러네잍

❏ 화장실에 가면 아주 아파요.
It really hurts when I go to the bathroom.
잍 리얼리 허츠 웬아이 고 투 더 배쓰룸

> A : *It really hurts when I go to the bathroom.*
> B : *When you're urinating or defecating.*
> 웬 유어 유어러네이팅 오어 데퍼케이팅
> (소변을 볼 때요, 아니면 대변을 볼 때요?)

❏ 대변을 볼 때 피가 섞여 나옵니다.
I have blood in my stools.
아이 햅 블럳 인 마이 스툴즈

❏ 휴지에 항상 피가 묻어나옵니다.
I always see blood on the toilet paper.
아이 올웨이즈 씨 블럳 온 더 토일맅 페이퍼

❏ 된 변을 봅니다.
I have hard stools.
아이 햅 하드 스툴즈

❏ 변비가 심합니다.
My constipation is bad.
마이 칸스터페이션 이즈 뱓

☐ 변비에 걸렸습니다.
I've been constipated.
아이브 빈 칸스터페이틷

☐ 이틀 동안 변을 보지 못했습니다.
I've had no bowel movement for two days.
아이브 햅 노 바월 무브먼트 포 투 데이즈

☐ 치질에 걸린 것 같습니다.
I seem to have hemorrhoids.
아이 씸 투 햅 헤머로읻즈

☐ 성병이 있는 것 같아요.
I think I have a VD(an STD).
아이 씽크 아이 햅 어 비디(언 에스티디)

치과에서

☐ 이가 아픕니다.
My teeth hurt.
마이 티쓰 히트

☐ 충치가 있는 것 같습니다.
I think you have a cavity.
아이 씽크 유 햅 어 캐버티

> A : *I think you have a cavity.*
> B : *Really? I brush and floss my teeth every day.*
> 리얼리 아이 브러쉬 앤드 플로스 마이 티쓰 애브리 데이
> (정말요? 매일 이를 닦고, 치실도 사용하는데요.)

☐ 이를 때워야 합니다.
I need to get a filling.
아이 니드 투 겥 어 필링

☐ 두드리면 이가 아픕니다.
The tooth hurts when I tap it.
더 투쓰 히츠 웬 아이 탶 잍

☐ 잇몸에 피가 납니다.
Your gums are bleeding.
유어 검스 아 블리딩

다양한 진료과목

❏ 잇몸이 아파요.

My gums hurt.
마이 검스 히트

❏ 이가 부러졌어요.

I chipped a tooth.
아이 칲트 어 투쓰

❏ 틀니가 필요할지도 모르겠습니다.

You might need dentures.
유 마이트 니드 덴쳐스

❏ 양치하고 뱉으세요.

Please gargle and spit.
플리즈 가글 앤드 스핕

❏ 치석이 많이 끼었습니다.

I have a lot of tartar on my teeth.
아이 햅 어 랕 엎 타터 온 마이 티쓰

안과에서

❏ 흐릿하게 보여요.

My vision is blurry.
마이 비젼 이즈 블러리

> A : My vision is blurry.
> B : Well. You are getting on in years.
> 　　웰　유아 게팅 온 인 이어스
> (글쎄요. 나이가 들어서 그런가 봅니다.)

❏ 눈물이 납니다.

My eyes are watery.
마이 아이즈 아 워터리

❏ 눈을 감을 때 아픕니다.

When I close my eyes, they hurt.
웬 아이 클로우즈 마이 아이즈　데이 허트

❏ 눈이 아파요.

My eyes hurt.
마이 아이즈 히트

☐ 눈이 가렵습니다.
My eyes feel itchy.
마이 아이즈 필 이취

☐ 눈이 따끔거립니다.
My eyes feel irritate.
마이 아이즈 필 이러테잍

☐ 눈이 항상 깜박거려요.
My eyes are always blinking.
마이 아이즈 아 올웨이즈 블링킹

☐ 시력이 얼마나 됩니까?
What's your vision?
와츠 유어 비견

☐ 눈이 침침합니다.
I'm seeing things.
아임 씨잉 씽스

☐ 사물이 일그러져 보입니다.
Things look distorted.
씽스 룩 디스터틷

☐ 책을 읽으면 머리가 아픕니다.
Reading gives me a headache.
리딩 깁즈 미 어 헫에읰

☐ 안경을 쓰면 머리가 아픕니다.
I get a headache when I wear my glasses.
아이 겥 어 헫에읰 웬 아이 웨어 마이 글래씨즈

☐ 눈이 충혈되었습니다.
My eyes are red.
마이 아이즈 아 렏

귀가 아플 때

☐ 귀가 멍멍합니다.
My ears are ringing.
마이 이어즈 아 링잉

❒ 귀에 뭐가 들어갔습니다.
My ears are plugged up.
마이 이어즈 아 플러드 엎

❒ 귀에 물이 들어갔습니다.
Some water got into my ears.
썸 워터 갓 인투 마이 이어즈

❒ 귀가 막힌 것 같아요.
My ears are stuffed up.
마이 이어즈 아 스텊트 엎

❒ 귀에 조그만 벌레가 들어갔습니다.
A small insect flew into my ear.
어 스몰 인섹트 플루 인투 마이 이어

❒ 귀에서 고름이 나옵니다.
My ear is running.
마이 이어 이즈 러닝

❒ 잘 듣지 못해요.
I can't hear well.
아이 캔트 히어 웰

❒ 귀지가 가득 찼어요.
My ears are full of wax.
마이 이어즈 아 풀 엎 왁스

코가 아플 때

❒ 코가 막혔어요.
My nose is stuffed up.
마이 노즈 이즈 스텊트 엎

❒ 코를 풀면 피가 납니다.
When I blow my nose blood comes out.
웬 아이 블로우 마이 노즈 블런 컴스 아웉

❒ 냄새를 맡기 곤란합니다.
I have difficulty in smelling.
아이 햅 디피컬티 인 스멜링

목이 아플 때

▫ 코를 살살 푸세요.
Blow your nose softly.
블로우 유어 노즈 쏘프틀리

▫ 기침이 나고 목이 아픕니다.
I have a cough and a sore throat.
아이햅 어 코프 앤드 어 쏘어 쓰롣

▫ 목이 따끔거립니다.
My throat hurts.
마이 쓰롣 허츠

▫ 목이 아파요.
I have a sore throat.
아이 햅 어 쏘어 쓰롣

▫ 물을 마시기도 힘듭니다.
It's difficult even to drink water.
이츠 디피컬트 이븐 투 드링크 워터

▫ 목이 부었습니다.
My throat is swollen.
마이 쓰롣 이즈 스월른

▫ 목에 뭔가 걸린 것 같아 불편해요.
I've got a lump on my throat.
아이브 갇 어 럼프 온 마이 쓰롣

▫ 목이 쉬었습니다.
I have lost my voice.
아이 햅 어 로스트 마이 보이스

정신과에서

▫ 잠을 깊이 못 잡니다.
I'm a light sleeper.
아임 어 라잍 슬리퍼

▫ 밤에 잠을 이룰 수가 없습니다.
I can't sleep at night.
아이 캔트 슬맆 앹 나잍

❒ 매일 밤 악몽을 꿉니다.
I have nightmares every night.
아이 햅 나이트메어즈 에브리 나잍

❒ 최근에 기분이 아주 침체되어 있어요.
I've been very depressed lately.
아이브 빈 베리 디프레스트 레이틀리

❒ 걸핏하면 화를 냅니다.
I've become quick-tempered.
아이브 비컴 퀵 템퍼드

❒ 항상 긴장합니다.
I'm always tense.
아임 올웨이즈 텐스

❒ 심한 망상에 시달리고 있습니다.
I'm suffering from delusions.
아임 써퍼링 프럼 딜루젼스

❒ 사람들과 말조차 할 수 없습니다.
I can't even talk to people.
아이 캔트 이븐 토크 투 피플

❒ 사소한 일로 걱정을 합니다.
I worry about insignificant things.
아이 워리 어바웉 인시그니피컨트 씽스

❒ 쉽게 화가 납니다.
I easily fly into a rage.
아이 이질리 플라이 인투 어 레이지

❒ 참을성이 많이 부족해졌습니다.
I've lost much of my patience.
아이브 로스트 머취 옾 마이 페이션스

❒ 항상 시무룩합니다.
I'm always brooding.
아임 올웨이즈 브루딩

신경외과에서

☐ 암울합니다.
I have a heavy feeling.
아이 햅어 헤비 필링

☐ 무서움을 느낍니다.
I feel scared.
아이 필 스케어드

☐ 그냥 집에만 있고 싶어요.
I just want to stay in the house.
아이 저스트 원트투 스테이 인 더 하우스

☐ 의식을 잃었습니다.
I passed out.
아이 패스트 아웉

☐ 신경쇠약입니다.
My nerves are shot.
마이 너브스 아 숕

☐ 오한 경련이 있습니다.
I have the shakes.
아이 햅 더 쉐잌스

☐ 가끔 팔에 감각이 없어집니다.
My arm goes numb sometimes.
마이 암 고우즈 넘 썸타임즈

☐ 가끔 하반신이 마비되는 느낌이 들어요.
I sometimes feel my lower body go numb.
아이 썸타임즈 필 마이 로워 바디 고 넘

다양한 진료과목

Chapter 31

병문안과 약

입원소식을 들었을 때

☐ 밀러 씨가 입원해 있어요.
Mr. Miller has been in the hospital.
미스터 밀러 해즈 빈 인 더 하스피틀

> A : Mr. Miller has been in the hospital.
> B : Which hospital is he in?
> 위치 하스피틀 이즈 히 인
> (어느 병원에 입원해 있죠?)

☐ 그녀는 병원으로 급히 후송됐어요.
She was rushed to the hospital.
쉬 워즈 러쉬트 투 더 하스피틀

☐ 병원에 들릅시다.
Let's stop by the hospital.
레츠 스탑 바이 더 하스피틀

☐ 그분이 계신 병실이 어디죠?
What room is he staying in?
왙 룸 이즈 히 스테잉 인

☐ 몇 시가 방문 시간인가요?
What are the visiting hours?
왙아 더 비지팅 아워즈

☐ 그녀에게 뭘 갖다 주면 될까요?
What should we bring her?
왙 슌 위 브링 허

> A : What should we bring her?
> B : Let's get her some flowers.
> 레츠 겥 허 썸 플라워즈
> (꽃을 좀 사다 줍시다.)

환자의 상태를
물을 때

☐ 그 사람이 다시 입원해야 한데요.
I heard that he had to go back to the hospital.
아이 허드 댙 히 핻 투 고 백 투 더 하스피틀

☐ 그가 언제 퇴원하게 될까요?
When will he get out of the hospital?
웬 윌 히 겥 아웉 엎 더 하스피틀

> A : When will he get out of the hospital?
> B : He'll be discharged in a week.
> 히일 비 디스차쥐드 인 어 윜
> (그는 1주일이면 퇴원할 것 같습니다.)

☐ 그는 매일 조금씩 좋아지고 있습니다.
Every day he's getting a little better.
애브리 데이 히즈 게팅 어 리틀베터

☐ 이젠 훨씬 좋아졌습니다.
I feel much better now.
아이 필 머취 베터 나우

☐ 그는 곧 퇴원할 겁니다.
He will soon be out of hospital.
히 윌 쑨 비 아웉 엎 하스피틀

☐ 내일이면 집에 갈 수 있을 거예요.
I can go home tomorrow.
아이 캔 고 홈 터머로우

☐ 하루 푹 쉬면 될 것 같습니다.
I think one day's good rest should do it.
아이 씽크 원 데이즈 굳 레스트 슏 두 잍

☐ 환자의 상태는 좋습니다.
The patient is doing well.
더 페이션트 이즈 두잉 웰

☐ 그가 위독해요.
He is seriously ill.
히 이즈 씨어리어슬리 일

병원용어과 약

☐ 그는 회복할 가망이 없습니다.
There is no hope of his recovery.
데어이즈 노 호웊 엎 히즈 리커버리

> A : Is there any chance for him to recover?
> 이즈 데어에니 췐스 포 힘 투 리커버
> (그가 회복할 가능성이 있습니까?)
> B : There is no hope of his recovery.

☐ 수술이 잘 됐습니다.
The surgery went well.
더 서져리 웬트 웰

☐ 지금 회복실에 있습니다.
He's in the recovery room right now.
히즈 인 더 리커버리 룸 롸잍 나우

☐ 입원할 필요가 있습니까?
Do I need to be hospitalized?
두 아이 니드 투 비 하스피털라이즈드

병문안을 할 때

☐ 기분이 좀 어떠세요?
How are you feeling?
하우 아유필링

☐ 좀 나아지셨습니까?
Are you feeling better?
아유 필링 베터

☐ 참 안됐군요.
I'm sorry to hear that.
아임 쏘리 투 히어 댙

☐ 곧 나아지길 바랍니다.
I hope you feel better soon.
아이 호웊 유 필 베터 쑨

☐ 몸조리 잘 하세요.
Take good care of yourself, please.
테잌 굳 케어 엎 유어셀프   플리즈

❒ 어쩌다가 다치셨습니까?

How did you get hurt?
하우 딛 유 겥 허트

❒ 당신 건강이 좋아지셨다니 기쁩니다.

I'm glad you are feeling better.
아임 글랟 유 아 필링베터

> A : I'm glad you are feeling better.
> B : Thank you for coming by.
> 쌩크 유 포 커밍 바이
> (와 주셔서 감사합니다.)

처방전으로 조제받을 때

❒ 약사에게 이 처방전을 가져가십시오.

Take this prescription to a druggist.
테익 디스 프리스크립션 투 어 드러기스트

❒ 처방전 가져 오셨습니까?

Do you have the prescription?
두 유 햅 더 프리스크립션

❒ 처방전 없이는 약을 사실 수 없습니다.

You can't buy it without the prescription.
유 캔트 바이 잍 위다웉 더 프리스크립션

❒ 이 처방전대로 약을 지어 주세요.

Will you please get this prescription filled?
윌 유 플리즈 겥 디스 프리스크립션 필드

❒ 몇 알씩 먹어야 하나요?

How many should I take?
하우 메니 슏 아이 테익

> A : How many should I take?
> B : Only one at a time.
> 온리 원 앹 어 타임
> (한번에 한 알씩만 복용하십시오.)

❒ 얼마나 자주 이 알약을 복용해야 됩니까?

How often should I take these pills?
하우 오픈 슏아이 테익 디즈 필즈

373

❒ 이 약은 어떻게 먹습니까?
How do I take this medicine?
하우 두 아이 테익 디스 메더슨

> A : *How do I take this medicine?*
> B : *Three times a day before meal, please.*
> 쓰리 타임즈어 데이 비포 밀   플리즈
> *(1일 3회, 식전에 복용하세요.)*

❒ 감기에 좋은 약이 있나요?
Do you have anything for a cold?
두 유 햅 에니씽 포 어 콜드

> A : *Do you have anything for a cold?*
> B : *Why don't you take an aspirin.*
> 와이 돈트유 테익 언 애스퍼린
> *(아스피린을 한번 드셔 보세요.)*

❒ 가장 가까운 약국은 어디에 있습니까?
Where is the nearest drugstore?
웨어이즈 더 니어리스트 드럭스토어

약을 살 때

❒ 감기약을 주십시오.
I want some medicine for a cold.
아이 원트 썸 메더슨 포 어 콜드

❒ 아스피린을 주십시오.
Can I have aspirin, please?
캔 아이 햅 애스피린   플리즈

❒ 이건 복통에 잘 듣습니까?
Is this good for stomachaches.
이즈 디스 굳 포 스토먹에익스

❒ 이 약은 나에게 안 듣습니다.
This drug is no good for me.
디스 드럭 이즈 노 굳 포 미

❒ 이 약으로 통증이 가라앉을까요?
Will this medicine relieve my pain?
윌 디스 메더슨 릴리브 마이 페인

Chapter 32
스포츠와 레크리에이션

운동에 대해서

☐ 좋아하는 스포츠가 뭡니까?
What's your favorite sport?
와츠유어 페이버맅 스포트

☐ 운동하는 걸 좋아합니까?
Do you like to exercise?
두 유 라익 투 엑서싸이즈

> A : Do you like to exercise?
> B : I like playing sports.
>   아이 라익 플레잉 스포츠
>   (나는 운동하는 걸 좋아합니다.)

☐ 무슨 스포츠를 잘하세요?
What sports are you good at?
왙 스포츠 아유 굳 앹

> A : What sports are you good at?
> B : I'm not very good at sports.
>   아임 낱 베리 굳 앹 스포츠
>   (저는 운동을 잘 못합니다.)

☐ 좋아하는 스포츠를 여쭤봐도 될까요?
May I ask your favorite sport?
메이아이 애스크 유어 페이버맅 스포트

☐ 저는 스포츠광입니다.
I'm sports nut.
아임 스포츠 넡

☐ 당신은 얼마나 자주 운동을 하세요?
How often do you work out?
하우 오픈 두 유 워크 아웉

❒ 그는 운동신경이 좋습니다.
He's got good motor skills.
히즈 같 굳 모터스킬스

❒ 나는 스포츠에 관심이 없습니다.
I'm not interested in sports.
아임 낱 인터리스티드 인 스포츠

> A : *What's your favorite sport?*
> 와츠유어 페이버릿 스포트
> (좋아하는 스포츠가 뭡니까?)
> B : *I'm not interested in sports.*

❒ 나는 겨울 스포츠를 좋아합니다.
I love winter sports.
아이 럽 윈터 스포츠

❒ 나는 스포츠 중에 농구를 가장 좋아합니다.
I like basketball best of all sports.
아이 라익 배스킽볼 베스트 엎 올 스포츠

스포츠 관전

❒ 어느 팀이 이길 것 같습니까?
Which team looks like it will win?
위치 팀 룩스 라익잍 윌 윈

❒ 점수가 어떻게 됐어요?
What's the score?
와츠 더 스코어

❒ 누가 이기고 있죠?
Who's winning?
후즈 위닝

> A : *Who's winning?*
> B : *Our team's still ahead of the game.*
> 아워 팀스 스틸 어헫엎 더 게임
> (우리 팀이 아직 앞서고 있어요.)

❒ 그 경기 결과가 어떻게 되었죠?
How did the game turn out?
하우 딛 더 게임 턴 아웉

❒ 그 경기 누가 이겼죠?

Who won the game?
후 원 더 게임

  A : Who won the game?
  B : The score was two to one in our favor.
  더 스코어 워즈 투 투 원 인 아워 페이버
  (우리 팀이 2대 1로 이겼어요.)

❒ 그 축구경기 보셨어요?

Did you watch the soccer game?
딛 유 와취 더 싸커 게임

❒ 그 시합 볼 만하던가요?

Was the game worth watching?
워즈 더 게임 워쓰 와칭

❒ 시합 결과는 어떻게 되었나요?

How did the game turn out?
하우 딛 더 게임 턴 아웉

  A : How did the game turn out?
  B : We won the game 3 to nothing.
  위 원 더 게임 쓰리 투 나씽
  (우리가 3:0으로 승리했어요.)

❒ 우리는 2:5로 패배했어요.

We lost the game 2 to 5.
위 로스트 더 게임 투 투 파이브

❒ 스코어는 6:6으로 비겼어요.

The score was tied, six to six.
더 스코어 워즈 타이드   씩스 투 씩스

❒ 경기는 무승부로 끝났습니다.

The game ended in a tie.
더 게임 엔디드 인 어 타이

❒ 다음 경기는 금요일에 열릴 예정입니다.

The next game will be on Friday.
더 넥스트 게임 윌 비 온 프라이데이

스포츠 중계

❒ 승리는 우리의 것입니다.
The victory is ours.
더 빅토리 이즈 아워즈

❒ 막상막하의 경기였습니다.
It was neck and neck.
잍 워즈 넥 앤드 넥

❒ 오늘밤 그 경기가 텔레비전에 방영됩니까?
Is the game on tonight?
이즈 더 게임 온 투나잍

❒ 언제 중계됩니까?
When is it on?
웬이즈 잍온

❒ 이 게임은 실황중계입니까?
Is this game live?
이즈 디스 게임 라이브

❒ 당신은 어느 팀을 응원하고 있지요?
What team are you pulling for?
왙 팀 아유 풀링포

> A : What team are you pulling for?
> B : I just like to root for the underdog.
> 아이 저스트 라잌 투 루트 포 디 언더독
> (그저 약한 쪽을 응원하고 싶어요.)

축구에 대해서

❒ 전 축구를 해요.
I play soccer.
아이 플레이 싸커

❒ 그 축구경기 보셨어요?
Did you watch the soccer game?
딛 유 와취 더 싸커 게임

❒ 나는 축구팀의 후보 선수입니다.
I'm just a bench warmer on the football team.
아임 저스트어 벤취 워머 온더 풑볼 팀

야구에 대해서

☐ 그 선수 타율이 어떻습니까?
What is the player's batting average?
왙이즈 더 플레이어스 배팅 애버러쥐

☐ 지금 몇 회입니까?
What inning is it?
왙 이닝 이즈잍

☐ 지금 만루입니다.
The bases are loaded(full).
더 베이시스 아 로우디드(풀)

☐ 저는 텔레비전으로 야구경기를 보는 것을 좋아합니다.
I like watching baseball game TV.
아이 라잌 워칭 베이스볼 게임 티비

골프에 대해서

☐ 골프 치는 것을 좋아하세요?
Do you like playing golf?
두 유 라잌 플레잉 골프

> A : Do you like playing golf?
> B : I'm not much of a golf fan.
> 아임 낱 머춰 없어 골프 팬
> (골프는 별로 좋아하지 않습니다.)

☐ 핸디가 얼마입니까?
What's your handi(cap)?
와츠유어 핸디(캡)

테니스에 대해서

☐ 골프를 좀 칩니다.
I play golf a little.
아이 플레이 골프 어 리틀

☐ 테니스 칠 줄 아세요?
Can you play tennis?
캔 유 플레이 테니스

> A : Can you play tennis?
> B : I like playing tennis.
> 아이 라잌 플레잉 테니스
> (테니스를 좋아합니다.)

스포츠와 레크리에이션

❐ 코트를 빌리는 데 얼마입니까?
How much is it to rent the court?
하우 머취 이즈잍 투 렌트 더 코트

❐ 테니스 레슨을 받은 적이 있으세요?
Have you ever taken tennis lessons?
햅유 에버 테이큰 테니스 레슨즈

❐ 몇 세트로 승부할까요?
How many sets should we play?
하우 메니 세츠 슈위 플레이

❐ 테니스를 무척 좋아합니다.
I'm crazy about tennis.
아임 크레이지 어바웉 테니스

❐ 토스로 서브를 정합시다.
Let's toss for service.
레츠 토스 포 써비스

수영에 대해서

❐ 수영하러 갑시다.
Let's go swimming.
레츠 고 스위밍

❐ 어떤 형의 수영을 좋아하십니까?
What style of swimming do you like best?
왙 스타일 엎 스위밍 두 유 라잌 베스트

❐ 얼마나 멀리 헤엄칠 수 있습니까?
How far can you swim?
하우 파 캔 유 스윔

❐ 수영을 하기 전에 준비운동을 해야 합니다.
You have to warm up before you go swimming.
유 햅 투 웜 엎 비포 유 고 스위밍

❐ 저는 수영을 잘 못합니다.
I am a poor swimmer.
아이 앰어 푸어 스위머

스포츠와 레크리에이션

- 저는 수영을 아주 잘 합니다.
  I swim like a fish.
  아이 스윔 라익어 피쉬

  > A : Can you swim well?
  > 캔 유 스윔 웰
  > (수영을 잘하십니까?)
  > B : I swim like a fish.

- 저는 물에서 맥주병입니다.
  I am a beer bottle in the water.
  아이앰어 비어 바틀 인 더 워터

스키에 대해서

- 스키를 좋아하세요?
  Do you enjoy skiing?
  두 유 인조이 스키잉

- 가끔 스키를 타러 가시나요?
  Do you go skiing sometimes?
  두 유 고 스키잉 썸타임즈

  > A : Do you go skiing sometimes?
  > B : I never went skiing.
  > 아이 네버 웬트 스키잉
  > (스키를 타 본 적이 없습니다.)

- 저는 스키를 잘 탑니다.
  I'm a good skier.
  아임어 굳 스키어

- 스키에는 관심이 없습니다.
  I have no interest in ski.
  아이 햅 노 인터리스트인 스키

조깅에 대해서

- 매일 아침 조깅하러 갑니다.
  I go jogging every morning.
  아이 고 쟈깅 에브리 모닝

- 조깅은 건강에 좋습니다.
  Jogging is good your health.
  쟈깅 이즈 굳 유어 핼쓰

Chapter 33 여가와 취미·오락

여가 활용에 대해서

☐ 주말에는 주로 무엇을 합니까?
What do you usually do on weekend?
왓 두 유 유쥬얼리 두 온 위켄드

> A : What do you usually do on weekend?
> B : I pass the time watching TV on weekends.
> 아이 패스 더 타임 워칭 티비 온 위켄즈
> (주말에는 텔레비전을 보면서 시간을 보냅니다.)

☐ 여가에 무얼 하십니까?
What do you do in your spare time?
왓 두 유 두 인 유어 스페어 타임

☐ 여가를 어떻게 보내세요?
How do you spend your leisure time?
하우 두 유 스펜드 유어 레져 타임

☐ 기분전환으로 무얼 하십니까?
What do you do for relaxation?
왓 두 유 두 포 릴렉쉐이션

☐ 주말에 무슨 계획이 있으세요?
Do you have any plans for the weekend?
두 유 햅에니 플랜스 포 더 위켄드

> A : Do you have any plans for the weekend?
> B : I figure I'll take a trip somewhere.
> 아이 피겨 아일 테익 어 트립 썸웨어
> (어디 여행이라도 갈까 해요.)

☐ 일과 후에 무엇을 하세요?
What do you do when you have time off?
왓 두 유 두 웬유햅 타임 오프

□ 휴일에 무얼 하실 겁니까?

What are you going to do for the holiday?
왓아유 고잉 투 두 포 더 할러데이

> A : *What are you going to do for the holiday?*
> B : *I'm just staying at home.*
> 아임 저스트 스테잉 앹 홈
> (그저 집에 있을 겁니다.)

취미에 대해서

□ 취미가 뭡니까?

What is your hobby?
왓이즈 유어 하비

> A : *What is your hobby?*
> B : *I go in for stamp collecting.*
> 아이 고 인 포 스탬프 컬렉팅
> (우표 수집을 좋아합니다.)

□ 무엇에 흥미가 있으세요?

What are you interested in?
왓아유 인터리스티드 인

□ 특별한 취미가 있습니까?

Do you have any particular hobbies?
두 유 햅에니 퍼티큘러 하비스

□ 골프에는 전혀 관심이 없습니다.

I have no interest in golf.
아이 햅 노 인터리스트 인 골프

> A : *I hear you like golf.*
> 아이 히어 유 라잌 골프
> (골프를 좋아하신다고 하던데요.)
> B : *I have no interest in golf.*

□ 제 취미는 음악 감상입니다.

My hobby is listening to music.
마이 하비이즈 리스닝 투 뮤직

□ 저의 취미는 다양해요.

My interests are varied.
마이 인터리스츠 아 베리드

여가와 취미.오락

383

나이트클럽에서

☐ 저는 그런 일에는 별로 취미가 없습니다.
I have little interest in those things.
아이 햅 리틀 인터리스트 인 도즈 씽스

☐ 좋은 나이트클럽은 있나요?
Do you know of a good nightclub?
두 유 노우 옆어 굳 나잍클럽

☐ 디너쇼를 보고 싶은데요.
I want to see a dinner show.
아이 원트 투 씨 어 디너 쇼우

☐ 이건 무슨 쇼입니까?
What kind of show is this?
왈 카인드 옆 쇼우 이즈 디스

☐ 무대 근처 자리로 주시겠어요?
Can I have a table near the stage, please?
캔 아이 햅어 테이블 니어 더 스테이지 플리즈

☐ (클럽에서) 어떤 음악을 합니까?
What kind of music are you performing?
왈 카인드옆 뮤직 아유 퍼포밍

디스코텍에서

☐ 함께 춤추시겠어요?
Will you dance with me?
윌 유 댄스 윋 미

☐ 인기가 있는 디스코텍은 어디입니까?
Where is the popular disco?
웨어이즈 더 파퓰러 디스코

☐ 근처에 디스코텍이 있습니까?
Are there any discos around here?
아 데어에니 디스코즈 어롸운드 히어

☐ 디스코텍에 데리고 가주세요.
Take me to the disco, please.
테잌 미 투 더 디스코 플리즈

여가와 취미.오락

□ 음료수 값은 별도입니까?
Do you charge for drinks?
두 유 차쥐 포 드링스

□ 라이브 연주도 있습니까?
Do you have live performances?
두 유 햅 라이브 퍼포먼시즈

□ 봉사료는 얼마입니까?
What's the cover charge?
와츠 더 커버 차쥐

□ 몇 시까지 합니까?
How late is it open?
하우 레잍 이즈잍 오픈

□ 젊은 사람이 많습니까?
Are there many young people?
아 데어 메니 영 피플

□ 여기서 한 잔 안 할래요?
Would you like to drink with us?
욷 유 라익 투 드링크 윋 어스

□ 어서 오십시오. 몇 분이십니까?
Good morning. How many?
굳 모닝   하우 메니

□ 무엇을 드시겠습니까?
What would you like to drink?
왙 욷 유 라익 투 드링크

□ 같이 춤을 추시겠습니까?
Would you dance with me?
욷 유 댄스 윋 미

바(bar)에서

□ 무엇을 마시겠습니까?
What do you want, sir?
왙 두 유 원트   써

385

❐ 한국 맥주는 없습니까?
Don't you have any Korean beer?
돈트유 햅에니 코리언 비어

❐ 뭘로 마시겠습니까?
What do you want to drink?
왙 두 유 원트 투 드링크

> A : *What do you want to drink?*
> B : *Scotch and water, please.*
> 　　스카취 앤드 워터　　　플리즈
> 　　(스카치와 물을 주세요.)

❐ 물을 좀 더 넣어 주세요.
Put a little more water in my glass, please.
풑어 리틀 모어 워터 인 마이 글래스　　　플리즈

❐ 우선 맥주부터 드릴까요?
Do you want to have a beer first?
두 유 원트 투 햅어 비어 퍼스트

❐ 이 맥주는 시원하지가 않군요.
I'm afraid this beer is not cold.
아임 어프레잍 디스 비어 이즈 낱 콜드

❐ 어떤 안주가 있습니까?
Do you have any snacks?
두 유 햅에니 스낵스

카지노에서

❐ 여기서는 어떤 갬블을 할 수 있습니까?
What kind of gambling can we play here?
왙 카인드옾 갬블링 캔 위 플레이 히어

❐ 이 호텔에는 카지노가 있습니까?
Is there any casino in this hotel?
이즈 데어에니　커시노 인 디스 호텔

❐ 갬블을 하고 싶습니다.
I'd like to play gambling.
아이드 라잌 투 플레이 갬블링

☐ 갬블은 처음입니다.
I have never experienced gambling before.
아이 햅 네버 익스피어리언스트 갬블링 비포

☐ 쉬운 게임은 있습니까?
Is there any easy game?
이즈 데어 에니 이지 게임

☐ 칩 200달러 주시겠어요?
May I have 200 dollars in chips, please?
메이아이 햅 투 헌드렏 달러즈 인 칩스   플리즈

☐ 칩을 현금으로 바꿔 주세요.
Cash my chips, please.
캐쉬 마이 칩스   플리즈

☐ 카지노는 몇 시부터 합니까?
What time does the casino open?
왙 타임 더즈 더 커시노 오픈

☐ 좋은 카지노를 소개해 주시겠어요?
Could you recommend a good casino?
쿧 유 레커멘드 어 굳 커시노

☐ 카지노는 아무나 들어갈 수 있습니까?
Is everyone allowed to enter casinos?
이즈 에브리원 얼라우드 투 엔터 커시노스

☐ 칩은 어디서 바꿉니까?
Where can I get chips?
웨어 캔 아이 겥 칩스

☐ 현금으로 주세요.
Cash, please.
캐쉬   플리즈

☐ 맞았다(이겼다)!
Jackpot(Bingo)!
잭팥   빙고

여가와 취미·오락

387

Chapter 34 일상의 문화생활

독서에 대해서

❏ 어떤 책을 즐겨 읽으십니까?
What kind of books do you like to read?
왓 카이드 옵 북스 두 유 라잌 투 리드

> A : What kind of books do you like to read?
> B : I usually read romance novels.
> 아이 유쥬얼리 리드 로맨스 나벌즈
> (주로 애정소설을 읽습니다.)

❏ 저는 손에 잡히는 대로 다 읽습니다.
I read everything I can get my hands on.
아이 리드 에브리씽 아이 캔 겥 마이 핸즈 온

❏ 한 달에 책을 몇 권 정도 읽습니까?
How many books do you read a month?
하우 메니 북스 두 유 리드어 먼쓰

❏ 책을 많이 읽으십니까?
Do you read a lot?
두 유 리드어 랕

❏ 그 책은 처음부터 끝까지 다 읽었어요.
I read the book from cover to cover.
아이 레드 더 북 프럼 커버 투 커버

❏ 이 책은 재미없어요.
This book is dull reading.
디스 북 이즈 덜 리딩

❏ 이 책은 지루해요.
This book bores me.
디스 북 보어즈 미

☐ 한번 훑어 봤어요.
I gave it the once-over.
아이 게이브잍 디 원스 오버

☐ 그녀는 책벌레입니다.
She is a bookworm.
쉬 이즈어 북웜

☐ 저는 항상 책을 가지고 다닙니다.
I'm always carrying a book.
아임 올웨이즈 캐링 어 북

☐ 좋아하는 작가는 누구입니까?
Who is your favorite author?
후 이즈 유어 페이버맅 오써

☐ 요즘 베스트셀러는 무엇입니까?
What's the current bestseller?
와츠 더 커런트 베스트셀러

☐ 요즘 좋은 책 읽을 게 있나요?
Have you read any good books recently?
햅유 레드 애니 굳 북스 리쎈틀리

☐ 만화를 좋아하는 편입니다.
I have a taste comics.
아이 햅어 테이스트 코믹스

☐ 수필보다 소설을 좋아합니다.
I prefer novel to essay.
아이 프리퍼 나블 투 에세이

신문과 잡지에 대해서

☐ 무슨 신문을 보십니까?
Which paper do you read?
위치 페이퍼 두 유 리드

> A : *Which paper do you read?*
> B : *I have a subscription to the Korea Herald.*
>   아이 햅어 썹스크립션 투 더 코리아 헤럴드
>   (코리아 헤럴드를 구독하고 있습니다.)

❐ 어떤 신문을 받아 보십니까?

Which kind of paper do you get?
위치 카인드옵 페이퍼 두 유 겥

❐ 오늘 신문을 보셨어요?

Have you seen today's paper?
햅유 씬 투데이즈 페이퍼

❐ 그 사건은 일면에 났어요.

The story was on the front page.
더 스토리 워즈 온 더 프런트 페이지

❐ 그 사람 신문에 났더군요.

He was in the newspaper.
히 워즈 인 더 뉴스페이퍼

> A: *He was in the newspaper.*
> B: *What paper did it come out in*
>   왙 페이퍼 딛 잍 컴 아웉 인
>   (어느 신문에 나왔었죠?.)

❐ 저는 기사 제목들만 봐요.

I read only the headlines.
아이 리드 온리 더 헤드라인스

❐ 저는 스포츠면을 먼저 읽습니다.

I read the sports section first.
아이 리드 더 스포츠 섹션 퍼스트

❐ 어떤 잡지를 좋아합니까?

What kind of magazine do you like?
왙 카인드옵 매거진 두 유 라잌

❐ 자동차 잡지를 구독합니다.

I subscribe to a motor magazine.
아이 썹스크라입 투 어 모터 매거진

❐ 그 잡지는 격주로 발행됩니다.

The magazine comes out every other week.
더 매거진 컴스 아웉 에브리 아더 윜

텔레비전에 대해서

❏ 텔레비전을 자주 보세요?
Do you watch TV often?
두 유 와치 티비 오픈

❏ 어떤 텔레비전 프로그램을 좋아하십니까?
Which program do you enjoy most?
위치 프로그램 두 유 인조이 모스트

> A : Which program do you enjoy most?
> B : I enjoy soap operas.
> 아이 인조이 소웁 아퍼러스
> (연속극을 좋아합니다.)

❏ 그게 언제 방송되죠?
When is it on?
웬이즈 잍온

❏ 그것을 텔레비전으로 중계하나요?
Are they televising it?
아 데이 텔러바이징 잍

❏ 지금 텔레비전에서 무엇을 하죠?
What's on TV?
와츠온 티비

❏ 다음 프로가 무엇이죠?
What's on next?
와츠온 넥스트

❏ 리모콘이 어디 있죠?
Where's the remote control?
웨어즈 더 리모웉 컨트롤

음악에 대해서

❏ 어떤 음악을 좋아하세요?
What kind of music do you like?
왙 카인드옆 뮤직 두 유 라읔

> A : What kind of music do you like?
> B : I like popular songs.
> 아이 라읔 파퓰러 숑스
> (팝송을 좋아합니다.)

▫ 어떤 종류의 음악을 들으세요?
  What kind of music do you listen to?
  왙 카인드옆 뮤직 두 유 리슨 투

▫ 취미는 음악감상입니다.
  My hobby is listening to music.
  마이 하비이즈 리스닝 투 뮤직

▫ 음악 듣는 것을 즐깁니다.
  I enjoy listening to music.
  아이 인조이 리스닝 투 뮤직

▫ 음악을 잘 몰라요.
  I have no ear for music.
  아이 햅 노 이어 포 뮤직

▫ 좋아하는 가수가 누구예요?
  Who is your favorite singer?
  후 이즈유어 페이버맅 씽어

▫ 가장 좋아하는 노래는 무엇입니까?
  What's your favorite song?
  와츠유어 페이버맅 쏭

▫ 그 음악은 내 취향에 맞지 않습니다.
  That music is not to my taste.
  댙 뮤직 이즈 낱 투 마이 테이스트

▫ 악기를 연주할 줄 압니까?
  Do you play any musical instruments?
  두 유 플레이 에니 뮤지컬 인스트러먼츠

▫ 어떤 악기를 연주하세요?
  Which instrument do you play?
  위치 인스트러먼트 두 유 플레이

▫ 저는 노래는 못해요.
  I'm poor at singing.
  아임 푸어 앹 씽잉

❏ 저는 음치입니다.
I'm tone-deaf.
아임 톤 데프

❏ 노래 한 곡 불러 주시겠어요?
Could you sing a song?
쿠 유 씽 어 쏭

> A : *Could you sing a song?*
> B : *I'll pass on this time.*
> 아일 패스 온 디스 타임
> (이번에는 그냥 넘어 가죠.)

그림에 대해서

❏ 저는 그림 그리기를 좋아합니다.
I like painting.
아이 라익 페인팅

❏ 저는 미술 작품 감상을 좋아합니다.
I enjoy looking at art collections.
아이 인조이 루킹 앹 아트 컬렉션즈

❏ 그건 누구 작품이죠?
Who is it by?
후 이즈잍 바이

> A : *Just look at this picture.*
> 저스트 룩앹 디스 픽쳐
> (이 그림 한번 보세요.)
> B : *Who is it by?*

❏ 저는 수채화를 즐깁니다.
I enjoy watercolors.
아이 인조이 워터컬러즈

❏ 미술관에 자주 갑니다.
I often go to art galleries.
아이 오픈 고 투 아트 갤러리즈

❏ 어떻게 그림을 그리게 되셨습니까?
How did you start painting?
하우 딛 유 스타트 페인팅

❏ 정말 아름다운 작품인데요.
What a beautiful piece of work!
왓어 뷰터풀 피스엎 웤

❏ 이 그림이 뭐가 그리 좋은가요?
What makes this painting so good?
왓 메익스 디스 페인팅 쏘 굳

❏ 저는 미술품 수집을 좋아합니다.
I like collecting art.
아이 라익 콜렉팅 아트

❏ 좋아하는 화가는 누군가요?
Who's your favorite artist?
후즈유어 페이버맅 아티스트

❏ 그림을 아주 잘 그리시군요.
You draw fairly well.
유 드로 페어리 웰

영화에 대해서

❏ 어떤 영화를 좋아하세요?
What kind of movies do you like?
왓 카인드엎 무비즈 두 유 라익

> A : *What kind of movies do you like?*
> B : *I like action movies.*
>   아이 라익 액션 무비즈
>   (액션 영화를 좋아합니다.)

❏ 스릴 있는 영화를 좋아합니다.
I like thrilling movies.
아이 라익 쓰릴링 무비즈

❏ 저는 영화광입니다.
I'm a film buff.
아임어 필름 버프

❏ 그 영화를 텔레비전에서 봤어요.
I saw that movie on TV.
아이 쏘 댙 무비 온 티비

❒ 어떤 종류의 영화를 즐겨 보십니까?
What kind of films do you enjoy watching?
왙 카인드옆 필름즈 두 유 인조이 와칭

❒ 영화배우 중에서 누구를 가장 좋아하세요?
Who do you like best among movie stars?
후 두 유 라잌 베스트 어멍 무비 스타즈

❒ 우리는 가끔 극장에 갑니다.
We go to the theater sometimes.
위 고 투 더 씨어터 썸타임즈

❒ 영화를 자주 보러 갑니까?
Do you go to the movies very often?
두 유 고 투 더 무비즈 베리 오픈

> A : Do you go to the movies very often?
> B : I rarely go to the movies.
> 아이 레어리 고 투 더 무비즈
> (저는 거의 영화를 보러 가지 않아요.)

❒ 그 영화의 주연은 누구입니까?
Who is starring in the movies?
후 이즈 스타링 인 더 무비즈

❒ 극장에서 무엇을 상영하고 있나요?
What's on at the theater?
와츠 온 앹 더 씨어터

❒ 상영 기간은 언제까지입니까?
How long will it be running?
하우 롱 윌 잍 비 러닝

❒ 최근에 본 영화는 무엇입니까?
What was the movies you saw lately?
왙 워즈 더 무비즈 유 쏘우 레이틀리

❒ 영화를 보러 가실래요?
Do you want to see a movies?
두 유 원트 투 씨 어 무비즈

여행에 대해서

❏ 오늘 밤에 영화를 보러 갑시다.
Let's go to the movies tonight.
레츠 고 투 더 무비즈 투나잍

❏ 나는 여행을 좋아합니다.
I love traveling.
아이 럽 트레블링

❏ 여행은 즐거우셨나요?
Did you have a good trip?
딛 유 햅어 굳 트립

❏ 어디로 휴가를 가셨어요?
Where did you go on vacation?
웨어 딛 유 고 온 베케이션

> A: *Where did you go on vacation?*
> B: *To a resort.*
> 투 어 리조트
> (유원지로요.)

❏ 해외여행을 가신 적이 있습니까?
Have you ever traveled overseas?
햅유 에버 트래블드 오버씨즈

> A: *Have you ever traveled overseas?*
> B: *This is my first trip overseas.*
> 디스 이즈 마이 퍼스트 트립 오버씨즈
> (해외여행은 이번이 처음입니다.)

❏ 그곳에 얼마나 계셨습니까?
How long did you stay there?
하우 롱 딛 유 스테이 데어

❏ 언젠가 세계일주를 하고 싶어요.
I want to go around the world some day.
아이 원트 투 고 어롸운드 더 월드 썸 데이

❏ 여행은 어땠어요?
How was your trip?
하우 워즈유어 트립

Chapter 35
길안내와 묻기

길을 물을 때

❑ 저, 실례합니다!
Excuse me!
익스큐즈 미

❑ (지도를 가리키며) 여기는 어디에 있습니까?
Where are we now?
웨어아 위 나우

❑ 실례합니다. 잠깐 여쭙겠습니다.
Excuse me. I have a question.
익스큐즈 미   아이 햅어 퀘스쳔

❑ 백화점은 어디에 있습니까?
Where's the department store?
웨어즈 더 디파러먼트 스토어

> A : *Where's the department store?*
> B : *Go straight.*
>   고우 스트레일
>   (곧장 가십시오.)

❑ 여기는 무슨 거리입니까?
What street is this?
왙 스트맅 이즈 디스

❑ 이 주위에 지하철역이 있습니까?
Is there a subway station around here?
이즈 데어어 섭웨이 스테이션 어롸운드 히어

❑ 지도에 표시해 주시겠습니까?
Would you mark it, please.
욷 유 마크 잍   플리즈

397

❐ 역으로 가는 길을 가르쳐 주십시오.
Please tell me the way to the station.
플리즈 텔 미 더 웨이 투 더 스테이션

❐ 박물관에는 어떻게 가면 됩니까?
How can I get to the museum?
하우 캔 아이 겥 투 더 뮤지엄

> A : How can I get to the museum?
> B : Turn right there.
> 턴 롸잍 데어
> (저기서 오른쪽으로 도세요.)

❐ 이 길이 우체국으로 가는 길 맞습니까?
Is this the right way to the post office?
이즈 디스 더 롸잍 웨이 투 더 포스트 오피스

❐ 그곳으로 가는 가장 좋은 방법은 무엇입니까?
What's the best way to go there?
와츠 더 베스트 웨이 투 고 데어

시간과 거리를 물을 때

❐ 걸어서 몇 분 걸립니까?
How many minutes by walking?
하우 메니 미니츠 바이 워킹

> A : How many minutes by walking?
> B : Only about five minutes.
> 온리 어바웉 파이브 미니츠
> (약 5분 정도입니다.)

❐ 거기까지 어느 정도 시간이 걸립니까?
How long does it take?
하우 롱 더즈잍 테잌

❐ 그곳까지 가려면 시간이 얼마나 걸립니까?
How long does it take to get there?
하우 롱 더즈잍 테잌 투 겥 데어

❐ 여기에서 가깝습니까?
Is it near here?
이즈잍 니어 히어

□ 역까지 멉니까?

Is it far to the station?
이즈 잍파 투 더 스테이션

> A : Is it far to the station?
> B : It's far from here.
> 이츠 파 프럼 히어
> (여기서 멀어요.)

□ 거기까지 버스로 갈 수 있습니까?

Can I get there by bus?
캔 아이 겥 데어 바이 버스

□ 거기에 가려면 택시밖에 없나요?

Is a taxi the only way to get there?
이즈어 택시 디 온리 웨이 투 겥 데어

길을
가르쳐줄 때

□ 저기입니다.

It's over there.
이츠 오버 데어

□ 곧장 가세요.

Go straight ahead.
고 스트레일 어헫

> A : How can I get to the nearest bookstore?
> 하우 캔 아이 겥 투 더 니어리스트 북스토어
> (가장 가까운 서점으로 가는 길을 가르쳐 주시겠습니까?)
> B : Go straight ahead.

□ 되돌아가세요.

You should turn back.
유 슏 턴 백

□ 저 빌딩입니다.

That building.
댙 빌딩

□ 왼쪽에 절이 있습니다.

There's a temple on the left.
데어즈어 템플 온 더 렢트

길안내와 묻기

399

❏ 오른쪽에 병원이 있습니다.
You'll find the hospital on your right.
유일 파인 더 하스피털 온 유어 롸잍

❏ 거기까지 걸어서 갈 수 있습니다.
You can walk there.
유 캔 워크 데어

> A : Can I walk there?
> 캔 아이 워크데어
> (거기까지 걸어서 갈 수 있습니까?)
> B : You can walk there.

❏ 걸어서 5분 거리입니다.
Five minutes on foot.
파이브 미니츠 온 풑

❏ 이 빌딩 뒤에 있어요.
It's behind this building.
이츠 비하인드 디스 빌딩

❏ 저도 같은 방향으로 가는 중입니다.
I'm going that way.
아임 고잉 댙 웨이

❏ 지도를 그려 드릴게요.
I'll draw a map for you.
아일 드로 어 맵 포 유

❏ 거기로 데려다 드릴게요.
I'll take you there.
아일 테잌 유 데어

❏ 차를 타는 게 좋겠어요.
It's better for you to ride.
이츠 베터 포 유 투 라이드

❏ 길을 잘못 들었습니다.
You took the wrong way.
유 툭 더 렁 웨이

**자신도
길을 모를 때**

☐ 길을 건너세요.
Cross the street.
크로스 더 스트릿

☐ 저 사람에게 물어볼게요.
I'll ask that man for you.
아일 애스크 댙 맨 포 유

☐ 파출소에서 물어볼게요.
I'll inquire at the police box for you.
아일 인콰이어 앹 더 폴리스 박스 포 유

☐ 이 주변인 것 같은데요...
It's somewhere around here.
이츠 썸웨어 어롸운드 히어

☐ 미안합니다. 잘 모르겠습니다.
I'm sorry. I don't know.
아임 쏘리   아이 돈트 노우

☐ 저는 여행자입니다.
I'm a tourist.
아임어 투어리스트

☐ 미안합니다. 저도 잘 모릅니다.
I'm afraid I can't tell you.
아임 어프레읻 아이 캔트 텔 유

> A : *Can you tell me where I am?*
> 캔 유 텔 미 웨어아이 엠
> (제가 지금 있는 곳이 어디입니까?)
> B : *I'm afraid I can't tell you.*

☐ 다른 사람에게 물어보십시오.
Please ask someone else.
플리즈 애스크 썸원엘스

☐ 지도를 가지고 있습니까?
Do you have a map?
두 유 햅어 맾

길안내와 묻기

길을 잃었을 때

□ 이 근방은 잘 모릅니다.
I'm a stranger around here.
아임어 스트레인져 어롸운드히어

□ 길을 잃었습니다.
I got lost on my way.
아이 갓 로스트 온 마이 웨이

□ 실례합니다! 여기는 무슨 거리입니까?
Excuse me! What's this street?
익스큐즈 미   와츠 디스 스트릿

> A : *Excuse me! What's this street?*
> B : *Are you lost?*
>   아유 로스트
>   (길을 잃었습니까?)

□ 길을 잃었습니다. 여기가 어디입니까?
I've lost my way. Where am I now?
아이브 로스트 마이 웨이   웨어앰 아이 나우

□ 잘못 온 것인가요?
Am I on the wrong street?
앰아이 온 더 렁 스트릿

□ 코리아타운으로 가는 길입니다.
We're going to Korea Town.
위어고잉 투 코리어 타운

> A : *Where are you going?*
>   웨어아유 고잉
>   (어디로 갑니까?)
> B : *We're going to Korea Town.*

□ 북쪽이 어디죠?
Which way is north?
위치 웨이 이즈 노쓰

□ 친절을 베풀어 주셔서 감사합니다.
It's very kind of you. Thank you.
이츠 베리 카인드 옆 유   쌩크 유

Chapter 36 열차를 이용할 때

ENGLISH CONVERSATION DICTIONARY

열차표를 살 때

☐ 매표소는 어디에 있습니까?
Where's the ticket window?
웨어즈 더 티킽 윈도우

☐ 예약 창구는 어디입니까?
Which window can I reserve a seat at?
위치 윈도우 캔 아이 리저브어 시트앹

☐ 뉴욕까지 편도 2장 주세요.
A one-way ticket to New York, please.
어 원 웨이 티킽 투 뉴욕   플리즈

☐ 다음 열차는 몇 시에 있습니까?
What time does the next train leave?
왙 타임 더즈 더 넥스트 트레인 리브

☐ 로스앤젤레스까지 편도를 주세요.
One-way to Los Angeles, please.
원 웨이 투 로스엔젤레스   플리즈

> A : One-way to Los Angeles, please.
> B : Which class do you want?
>   위치 클래스 두 유 원트
>   (몇 등 석으로 드릴까요?)

☐ 편도입니까, 왕복입니까?
One-way or round-trip?
원 웨이 오어 라운드 트립

☐ 로스앤젤레스까지 편도 주세요.
A single to Los Angles, please.
어 씽글 투 로스 엔젤레스   플리즈

403

❑ 9시 급행 표를 주세요.

Tickets on express at nine, please.
티키츠 온 익스프레스 앹 나인   플리즈

❑ 일등석입니까, 이등석입니까?

First or second class?
퍼스트 오어 세컨드 클래스

> A : First or second class?
> B : First class, please.
> 퍼스트 클래스 플리즈
> (일등석을 주세요.)

❑ 이등석은 얼마입니까?

How much is a second class ticket?
하우 머취 이즈어 세컨드 클래스 티킽

❑ 급행열차입니까?

Is it an express train?
이즈잍언 익스프레스 트레인

❑ 더 이른 열차는 있습니까?

Do you have an earlier train?
두 유 햅언 얼리어 트레인

> A : Do you have an earlier train?
> B : It leaves at 10:30.
> 잍 리브즈 앹 텐 써티
> (오전 10시 30분에 출발합니다.)

❑ 더 늦은 열차는 있습니까?

Do you have a later train?
두 유 햅어 레이터 트레인

열차를 탈 때

❑ 어디서 갈아탑니까?

Where should we change trains?
웨어 슏 위 체인쥐 트레인즈

❑ 3번 홈은 어디입니까?

Where is platform No 3.
웨어이즈 플랫폼 넘버 쓰리

404

❒ 파리행 열차는 어디입니까?
Where's the train for Paris?
웨어즈 더 트레인 포 패리스

❒ 이건 마드리드행입니까?
Is this for Madrid?
이즈 디스 포 마드리드

❒ (표를 보여주며) 이 열차 맞습니까?
Is this my train?
이즈 디스 마이 트레인

> A : Is this my train?
> B : Yes, it is.
> 　예스 잍이즈
> 　(네, 그렇습니다.)

❒ 이 열차는 예정대로 출발합니까?
Is this train on schedule?
이즈 디스 트레인 온 스케줄

❒ 도중에 하차할 수 있습니까?
Can I have a stopover?
캔 아이 해버 스탑오버

❒ 열차를 놓쳤습니다.
I missed my train.
아이 미스트 마이 트레인

열차 안에서

❒ 거기는 제 자리입니다.
That's my seat.
대츠 마이 시트

❒ 이 자리는 비어 있나요?
Is this seat taken?
이즈 디스 시트 테이큰

❒ 창문을 열어도 되겠습니까?
May I open the window?
메이아이 오픈 더 윈도우

열차를 이용할 때

▫ 식당차는 어디에 있습니까?

Where's the dining car?
웨어즈 더 다이닝 카

▫ (여객전무) 도와 드릴까요?

May I help you?
메이아이 핼프유

▫ 로마까지 몇 시간입니까?

How many hours to Rome?
하우 메니 아워즈 투 로움

▫ (국경을 통과할 때) 여권을 보여 주십시오.

May I see your passport?
메이아이 씨 유어 패스포트

> A : *May I see your passport?*
> B : *Here it is.*
>   히어 잍이즈
>   (네, 여기 있습니다.)

▫ 여기는 무슨 역입니까?

What station is this?
왙 스테이션 이즈 디스

▫ 다음 역은 무슨 역입니까?

What's the next station?
와츠 더 넥스트 스테이션

열차 트러블

▫ 표를 잃어버렸습니다.

I lost my ticket.
아이 로스트 마이 티킽

▫ 내릴 역을 지나쳤습니다.

I missed my station.
아이 미스트 마이 스테이션

▫ 이 표는 아직 유효합니까?

Is this ticket still valid?
이즈 디스 티킽킷 스틸 밸리드

Chapter 37

지하철을 이용할 때

지하철역을 찾을 때

☐ 지하철 노선도를 주시겠습니까?
May I have a subway map?
메이아이 햅어 썹웨이 맾

☐ 어디서 지하철을 탈 수 있나요?
Where can I get on the subway?
웨어 캔 아이 겥 온 더 썹웨이

☐ 이 근처에 지하철역이 있습니까?
Is the subway station near here?
이즈 더 썹웨이 스테이션 니어 히어

☐ 가장 가까운 지하철역이 어디죠?
Where's the nearest subway station?
웨어즈 더 니어리스트 썹웨이 스테이션

☐ 지하철역이 어디에 있습니까?
Where is the subway station?
웨어이즈 더 썹웨이 스테이션

출입구를 찾을 때

☐ 입구가 어디죠?
Where is the entrance?
웨어이즈 디 엔터런스

☐ 센트럴파크로 가려면 어디로 나가면 됩니까?
Which exit should I take for Central Park?
위치 엑싣 슏아이 테잌 포 센트럴 파크

A : *Which exit should I take for Central Park?*
B : *Take the A-2(two) exit.*
　　테잌 디 에이 투 엑싣
　　(A-2 출구로 나가세요)

타고자 하는 지하철을 물을 때

☐ 월 스트리트로 나가는 출구가 어디죠?
Where is the exit for Wall Street?
웨어이즈 디 엑실 포 월 스트릿

☐ 어느 선이 시청으로 가죠?
Which line goes to City Hall?
위치 라인 고우즈 투 씨티 홀

☐ 어느 선이 센트럴 파크로 갑니까?
Which line goes to Central Park?
위치 라인 고우즈 투 센츄럴 파크

> A : *Which line goes to Central Park?*
> B : *Take line number 3.*
> 테익 라인 넘버 쓰리
> (3호선을 타십시오.)

☐ 서부역은 몇 호선입니까?
Which line is for West station?
위치 라인 이즈 포 웨스트 스테이션

☐ 어디서 갈아탑니까?
Where should I change trains?
웨어 슌아이 체인쥐 트레인스

표를 살 때

☐ 표는 어디서 살 수 있습니까?
Where can I buy a ticket?
웨어 캔 아이 바이 어 티킽

☐ 매표소가 어디죠?
Where is the ticket office?
웨어이즈 더 티킽 오피스

☐ 자동매표기를 사용하세요.
Please use the vending machine.
플리즈 유즈 더 벤딩 머쉰

☐ 자동매표기는 어디에 있습니까?
Where is the ticket machine?
웨어이즈 더 티킽 머쉰

지하철을 탔을 때

❒ 어느 역에서 갈아타죠?
What station do I transfer?
왓 스테이션 두 아이 트랜스퍼

❒ 이건 남부역에 갑니까?
Is this for South station?
이즈 디스 포 싸우스 스테이션

❒ 북부역은 몇 번째입니까?
How many stops are there to North station?
하우 메니 스탑스 아 데어 투 노쓰 스테이션

❒ 다음은 어디입니까?
What's the next station?
와츠 더 넥스트 스테이션

❒ 이 지하철은 동부역에 섭니까?
Does this train stop at East station?
더즈 디스 트레인 스탑 앹 이스트 스테이션

❒ 이 노선의 종점은 어디입니까?
Where's the end of this line?
웨어즈 디 엔드옆 디스 라인

❒ 지금 어느 근처입니까?
Where are we now?
웨어아 위 나우

❒ 다음은 센트럴 역입니까?
Is the next stop Central Station?
이즈 더 넥스트 스탑 센트럴 스테이션

❒ 표를 잃어버렸습니다.
I lost my ticket.
아이 로스트 마이 티킽

❒ 지하철에 가방을 두고 내렸습니다.
I left my bag in a subway.
아이 렢트 마이 백 인어 썹웨이

지하철을 이용할 때

Chapter 38 버스를 이용할 때

시내버스

☐ 어디서 버스 노선도를 얻을 수 있습니까?
Where can I get a bus route map?
웨어 캔 아이 겥 어 버스 루트 맵

☐ 버스 정류소는 어디에 있습니까?
Where's the bus stop?
웨어즈 더 버스 스탚

> A : Where's the bus stop?
> B : At the corner over there.
> 앹 더 코너 오버 데어
> (저쪽 모퉁이에 있습니다.)

☐ 가장 가까운 버스 승강장이 어디죠?
Where's the nearest bus stop?
웨어즈 더 니어리스트 버스 스탚

☐ 어느 버스가 시내로 가죠?
Which bus goes to down town?
위치 버스 고우즈 투 다운 타운

☐ 어느 버스를 타야 되나요?
Which bus should I take?
위치 버스 슏아이 테잌

☐ 5번 버스는 얼마나 자주 운행하죠?
How often does bus #5 run?
하우 오픈 더즈 버스 샾 파이브 런

☐ 표는 어디서 살 수 있습니까?
Where can I get a ticket?
웨어 캔 아이 겥 어 티킽

410

❏ 어느 버스를 타면 됩니까?
Which bus do I get on?
위치 버스 두 아이 겥 온

❏ (버스를 가리키며) 미술관행입니까?
To the art museum?
투 디 아트 뮤지엄

❏ 이 버스가 센트럴 파크 앞에 섭니까?
Does this bus stop at Central Park?
더즈 디스 버스 스탑 앹 센트럴 파크

> A : Does this bus stop at Central Park?
> B : Yes, get on, please.
> 예스 겥 온 플리즈
> (네, 타십시오.)

❏ 갈아타야 합니까?
Do I have to transfer?
두 아이 햅 투 트랜스퍼

❏ 시청 가려면 어디서 내리죠?
Where do I get off for City Hall?
웨어 두 아이 겥 오프 포 씨티 홀

❏ 도착하면 가르쳐 주세요.
Tell me when we arrive there.
텔 미 웬 위 어롸입 데어

❏ 여기서 내려요.
I'll get off here.
아일 겥 오프 히어

시외버스

❏ 버스 터미널은 어디에 있습니까?
Where is the depot?
웨어 이즈 더 디포우

❏ 매표소는 어디에 있습니까?
Where is the ticket office?
웨어이즈 더 티킽 오피스

버스를 이용할 때

411

❐ 거기에 가는 직행버스는 있나요?
Is there any bus that goes there directly.
이즈 데어에니 버스 댙 고우즈 데어 다이렉트리

❐ 라스베가스까지 두 장 주세요.
Two for Las Vegas, please.
투 포 라스 베이거스   플리즈

> A : Two for Las Vegas, please.
> B : Here you are.
> 히어 유 아
> (여기 있습니다.)

❐ 돌아오는 버스는 어디서 탑니까?
Where is the bus stop for going back?
웨어이즈 더 버스 스탚 포 고잉 백

관광버스

❐ 라스베가스를 방문하는 투어는 있습니까?
Do you have a tour to Las Vegas?
두 유 햅어 투어 투 라스 베이거스

❐ 여기서 예약할 수 있나요?
Can I make a reservation here?
캔 아이 메잌어 레저베이션 히어

❐ 버스는 어디서 기다립니까?
Where do we meet again?
웨어 두 위 미트 어게인

❐ 몇 시에 돌아옵니까?
What time are we returning?
왙 타임 아 위 리터닝

❐ 투어는 몇 시에 어디서 시작됩니까?
When and where does the tour begin?
웬 앤드 웨어 더즈 더 투어 비긴

❐ 호텔까지 데리러 옵니까?
Will you pick us up at the hotel?
윌 유 픽어스 엎 앹 더 호텔

ENGLISH CONVERSATION DICTIONARY

Chapter 39 택시를 이용할 때

택시를 잡을 때

□ 택시 승강장은 어디에 있습니까?
Where's the taxi stand?
웨어즈 더 택시 스탠드

□ 택시를 잡읍시다.
Let's catch a taxi.
레츠 캐취 어 택시

□ 어디서 택시를 탈 수 있습니까?
Where can I get a taxi?
웨어 캔 아이 겥 어 택시

> A : Where can I get a taxi?
> B : You can find a taxi stand in the next block.
> 유 캔 파인드 어 택시 스탠드 인 더 넥스트 블록
> (다음 블록에 택시 승강장이 하나 있습니다.)

□ 어디서 기다리고 있으면 됩니까?
Where should we wait?
웨어 슈드 위 웨잍

□ 공항까지 요금이 얼마나 나올까요?
How much will it cost to the air port?
하우 머취 윌잍 코스트 투 디 에어 포트

□ 택시를 타면 얼마나 걸립니까?
How long does it take by taxi?
하우 롱 더즈잍 테잌 바이 택시

> A : How long does it take by taxi?
> B : You can get there in less than 20 minutes by taxi.
> 유 캔 겥 데어 인 레스 댄 투엔티 미넛츠 바이 택시
> (택시로 거기에 20분 못 돼서 갈 수 있습니다.)

413

❏ 얼마나 걸릴까요?

How long will it take?
하우 롱 윌 잍 테익

❏ 밤에는 요금이 더 드나요?

Are rates more expensive at night?
아 레이츠 모어 익스펜씨브 앹 나잍

❏ 택시로 가는 것은 꽤 비싸군요.

It's rather expensive to go by taxi.
이츠 래더 익스펜씨브 투 고 바이 택시

❏ 택시!

Taxi!
택시

택시를 탈 때

❏ 우리들 모두 탈 수 있습니까?

Can we all get in the car?
캔 위 올 겥 인 더 카

❏ 트렁크를 열어 주시겠어요?

Would you open the trunk?
욷 유 오픈 더 트렁크

❏ 어디까지 가십니까?

Where to?
웨어 투

   A : *Where to?*
   B : *To Central Park, please.*
       투 센트럴 파크   플리즈
      (센트럴파크로 가주세요.)

❏ 어디로 가십니까?

Where are you going?
웨어아유 고잉

   A : *Where are you going?*
   B : *Take me to this address, please.*
       테잌 미 투 디스 어드레스   플리즈
      (이 주소로 가 주세요.)

❏ 이 주소로 데려다 주시겠어요?
To this address, please?
투 디스 어드레스   플리즈

❏ 서둘러 주시겠어요?
Could you please hurry?
쿠 유 플리즈 허리

❏ 빨리 가 주세요.
Step on it, please.
스텝 온 잇   플리즈

❏ 9시까지 도착할 수 있을까요?
Can I get there by nine?
캔 아이 겟 데어 바이 나인

❏ 가장 가까운 길로 가 주세요.
Take the shortest way, please.
테익 더 쇼티스트 웨이   플리즈

❏ 좀더 천천히 가 주세요.
Could you drive more slowly?
쿠 유 드라이브 모어 슬로우리

택시에서 내릴 때

❏ 다 왔습니다, 손님.
Here we are, sir.
히어 위 아   써

❏ 여기서 세워 주세요.
Stop here, please.
스탑 히어   플리즈

❏ 다음 신호에서 세워 주세요.
Please stop at the next light.
플리즈 스탑 앳 더 넥스트 라이트

❏ 이 근처 아무 데서나 세워 주세요.
Let me get off anywhere near here, please.
렛 미 겟 오프 에니웨어 니어 히어   플리즈

택시를 이용할 때

❏ 좀더 앞까지 가주세요.
Could you pull up a little further?
쿧 유 풀 엎 어 리틀 퍼더

❏ 제 가방을 내려 주시겠습니까?
Could you take out my bags?
쿧 유 테잌 아웉 마이 백스

❏ 요금은 얼마입니까?
How much is it?
하우 머취 이즈잍

❏ 요금이 잘못 된 것 같아요.
That fare doesn't seem right.
댙 페어 더즌트 씸 롸잍

❏ 거리에 비해서 요금이 너무 많군요.
The fare is too high for this distance.
더 페어이즈 투 하이 포 디스 디스턴스

❏ 감사합니다. 잔돈은 가지세요.
Thanks. Keep the change.
쌩스   킾 더 체인쥐

❏ 됐습니다. 나머지는 그냥 가지세요.
Don't worry about it.
돈트 워리 어바웉 잍

❏ 여기서 기다려 주시겠어요?
Would you wait for me here?
욷 유 웨잍 포 미 히어

❏ 2~3분 후에 돌아오겠습니다.
I'll be back in a couple of minutes.
아일 비 백 인 어 커플 엎 미니츠

ENGLISH CONVERSATION DICTIONARY

Chapter 40
비행기를 이용할 때

항공권 예약

□ 비행기 예약을 부탁합니다.
I'd like to reserve a flight.
아이드 라잌 투 리저브어 플라잍

> A : I'd like to reserve a flight.
> B : What's your name and flight number?
> 와츠유어네임 엔드 플라잍 넘버
> (성함과 편명을 말씀해 주시겠어요?)

□ 내일 로스앤젤레스행 비행기가 있습니까?
Do you have a flight to Los Angeles?
두 유 햅어 플라잍 투 로스 앤젤레스

□ 일찍 가는 비행기로 부탁합니다.
I'd like an earlier flight.
아이드 라잌언 얼리어 플라잍

□ 늦게 가는 비행기로 부탁합니다.
I'd like a later flight.
아이드 라잌어 레이터 플라잍

□ 출발시간을 확인하고 싶은데요.
I'd like to make sure of the time it leaves.
아이드 라잌 투 메잌슈어 엎더 타임 잍 리브즈

체크인과 탑승

□ 유나이티드 항공 카운터는 어디입니까?
Where's the United Airlines counter?
웨어즈 디 유나이팉 에어라인즈 카운터

□ 지금 체크인할 수 있습니까?
Can I check in now?
캔 아이 쳌인 나우

417

❑ 항공권은 가지고 계십니까?

Do you have a ticket?
두 유 햅어 티킽

> A : Do you have a ticket?
> B : Here it is.
> 　　히어 잍이즈
> 　（예, 여기 있습니다.）

❑ 금연석 통로 쪽으로 부탁합니다.

An aisle seat in the non-smoking section, please.
언 아일 시트 인 난 스모킹 섹션　　　　　　플리즈

❑ 이 짐은 기내로 가지고 갑니다.

This is a carry-on bag.
디스 이즈 어 캐리 온 백

❑ 요금은 어떻게 됩니까?

What's the fare?
와츠 더 페어

❑ 몇 번 출구로 나가면 됩니까?

Which gate should I go to?
위치 게잍 슏 아이 고 투

❑ 이건 샌디에이고행 출구입니까?

Is this the gate to San Diego?
이즈 디스 더 게잍 투 샌디에이고

❑ 비행기는 예정대로 출발합니까?

Is the flight on time?
이즈 더 플라잍 온 타임

❑ 이 짐을 맡길게요.

I'll check this baggage.
아일 쳌디스 배기쥐

❑ 탑승이 시작되었나요?

Has boarding begun?
해즈 보딩 비건

ENGLISH CONVERSATION DICTIONARY

Chapter 41
자동차를 이용할 때

차종을 고를 때

❏ 렌터카 카운터는 어디에 있습니까?
Where's the rent-a-car counter?
웨어즈 더 렌터카 카운터

❏ 예약을 한 사람인데요.
I have a reservation.
아이 햅어 레저베이션

❏ 어느 정도 운전할 예정이십니까?
How long will you need it?
하우 롱 윌 유 니드잍

> A : *How long will you need it?*
> B : *For a week.*
> 포 어윅
> (1주간입니다.)

❏ 차를 3일간 빌리고 싶습니다.
I'd like to rent a car for three days.
아이드 라익 투 렌트 어 카 포 쓰리 데이즈

❏ 이것이 제 국제운전면허증입니다.
Here's my international driver's license.
히어즈 마이 인터내셔널 드라이버즈 라인선스

렌터카를 이용할 때

❏ 어떤 차가 있습니까?
What kind of cars do you have?
왙 카인드옵 카스 두 유 햅

❏ 렌터카 목록을 보여 주시겠어요?
Can I see your rent-a-car list?
캔 아이 씨 유어 렌터카 리스트

419

**레터카
요금과 보험**

☐ 어떤 타입의 차가 좋으시겠습니까?
What type of car would you like?
왓 타잎 옵 카 운 유 라잌

> A : What type of car would you like?
> B : I'd like a mid-size car.
> 아이드 라잌어 밑 싸이즈 카
> (중형차를 빌리고 싶은데요.)

☐ 오토매틱밖에 운전하지 못합니다.
I can only drive an automatic.
아이 캔 온리 드라이브 언 오토매릭

☐ 오토매틱 스포츠카를 부탁합니다.
I'd like an automatic sports car.
아이드 라잌언 오토매릭 스포츠 카

☐ 선불이 필요합니까?
Do I need a deposit?
두 아이 니드어 디파짙

☐ 보증금은 얼마입니까?
How much is the deposit?
하우 머취 이즈 더 디파짙

☐ 1주간 요금은 얼마입니까?
What's the rate per week?
와츠 더 레잍 퍼 윜

☐ 특별요금은 있습니까?
Do you have any special rates?
두 유 햅에니 스페셜 레이츠

☐ 그 요금에 보험은 포함되어 있습니까?
Does the price include insurance?
더즈 더 프라이스 인클루드 인슈어런스

☐ 종합보험을 들어 주십시오.
With comprehensive insurance, please.
윋 캄프리헨시브 인슈어런스 플리즈

도로를 물을 때

□ 긴급연락처를 알려 주시겠어요?
Where should I call in case of an emergency?
웨어 슏아이 콜 인 케이스 엎언 이머전시

□ 도로지도를 주시겠습니까?
Can I have a road map?
캔 아이 햅어 로드 맾

□ 샌디에이고는 어느 길로 가면 됩니까?
Which way to San Diego?
위치 웨이 투 샌디에이고

> A : Which way to San Diego?
> B : Take the 5 South.
> 테잌 더 파이브 싸우스
> (5번도로로 남쪽으로 가세요.)

□ 곧장입니까, 아니면 왼쪽입니까?
Straight? Or to the left?
스트레잍   오어 투 더 렢트

□ 몬트레이까지 몇 마일입니까?
How many miles to Monterey?
하우 메니 마일즈 투 몬터레이

□ 차로 디즈니랜드는 어느 정도 걸립니까?
How far is it to Disneyland by car?
하우 파 이즈잍 투 디즈니랜드 바이 카

□ 가장 가까운 교차로는 어디입니까?
What's the nearest intersection?
와츠 더 니어리스트 인터섹션

차를 운전할 때

□ 안전벨트를 매세요.
Please fasten your seat belt.
플리즈 패슨 유어 시트 벨트

□ 에어컨 좀 켜 주세요.
Please turn on the air conditioning.
플리즈 턴 온 디 에어 컨디셔닝

❏ 라디오 좀 꺼 주세요.
Kill the radio.
킬 더 레이디오우

❏ 문 잠금 장치를 찾을 수 없어요.
I can't find the door latch.
아이 캔트 파인 더 도어 래취

❏ 속도 좀 줄이세요.
Slow down.
슬로우 다운

❏ 조심해요!
Watch out!
와치 아웉

❏ 속도 좀 내 주실래요?
Could you speed up?
쿧 유 스피드엎

❏ 그러다간 과속 딱지 떼일 거야.
You're going to get a speeding ticket.
유어 고잉 투 겥 어 스피딩 티킽

> A: You're going to get a speeding ticket.
> B: What are you, a backseat driver?
> 왙 아 유 어 백시트 드라이버
> (간섭 좀 그만해.)

❏ 밤에는 운전을 잘 못합니다.
I don't drive well at night.
아이 돈트 드라이브 웰 앹 나잍

❏ 길을 잃은 것 같아요.
I seem to be lost.
아이 씸 투 비 로스트

❏ 우측 차선으로 들어가세요.
Get over in the right line.
겥 오버 인 더 롸잍 라인

❑ 우리가 어디에 있는지 알아요?
Do you know where we are?
두 유 노우 웨어 위 아

A : Do you know where we are?
B : Why don't you ask somebody for directions?
와이 돈트유 애스크 썸바디 포 디렉션스
(누구에게 길을 물어보지 그래요?)

❑ 왜 더 이상 못가고 밀리는 거죠? 보여요?
What's the holdup? Can you see?
와츠 더 홀드업   캔 유 씨

A : What's the holdup? Can you see?
B : There must be an accident up ahead.
데어 머스트비 언 액시던트 업 어헤드
(앞쪽에서 사고가 난 것이 틀림없어요.)

❑ 출퇴근 시간은 항상 이래요.
It's always like this during the rush hour.
이츠 올웨이즈 라잌 디스 듀링 더 러쉬 아워

주차를 할 때

❑ 주차장이 어디에 있습니까?
Where is your parking lot?
웨어 이즈 유어 파킹 랕

❑ 여기에 주차할 수 있습니까?
Can I park here?
캔 아이 파크 히어

❑ 잠깐이면 됩니다.
It'll just be a minute.
잍일 저스트 비 어 미닡

❑ 시간당 주차료가 얼마입니까?
How much is it per hour?
하우 머춰 이즈 잍 퍼 아워

❑ 여기는 무료 주차장입니다.
This is a free parking lot.
디스 이즈 어 프리 파킹 랕

자동차를 이용할 때

423

☐ 주차장이 꽉 찼어요.
The parking lot is full.
더 파킹 랕 이즈 풀

☐ 주차할 곳을 못 찾겠어요.
I can't find a place to park.
아이 캔트 파인드어 플래이스 투 파크

☐ 주차확인증 여기 있습니다.
Here's your claim check.
히어즈 유어 클레임 첵

☐ 차를 뒤로 빼 주시겠어요?
Would you mind backing up, please?
운 유 마인드 배킹 엎 플리즈

☐ 차를 앞으로 좀 빼 주시겠어요?
Could you move up a little, please?
쿤 유 무브 엎 어 리틀 플리즈

☐ 어디에 주차하셨어요?
Where did you park your car?
웨어 딛 유 파크 유어 카

A : *Where did you park your car?*
B : *I parked out front.*
아이 파크트 아웉 프런트
(바로 앞에다 주차해 두었어요.)

☐ 이곳은 견인지역입니다.
This is a towaway zone.
디스 이즈 어 토어웨이 존

주유를 할 때

☐ 기름은 충분한가요?
Do you have enough gas?
두 유 햅 이넢 개스

A : *Do you have enough gas?*
B : *We're running low on gas.*
위어 러닝 로우 온 개스
(연료가 떨어져 가는데요.)

424

☐ 이 근처에 주유소가 있나요?
Is there a gas station near here?
이즈 데어러 개스 스테이션 니어 히어

☐ 자동차에 연료가 얼마나 있죠?
How much gas do we have?
하우 머취 개스 두 위 햅

> A : How much gas do we have?
> B : We're low on gas.
>   위어 로우 온 개스
>   (연료가 거의 다 됐어요.)

☐ 20달러 어치 넣어 주세요.
Fill her up to 20 dollars.
필 허 엎 투 투웬티 달러즈

☐ 가득 채워 주세요.
Top it up.
탚 잍 엎

☐ 2번 주유기에 차를 세우세요.
Pull up to pump number 2.
풀 엎 투 펌프 넘버 투

세차를 할 때

☐ 세차 좀 해 주세요.
Wash it down, please.
와쉬 잍 다운   플리즈

☐ 세차를 해 주시겠습니까?
Would you give the car a wash?
욷 유 깁 더 카 어 와쉬

고장이 났을 때

☐ 차에 펑크 났어요.
I have a flat tire.
아이 햅어 플fox 타이어

☐ 시동이 안 걸립니다.
My car won't start.
마이 카 원트 스타트

425

◻ 오일이 샙니다.
The oil leaking.
디 오일 리킹

◻ 차에 배터리가 나갔어요.
The battery is dead.
더 배터리 이즈 뎁

◻ 가끔씩 갑자기 엔진이 꺼집니다.
Sometimes the engine fails suddenly.
썸타임즈 디 엔진 페일즈 써든리

◻ 전구 하나가 나갔어요.
One of the bulbs is burned out.
원 엎더 벌브스 이즈 번드아웉

◻ 왼쪽 뒷바퀴가 다 닳았어요.
The left rear tire is all worn out.
더 렙트 리어 타이어 이즈 올 원 아웉

◻ 차에서 이상한 소리가 납니다.
My car's making strange noises.
마이 카스 메이킹 스트레인쥐 노이즈스

> A : *My car's making strange noises.*
> B : *There's nothing wrong with the engine.*
> 데어즈 나씽 렁 윝 디 엔진
> (엔진에는 아무런 이상이 없습니다.)

◻ 제 차를 점검해 주시겠어요?
Could you give my car checked, please?
쿧 유 깁 마이 카 쳌트   플리즈

◻ 지금 고쳐줄 수 있나요?
Can you fix right now?
캔 유 픽스 롸잍 나우

◻ 엔진오일 좀 봐 주세요.
Check the oil, please.
쳌디 오일   플리즈

사고가 났을 때

❏ 타이어 고기압 좀 점검해 주시겠어요?
Could you check my tire pressure?
쿧 유 첵 마이 타이어 프레셔

❏ 브레이크 상태가 아주 나쁩니다.
Your brakes are in bad shape.
유어 브레익스 아인 밷 쉐잎

❏ 제 차를 다 고쳤습니까?
Is my car ready to go?
이즈 마이 카 레디 투 고

> A : *Is my car ready to go?*
> B : *Your car is ready to go, sir.*
>   유어 카 이즈 레디 투 고   써
>   (다 고쳤습니다, 손님.)

❏ 내 차가 꼼짝 못하게 되었습니다.
My car has stalled.
마이 카 해즈 스톨드

> A : *My car has stalled.*
> B : *That's too bad.*
>   댓츠 투 밷
>   (그거 안됐군요.)

❏ 교통사고를 당했습니다.
I had a traffic accident.
아 핻어 트래픽 액시던트

❏ 충돌사고를 당했습니다.
I had a collision.
아이 핻 어 컬리전

❏ 경찰을 불러 주세요.
Call the police, please.
콜 더 폴리스   플리즈

❏ 사고를 냈습니다.
I had an accident.
아 핻언 액시던트

교통법규를 위반했을 때

☐ 제 과실이 아닙니다.
It wasn't my fault.
잍 워즌트 마이 폴트

☐ 보험 처리가 됩니까?
Will the insurance cover it?
윌 디 인슈어런스 커버 잍

☐ 하마터면 큰일 날 뻔 했군요.
That was a close call.
댙 워즈 어 클로우즈 콜

☐ 차에서 내리세요.
Step out of the car, please.
스텦 아웉 엎 더 카   플리즈

> A : *Step out of the car, please.*
> B : *Hi, Officer, what's the problem?*
> 하이 오피서   와츠 더 프러블럼
> (경찰관, 무슨 일이죠?)

☐ 운전면허증을 보여 주세요.
I need to see your dirver's license, please.
아이 니드 투 씨 유어 드라이버스 라이선스   플리즈

> A : *I need to see your dirver's license, please.*
> B : *Hi, Officer, Did I anything wrong?*
> 하이 오피서   딛 아이 에니씽 렁
> (경찰관, 제가 뭘 잘못했나요?)

☐ 여기 음주 측정기를 부십시오.
Please blow into this breath analyzer here.
플리즈 블로 인투 디스 브레쓰 애널라이저 히어

☐ 선생님, 정지 신호에서 멈추지 않았습니다.
Sir, you didn't stop for that stop sign.
써   유 디든트 스탚 포 댙 스탚 싸인

> A : *Sir, you didn't stop for that stop sign.*
> B : *Officer, can you cut me some slack here?*
> 오피서   캔 유 컽 미 썸 슬랰 히어
> (저기 경관님, 봐 주세요.)

ENGLISH CONVERSATION DICTIONARY

Chapter 42
호텔 체크인

호텔을 찾을 때

☐ 여기서 호텔 예약할 수 있습니까?
Can I make a reservation here?
캔 아이 메이어 레저베이션 히어

☐ 역까지 데리러 옵니까?
Could you pick me up at the station?
쿧 유 픽 미 엎 앹 더 스테이션

☐ 공항까지 데리러 옵니까?
Could you pick me up at the airport?
쿧 유 픽 미 엎 앹 디 에어포트

☐ 그 호텔은 어디에 있습니까?
Where is the hotel located?
웨어이즈 더 호텔 로케이틷

☐ 다른 호텔을 소개해 주십시오.
Could you tell me where another hotel is?
쿧 유 텔 미 웨어 어나더 호텔 이즈

전화로 호텔을 예약할 때

☐ 예약을 하고 싶은데요.
I'd like to make a reservation.
아이드 라잌 투 메이어 레저베이션

☐ 오늘 밤, 빈방 있습니까?
Do you have any vacancies tonight?
두 유 햅에니 베이컨시즈 투나읻

A : *Do you have any vacancies tonight?*
B : *What type of room would you like?*
왙 타잎 옵 룸 욷 유 라잌
(어떤 방이 좋겠습니까?)

429

❒ 숙박요금은 얼마입니까?

How much is the room charge?
하우 머취 이즈 더 룸 챠쥐

❒ 1박에 얼마입니까?

How much for one night?
하우 머취 포 원 나잍

❒ 요금에 조식은 포함되어 있나요?

Does the room charge include breakfast?
더즈 더 룸 챠지 인클루드 브렉퍼스트

❒ 봉사료와 세금은 포함되어 있습니까?

Does it include service charge and tax?
더즈잍 인클루드 써비스 챠지 앤드 택스

❒ 더 싼 방은 없습니까?

Don't you have a cheaper room?
돈트유 햅어 취퍼 룸

❒ 몇 박을 하실 겁니까?

How long would you like to stay?
하우 롱 욷 유 라잌 투 스테이

> A : *How long would you like to stay?*
> B : *I'll stay two nights.*
>   아일 스테이 투 나이츠
>   (오늘 밤부터 2박 할 겁니다.)

❒ 더블 룸으로 부탁합니다.

A double room, please.
어 더블 룸   플리즈

❒ 욕실이 있는 방으로 부탁합니다.

I'd like a room with a bath.
아이드 라잌어 룸 윋어 배쓰

❒ 예약을 취소하고 싶습니다.

Please cancel my reservation.
플리즈 캔쓸 마이 레저베이션

체크인할 때

☐ 안녕하십니까? 무엇을 도와 드릴까요?
Good evening. May I help you?
굳 이브닝　　　메이아이 햅프유

  A : *Good evening. May I help you?*
  B : *I'd like to check in.*
    아이드 라잌 투 첵인
    (체크인하고 싶은데요.)

☐ 예약은 하셨습니까?
Did you have a reservation?
딛 유　햅어 레저베이션

  A : *Did you have a reservation?*
  B : *I have a reservation.*
    아이 햅어 레저베이션
    (예약했습니다.)

☐ 확인서는 여기 있습니다.
Here is my confirmation slip.
히어이즈 마이 컨퍼메이션 슬맆

☐ 예약은 한국에서 했습니다.
I made one from Korea.
아이 메일 원 프럼 코리어

☐ 아직 예약을 하지 않았습니다.
I haven't made a reservation.
아이 해븐트 메일어 레저베이션

☐ 성함을 말씀하십시오.
May I have your name?
메이아이 햅유어 네임

☐ 숙박 쿠폰을 가지고 있습니다.
I have a travel agency coupon.
아이 햅어 트래벌 에이전시 쿠펀

☐ 숙박카드에 기입해 주십시오.
Please fill out the registration card.
플리즈 필 아웉더 레지스트레이션 카드

호텔 체크인

❒ 이게 방 열쇠입니다.
Here is your room key.
히어리즈 유어 룸 키

❒ 귀중품을 보관해 주시겠어요?
Can you keep my valuables?
캔 유 킾 마이 밸류어블즈

방을 확인할 때

❒ 방을 보여 주세요.
May I see the room?
메이아이 씨 더 룸

❒ 좀더 좋은 방은 없습니까?
Do you have anything better?
두 유 햅에니씽 베터

❒ 좀더 큰 방으로 바꿔 주시겠어요?
Could you give me a larger room?
쿨 유 깁 미 어 라져 룸

❒ 조용한 방으로 부탁합니다.
I'd like a quiet room.
아이드 라익어 콰이엍 룸

❒ 전망이 좋은 방으로 부탁합니다.
I'd like a room with a nice view.
아이드 라익어 룸 윌어 나이스 뷰

❒ 이 방으로 하겠습니다.
I'll take this room.
아일 테익 디스 룸

방으로 안내
받을 때

❒ 벨보이가 방으로 안내하겠습니다.
The bellboy will show you your room.
더 벨보이 윌 쇼우 유 유어 룸

❒ 짐을 방까지 옮겨 주겠어요?
Could you bring my baggage?
쿨 유 브링 마이 배기쥐

- 여기가 손님방입니다.
This is your room.
디스 이즈 유어 룸

> A : This is your room.
> B : It's a nice room.
> 이츠어 나이스 룸
> (멋진 방이군요.)
>
> A : Where shall I put your baggage?
> 웨어 쉘 아이 풋 유어 배기쥐
> (짐은 어디에 놓을까요?)
>
> B : Over here by the window.
> 오버 히어 바이 더 윈도우
> (여기 창가에 놓으세요.)
>
> A : OK, sir. Have a good night, sir.
> 오케이 써 햅어굿 나잍   써
> (알겠습니다. 편히 쉬십시오.)
>
> B : This tip is for you.
> 디스 팁 이즈 포 유
> (이건 팁입니다.)

체크인 트러블

- (늦을 경우) 8시에 도착할 것 같습니다.
I'll arrive at your hotel at eight.
아일 어라입 앹 유어 호텔 앹 에잍

- 예약을 취소하지 마세요.
Please don't cancel my reservation.
플리즈 돈트 캔쓸 마이 레저베이션

- (예약되어 있지 않을 때) 다시 한번 제 예약을 확인해 주십시오.
Check my reservation again, please.
첵 마이 레저베이션 어게인   플리즈

- 방을 취소하지 않았습니다.
I didn't cancel the room.
아이 디든트 캔쓸 더 룸

- 다른 호텔을 찾아드릴까요?
Would you refer me to another hotel?
욷 유 리퍼 미 투 어나더 호텔

호텔 체크인

Chapter 43 호텔 이용

ENGLISH CONVERSATION DICTIONARY

호텔 프런트에서

☐ 귀중품을 보관하고 싶은데요.
 I want you to take my valuables.
 아 원트유 투 테익 마이 밸류어블즈

☐ 열쇠를 보관해 주시겠습니까?
 Will you keep my key?
 윌 유 킾 마이 키

☐ 열쇠를 주시겠습니까?
 Can I have my key?
 캔 아이 햅 마이 키

☐ 비상구는 어디에 있습니까?
 Where's the fire exit?
 웨어즈 더 파이어 엑싣

룸서비스

☐ 저한테 온 메시지는 있습니까?
 Do you have any messages for me?
 두 유 햅에니 메시쥐즈 포 미

☐ 오늘 밤 늦게 돌아올 예정입니다.
 I'll be back late tonight.
 아일 비 백 레잍 투나잍

☐ 룸서비스를 부탁합니다.
 Room service, please.
 룸 써비스   플리즈

☐ 여기는 1234호실입니다.
 This is Room 1234.
 디스 이즈 룸 트웰브써티포

❏ 룸서비스입니다. 무엇을 도와 드릴까요?

Room service. Can I help you?
룸 써비스   캔 아이 헬프유

> A : Room service. Can I help you?
> B : Breakfast at 8 a.m. tomorrow morning, please.
> 브렉퍼스트 앹 에잍 에이엠 터머로우 모닝   플리즈
> (내일 아침 8시에 아침을 먹고 싶은데요.)

❏ 어느 정도 시간이 걸립니까?

How long will it take?
하우 롱 윌 잍 테익

❏ 뜨거운 물을 가져오세요.

Would you bring me boiling water?
운 유 브링 미 보일링 워터

❏ (노크하면) 누구십니까?

Who is it? (Who's this?)
후 이즈잍

❏ 잠시 기다리세요.

Just a moment, please.
저스트 어 모먼트   플리즈

❏ 들어오세요.

Please, come in.
플리즈   컴인

❏ 룸서비스가 됩니까?

Is room service available?
이즈 룸 써비스 어베일러블

클리닝

❏ 세탁서비스는 있나요?

Do you have laundry service?
두 유 햅 런드리 써비스

❏ 세탁을 부탁합니다.

I'd like to drop off some laundry.
아이드 라익 투 드랖 오프 썸 런드리

435

❒ 이 얼룩을 빼 주겠어요?
Can you get this stain out?
캔 유 곌 디스 스테인 아웉

❒ 이 와이셔츠를 다려 주세요.
I'd like these shirts pressed.
아이드 라익 디즈 셔츠 프레스트

❒ 이 바지를 다려 주었으면 합니다.
I want these pants pressed.
아이 원트 디즈 팬츠 프레스트

❒ 언제 됩니까?
When will it be ready?
웬 윌일 비 레디

> A : *When will it be ready?*
> B : *They will be ready by tomorrow evening.*
> 데이 윌 비 레디 바이 터머로우 이브닝
> (내일 저녁까지는 될 겁니다.)

❒ 빨리 해 주시겠어요?
Could you do it as soon as possible, please?
쿧 유   두 잍 애즈 쑨 애즈 파써블   플리즈

시설물을 물을 때

❒ 자판기는 있습니까?
Is there a vending machine?
이즈 데어어 벤딩 머쉰

❒ 식당은 어디에 있습니까?
Where is the dining room?
웨어이즈 더 다이닝 룸

❒ 식당은 몇 시까지 합니까?
How late is the dining room open?
하우 레잍 이즈 더 다이닝 룸 오픈

❒ 이 호텔에 테니스코트는 있습니까?
Is there a tennis court at this hotel?
이즈 데어 어 테니스 코트 앹 디스 호텔

☐ 커피숍은 어디에 있습니까?
Where's the coffee shop?
웨어즈 더 커피 샵

☐ 바는 언제까지 합니까?
How late is the bar room open?
하우 레잍 이즈 더 바 룸 오픈

☐ 여기서 이 편지들을 부칠 수 있나요?
Can I mail these letters here?
캔 아이 메일 디즈 레터즈 히어

> A: Can I mail these letters here?
> B: Sure. Do you need stamps?
> 슈어 두 유 니드 스탬스
> (물론이죠. 우표를 드릴까요?)

☐ 이메일을 체크하고 싶은데요.
I want to check my e-mail.
아이 원트 투 첵 마이 이메일

☐ 팩스는 있습니까?
Do you have a fax machine?
두 유 햅어 팩스 머신

☐ 복사기는 있습니까?
Do you have a duplicator?
두 유 햅어 듀플리케이터

☐ 여기서 관광버스 표를 살 수 있습니까?
Can I get a ticket for the sightseeing bus here?
캔 아이 겥 어 티킽 포 더 싸잍씨잉 버스 히어

☐ 계산은 방으로 해 주세요.
Will you charge it to my room?
윌 유 챠지 잍 투 마이 룸

전화를 할 때

☐ (교환수) 누구를 불러 드릴까요?
To whom are you calling?
투 훔 아유 콜링

호텔 이용

437

☐ (교환수) 당신의 이름과 호실을 말씀하십시오.

Your name and room number, please.
유어 네임 앤드 룸 넘버　　　　　　플리즈

☐ (교환수) 그대로 기다리십시오.

Hold on, please.
홀드 온　　플리즈

☐ (교환수) 전화를 끊고 기다려 주십시오.

Please hang up and wait.
플리즈 행옆 앤드 웨잍

☐ (교환수) 자 말씀하십시오.

Go ahead, please.
고 어헫　　플리즈

☐ (교환수) 통화중입니다.

The line is busy.
더 라인 이즈 비지

☐ (교환수) 응답이 없습니다.

There's no answer.
데어즈 노 앤써

☐ 교환입니다. 뭘 도와 드릴까요?

Operator. May I help you?
오퍼레이터　　메이아이 핼프유

> A : Operator. May I help you?
> B : I'd like to make an international call to Seoul Korea.
> 아이드 라읶투 메이컨 인터내셔널 콜 투 써울 코리어
> (한국 서울로 국제전화를 하고 싶습니다.)

☐ 외선으로 전화하려면 어떻게 하나요?

How do I make an outside call?
하우 두 아이 메이컨 아웉사이드 콜

☐ 방에서 한국으로 전화할 수 있나요?

Can I make a call to Korea from my room?
캔 아이 메이커 콜 투 코리어 프럼 마이 룸

- 한국으로 팩스를 보내고 싶은데요.

  I'd like to send a fax to Korea.

  아이드 라잌 투센드어 팩스 투 코리어

- (공중전화에서) 이 전화는 한국에 걸립니까?

  Can I call Korea with this telephone?

  캔 아이 콜 코리어 윋 디스 텔러폰

- 전화요금은 얼마입니까?

  How much was the charge?

  하우 머취 워즈 더 차쥐

방에 들어갈 수 없을 때

- 열쇠가 잠겨 방에 들어갈 수 없습니다.

  I locked myself out.

  아이 락트 마이셀프 아웉

- 방에 열쇠를 둔 채 잠가 버렸습니다.

  I've locked my key in my room.

  아이브 락트 마이 키 인 마이 룸

- 방 번호를 잊어버렸습니다.

  I forgot my room number.

  아이 포같 마이 룸 넘버

문제가 생겼을 때

- 옆방이 무척 시끄럽습니다.

  The next room is very noisy.

  더 넥스트 룸 이즈 베리 노이지

- (시끄러워서) 잠을 잘 수 없습니다.

  I can't sleep.

  아이 캔트 슬맆

- 복도에 이상한 사람이 있습니다.

  There is a strange person in the corridor.

  데어이즈어 스트레인쥐 퍼슨 인 더 코리더

- 다른 방으로 바꿔 주시겠어요?

  Could you give me a different room?

  쿧 유 깁 미 어 디퍼런트 룸

호텔 이용

□ 사람 좀 올려 보내 주시겠어요?

Can you send someone up?
캔 유 센드 썸원 엎

> A : Can you send someone up?
> B : We'll send someone right away.
> 위일 센드 썸원 롸잍 어웨이
> (즉시 사람을 보내겠습니다.)

수리를 원할 때

□ 뜨거운 물이 나오지 않는데요.

There's no hot water.
데어즈 노 핱 워터

□ 수도꼭지가 고장났습니다.

The faucet is broken.
더 포씥 이즈 브로큰

□ 빨리 고쳐주세요.

Could you fix it now?
쿧 유 픽스잍나우

□ 화장실 물이 흐르지 않습니다.

The toilet doesn't flush.
더 토일맅 더즌트 프러쉬

> A : The toilet doesn't flush.
> B : I'm very sorry. We'll have it fixed right away.
> 아임 베리 쏘리   위일 햅잍 픽스트 롸잍 어웨이
> (정말 죄송합니다. 즉시 고쳐 드리겠습니다.)

청소·비품이 없을 때

□ 방이 아직 청소되어 있지 않습니다.

My room hasn't been cleaned yet.
마이 룸 해즌트 빈 클린드 옡

□ 미니바(방 냉장고)가 비어 있습니다.

The mini-bar is empty.
더 미니 바 이즈 엠티

□ 타월을 바꿔 주세요.

Can I get a new towel?
캔 아이 겥 어 뉴 타월

Chapter 44 호텔 체크아웃

체크아웃을 준비할 때

🗆 체크아웃은 몇 시입니까?
When is check out time?
웬이즈 첵아웉 타임

🗆 몇 시에 떠날 겁니까?
What time are you leaving?
왙 타임 아유 리빙

🗆 하룻밤 더 묵고 싶은데요.
I'd like to stay one more night.
아이드 라잌 투 스테이 원 모어 나잍

🗆 하루 일찍 떠나고 싶은데요.
I'd like to leave one day earlier.
아이드 라잌 투 리브 원 데이 얼리어

🗆 오후까지 방을 쓸 수 있나요?
May I use the room till this afternoon?
메이아이 유즈 더 룸 틸 디스 앺터눈

🗆 오전 10시에 택시를 불러 주세요.
Please call a taxi for me at 10 a.m.
플리즈콜어 택시포 미 앹 텐 에이엠

체크아웃할 때

🗆 체크아웃을 하고 싶은데요.
Check out, please.
첵아웉   플리즈

> A : Check out, please.
> B : What's your name and room number?
> 와츠유어 네임 앤드 룸 넘버
> (성함과 방 번호가 어떻게 됩니까?)

❒ 1234호실 홍길동입니다.
My name is Kil-dong Hong, Room 1234.
마이 네임 이즈 길동 홍   룸 투엘브써티포

❒ 홍씨이군요. 열쇠를 주시겠습니까?
Mr. Hong? May I have the key?
미스터 홍   메이 아이 햅 더 키

> A : *Check out, please.*
> 첵아웃   플리즈
> (체크아웃을 하고 싶은데요.)
>
> B : *Mr. Hong? May I have the key?*

❒ 포터를 보내 주세요.
A porter, please.
어 포터   플리즈

❒ 맡긴 귀중품을 꺼내 주세요.
I'd like my valuables from the safe.
아이드 라익마이 밸류어블즈 프럼 더 세잎

❒ 출발할 때까지 짐을 맡아 주시겠어요?
Could you keep my baggage until my departure time?
쿧 유 킵 마이 배기쥐 언틸 마이 디파쳐 타임

계산을 할 때

❒ 방에 물건을 두고 나왔습니다.
I left something in my room.
아이 렢트 썸씽 인 마이 룸

❒ 계산을 부탁합니다.
My bill, please.
마이 빌   플리즈

❒ 신용카드도 됩니까?
Do you accept a credit card?
두 유 억셉트어 크레딭 카드

> A : *Do you accept a credit card?*
> B : *That'll be okay.*
> 댙일 비 오케이
> (물론이죠)

442

□ 여행자수표도 받습니까?
Do you accept a traveler's checks?
두 유 억셉트어 트래벌러즈 첵스

□ 현금으로 지불하시겠습니까, 카드로 지불하시겠습니까?
Cash or credit card?
캐쉬 오어 크레딭 카드

> A : *Cash or credit card?*
> B : *I'd like to pay for that with my credit card.*
> 아이드 라잌 투 페이 포 댙 윋 마이 크레딭카드
> (신용카드로 지불하겠습니다.)

□ 전부 포함된 겁니까?
Is everything included?
이즈 에브리씽 인클루딛

□ 계산이 틀린 것 같은데요.
I think there is a mistake on this bill.
아이 씽크 데어이즈 어 미스테잌 온 디스 빌

□ (청구서를 보고) 이건 잘못된 것 아닙니까?
I think there's a mistake here.
아이 씽크 데어즈어 미스테잌 히어

□ 고맙습니다. 즐겁게 보냈습니다.
Thank you. I enjoyed my stay.
쌩크 유   아이 인조이드 마이 스테이

> A : *Thank you. I enjoyed my stay.*
> B : *Thank you for your staying with us.*
> 쌩크 유 포 유어 스테잉 윋 어스
> (투숙해 주셔서 감사합니다.)
>
> *I hope you'll come again.*
> 아이 호읖 유일 컴 어게인
> (또 들러 주십시오.)
>
> A : *I'll try. Good bye.*
> 아일 트라이 굳 바이
> (그렇게 하도록 하겠습니다. 안녕히 계세요.)

호텔 체크아웃

Chapter 45

비행기 안에서

ENGLISH CONVERSATION DICTIONARY

좌석을 찾을 때

☐ 제 자리는 어디입니까?

Where's my seat, please?
웨어즈 마이 시트   플리즈

> A : Where's my seat, please?
> B : In this aisle.
>   인 디스 아일
>   (이쪽 통로입니다.)

☐ 탑승권을 보여 주시겠습니까?

Would you show me your boarding pass?
운   유   쇼우 미   유어   보딩 패스

☐ 미안합니다. 지나가도 될까요?

Excuse me, I'd like to get through.
익스큐즈 미   아이드 라익 투 겟 쓰루

☐ 여기는 제 자리인데요.

I think this is my seat.
아이 씽크 디스 이즈 마이 시트

> A : Can I help you?
>   캔 아이 헬프 유
>   (무슨 일이죠?)
> B : I think this is my seat.

☐ 여기에 앉아도 되겠습니까?

Can I seat here?
캔 아이 시트 히어

☐ (옆 사람에게) 자리를 바꿔 주시겠습니까?

Could I change seats?
쿧 아이 체인쥐 시츠

444

	☐ 자리를 바꾸고 싶습니다. **I'd like to change seats.** 아이드 라잌 투 체인쥐 시츠
	☐ 저기 빈자리로 옮겨도 되겠습니까? **Could I move to an empty seat over there?** 쿧 아이 무브 투 언 엠티 시트 오버 데어
기내 서비스	☐ 음료는 뭐가 좋겠습니까? **What would you like to drink?** 왙 욷 유 라잌 투 드링크

	☐ 어떤 음료가 있습니까?
	What kind of drinks do you have?
	왙 카인드옾 드링스 두 유 햅
	
	A : *What kind of drinks do you have?*
	B : *We have almost everything.*
	  위 햅 올모스트 에브리씽
	  (거의 다 있습니다.)

	☐ 콜라는 있습니까? **Do you have coke?** 두 유 햅 코크
	☐ 맥주를 주시겠습니까? **Can I have a beer?** 캔 아이 햅어 비어
	☐ 베개와 모포를 주시겠어요? **May I have a pillow and a blanket, please?** 메이아이 햅어 필로우 앤드 어 브랭킽 플리즈
	☐ 한국어 신문은 있습니까? **Do you have any Korean newspapers?** 두 유 햅어 코리언 뉴스페이퍼즈
기내 식사	☐ 식사는 언제 나옵니까? **What time do you serve the meal?** 왙 타임 두 유 써브 더 밀

비행기 안에서

☐ 소고기와 닭고기가 있는데, 어느 것으로 하시겠습니까?

Would you like beef or chicken?
운 유 라잌 비프 오어 취킨

> A : Would you like beef or chicken?
> B : Beef, please.
> 　　비프 플리즈
> 　　(소고기로 주세요.)

☐ 식사는 필요 없습니다.

I don't feel like eating dinner.
아이 돈트 필 라잌 이팅 디너

☐ 식사는 다 하셨습니까?

Are you through with your meal?
아유 쓰루 윝유어 밀

> A : Are you through with your meal?
> B : I enjoyed it. Thank you.
> 　　아이 인죠이드 잍 쌩크 유
> 　　(잘 먹었습니다.)

입국카드 작성

☐ 이것은 입국카드입니까?

Is this the immigration form?
이즈 디스 디 이미그레이션 폼

☐ 이 서류 작성법을 가르쳐 주시겠어요?

Could you tell me how to fill in this form?
쿧 유 텔 미 하우 투 필 인 디스 폼

면세품을 구입

☐ 기내에서 면세품을 판매합니까?

Do you sell tax-free goods on the flight?
두 유 셀 택스 프리 굳즈 온 더 플라잍

☐ 어떤 담배가 있습니까?

What cigarettes do you have?
왙 시가fp츠 두 유 햅

☐ (면세품 사진을 가리키며) 이것은 있습니까?

Do you have this?
두 유 햅 디스

몸이 불편할 때

☐ 한국 돈은 받습니까?
Do you accept Korean Won?
두 유 억셉트 코리언 원

☐ 비행기 멀미약은 있습니까?
Do you have a medicine for air-sickness?
두 유 햅어 메더씬 포 에어 씩니스

☐ 몸이 좀 불편합니다. 약을 주시겠어요?
I feel a little sick. Can I have some medicine?
아이 필어 리틀 씩   캔 아이 햅 썸 메더씬

☐ 비행은 예정대로입니까?
Is this flight on schedule?
이즈 디스 플라잍 온 스케쥴

☐ 현지시간으로 지금 몇 시입니까?
What is the local time?
왙 이즈 더 로컬 타임

통과 · 환승

☐ 이 공항에서 어느 정도 머뭅니까?
How long will we stop here?
하우 롱 윌 위 스탚 히어

☐ 환승 카운터는 어디입니까?
Where's the transfer counter?
웨어즈 더 트랜스퍼 카운터

☐ 탑승수속은 어디서 하면 됩니까?
Where do I check in?
웨어 두 아이 첵인

☐ 환승까지 시간은 어느 정도 있습니까?
How long is the layover?
하우 롱 이즈 더 레이오버

☐ 탑승은 몇 시부터입니까?
When do we board?
웬 두 위 보드

비행기 안에서

447

ENGLISH CONVERSATION DICTIONARY

Chapter 46 입국 수속

방문 목적

☐ 여권을 보여 주십시오.
Your passport, please.
유어 패스포트   플리즈

☐ 입국 목적은 무엇입니까?
What's the purpose of your visit?
와츠 더 퍼포즈 옆유어 비짙

A : What's the purpose of your visit?
B : Sightseeing(Business·Studying).
　　싸잍씨잉(비즈니스·스터딩)
　　(관광(사업·유학)입니다.)

☐ 얼마나 체재하십니까?
How long are you staying?
하우 롱 아유 스테잉

A : How long are you staying?
B : I'm staying for a week.
　　아임 스테잉 포어윜
　　(1주일 체재합니다.)

체재 장소

☐ 어디에 머무십니까?
Where are you staying?
웨어아유 스테잉

A : Where are you staying?
B : I'm not sure, because I'm a member of group tour.
　　아임 낱 슈어   비커즈 아임어 멤버 옾 그룹 투어
　　(단체여행이라서 모릅니다.)

☐ ○○호텔에 머뭅니다.
I'll stay at the ○○Hotel.
아일 스테이 앹 더 ○○호텔

◻ (메모를 보이며) 숙박처는 이 호텔입니다.
I'll stay at this hotel.
이일 스테이 앹 디스 호텔

◻ (호텔은) 아직 정하지 않았습니다.
I don't know which one.
아이 돈트 노우 위치 원

기타 질문

◻ 돌아가는 항공권은 가지고 계십니까?
Do you have a return ticket?
두 유 햅어 리턴 티킽

> A : Do you have a return ticket?
> B : Yes, it's right here.
> 예스 이츠 롸잍 히어
> (네, 가지고 있습니다.)

◻ 단체여행입니까?
Are you a member of group tour?
아 유어 멤버 엎 그룹 투어

◻ 현금은 얼마나 가지고 있습니까?
How much cash do you have with you?
하우 머취 캐쉬 두 유 햅 윝유

> A : How much cash do you have with you?
> B : I have about $800(eight hundred dollars).
> 아이 햅 어바웉 에잍 헌드러드 달러즈
> (800달러 정도입니다.)

◻ 이 나라는 처음입니까?
Is this your first visit(here)?
이즈 디스 유어 퍼스트 비짙(히어)

> A : Is this your first visit(here)?
> B : Yes, it is.
> 예스 잍이즈
> (네, 처음입니다.)

◻ 됐습니다. 즐거운 여행이 되시길 바랍니다.
Good. Have a nice stay.
굳   햅어 나이스 스테이

입국 수속

짐을 찾을 때

☐ 짐은 어디서 찾습니까?
Where can I get my baggage?
웨어 캔 아이 겔 마이 배기쥐

☐ 이건 714편 턴테이블입니까?
Is this baggage conveyer for flight 714?
이즈 디스 배기쥐 컨베이어 포 플라잍 세븐원포

☐ 714편 짐은 나왔습니까?
Has baggage from flight 714 arrived?
해즈 배기쥐 프럼 플라잍 세븐원포 어라이브드

☐ 제 짐이 보이지 않습니다.
I can't find my baggage.
아이 캔트 파인드 마이 배기쥐

> A : I can't find my baggage.
> B : Do you have your claim tag?
> 두 유 햅유어 클레임 택
> (수화물인환증은 가지고 계십니까?)

☐ 이게 수화물인환증입니다.
Here is my claim tag.
히어이즈 마이 클레임 택

☐ 찾으면 제 호텔로 배달해 주세요.
Please deliver it to my hotel when you find it.
플리즈 딜리버 잍 투 마이 호텔 웬유파인드잍

☐ 며칠 이내로 보상해 주세요.
Will you pay for me for a few days?
윌 유 페이 포 미 포어 퓨 데이즈

세관 검사

☐ 여권과 신고서를 보여 주십시오.
Your passport and declaration card, please.
유어 패스포트 앤드 데클러레이션 카드   플리즈

> A : Your passport and declaration card, please.
> B : I don't have a declaration card.
> 아이 돈트 햅어 데클러레이션 카드
> (신고서는 가지고 있지 않습니다.)

▫ 신고할 것은 있습니까?
Do you have anything to declare?
두 유 햅에니씽 투 디클레어

> A : Do you have anything to declare?
> B : I don't have a declaration card.
> 아이 돈트 햅어 데클러레이션 카드
> (신고서는 가지고 있지 않습니다.)

▫ 일용품뿐입니다.
I only have personal belongings.
아이 온리 햅 퍼스널 빌롱잉즈

▫ 이 가방을 열어 주십시오.
Please open this bag.
플리즈 오픈 디스 백

▫ 내용물은 무엇입니까?
What's in it?
와츠 인 잍

▫ 이건 뭡니까?
What's this?
와츠 디스

> A : What's this?
> B : Gifts for my friends.
> 깊츠 포 마이 프렌즈
> (친구에게 줄 선물입니다.)

▫ 다른 짐은 있나요?
Do you have any other baggage?
두 유 햅에니 아더 배기쥐

▫ 이건 과세 대상이 됩니다.
You have to pay duty on it.
유 햅 투 페이 듀티 온잍

> A : You have to pay duty on it.
> B : How much is the duty?
> 하우 머취 이즈 더 듀티
> (과세액은 얼마입니까?)

입북 수속

ENGLISH CONVERSATION DICTIONARY

Chapter 47

입국 공항에서

환전을 할 때

☐ 환전소는 있나요?
Is there a money exchange place near here?
이즈 데어러 머니 익스체인쥐 플레이스 니어 히어

　A : Is there a money exchange place near here?
　B : We have one in our lobby.
　　위 햅원 인 아워 로비
　　(로비에 있습니다.)

☐ 이걸 환전해 주시겠어요?
Could you exchange this?
쿠드 유 익스체인쥐 디스

☐ 여행자수표를 현금으로 바꿔 주세요.
Please cash these traveler's checks.
플리즈 캐쉬 디즈 트래벌러즈 첵스

☐ 잔돈도 섞어 주세요.
I'd like some small change.
아이드 라익 썸 스몰 체인쥐

　A : I'd like some small change.
　B : Sure.
　　슈어
　　(알겠습니다.)

☐ 계산이 틀린 것 같은데요.
I think the amount is incorrect.
아이 씽크 디 어마운트이즈 인커렉트

☐ 수수료는 얼마입니까?
How much is your commission?
하우 머취 이즈유어 커미션

공항내의
관광안내소에서

□ 계산서를 주시겠어요?
May I have a receipt?
메이아이 해버 리씨트

A : May I have a receipt?
B : It's in the envelope.
   이츠 인 디 엔빌럽
   (봉투 안에 있습니다.)

□ 관광안내소는 어디에 있습니까?
Where is the tourist information center?
웨어이즈 더 투어리스트 인포메이션 센터

A : Where is the tourist information center?
B : It's on the first floor.
   이츠 온 더 퍼스트 플로어
   (1층에 있습니다.)

□ 시가지도와 관광 팸플릿을 주시겠어요?
Can I have a city map and tourist brochure?
캔 아이 해버 씨티 맵 앤드 투어리스트 브로슈어

□ 매표소는 어디에 있습니까?
Where is the ticket office?
웨어이즈 더 티킽 오피스

□ 출구는 어디입니까?
Where is the exit?
웨어이즈 디 엑짙

□ 여기서 호텔을 예약할 수 있나요?
Can I make a hotel reservation here?
캔 아이 메이커 호텔 레저베이션 히어

□ 호텔 리스트는 있습니까?
Do you have a hotel list?
두 유 햅 호텔 리스트

A : Do you have a hotel list?
B : For what area?
   포 왙 에어리어
   (어느 지역 말씀입니까?)

입북 공항에서

453

❏ 여기서 렌터카를 예약할 수 있습니까?

Can I reserve a rental car here?
캔 아이 리저브어 렌탈 카 히어

포터를 부를 때

❏ 포터를 찾고 있습니다.

I'm looking for a porter.
아임 루킹 포어 포터

> A : I'm looking for a porter.
> B : The man with the red hat is a porter.
> 더 맨 윗 더 렏 햍 이즈 어 포터
> (빨간 모자를 쓴 남자가 포터입니다.)

❏ 포터를 불러 주세요.

Please get me a porter.
플리즈 겔 미 어 포터

❏ 이 짐을 택시승강장까지 옮겨 주세요.

Please take this baggage to the taxi stand.
플리즈 테잌 디스 배기쥐 투 더 택시 스탠드

❏ 이 짐을 버스정류소까지 옮겨 주세요.

Please take this baggage to the bus stop.
플리즈 테잌 디스 배기쥐 투 더 버스 스탚

❏ 카트는 어디에 있습니까?

Where are the baggage carts?
웨어아 더 배기쥐 카츠

❏ 짐을 호텔로 보내 주세요.

Please deliver the baggage to my hotel.
플리즈 딜리버 더 배기쥐 투 마이 호텔

Chapter 48 귀국할 때

귀국편 예약

☐ 예약은 어디서 합니까?
Where can I make reservation?
웨어 캔 아이 메잌 레저베이션

☐ 내일 비행편을 예약할 수 있습니까?
Can you book us tomorrow's flight?
캔 유 북어스 터머로우스 플라읻

> A : *Can you book us tomorrow's flight?*
> B : *Sorry, tomorrow's flight is full.*
> 쏘리 터머로우스 플라읻 이즈 풀
> (죄송합니다만, 내일 비행편은 자리가 다 찼습니다.)

☐ 가능한 빠른 편이 좋겠군요.
I want to fly as soon as possible.
아이 원트 투 플라이 애즈 쑨 애즈 파서블

☐ 다른 비행편은 없습니까?
Do you have any other flights?
두 유 햅에니 어더 플라이츠

☐ 직행편입니까?
Is it a direct flight?
이즈읻어 다이렉트 플라읻

> A : *There's a nine thirty flight in the morning.*
> 데어즈어 나인 써티 플라읻 인 더 모닝
> (오전 9시 반 비행편이 있습니다.)
> B : *Is it a direct flight?*

☐ 인천에는 몇 시에 도착합니까?
What time will we arrive in Inchon?
왙 타임 윌 위 어롸입인 인천

예약 재확인

☐ 예약 재확인을 하고 싶은데요.

I want to reconfirm my reservation.
아이 원트 투 리컨펌 마이 레저베이션

> A : I want to reconfirm my reservation.
> B : Your name and flight number, please.
> 유어 네임 앤드 플라잍 넘버   플리즈
> (성함과 편명을 말씀해 주십시오.)

☐ 예약 재확인을 부탁합니다.

I would like to make a reconfirmation for my flight.
아이 욷 라잌 투 메잌어 리컨퍼메이션 포 마이 플라잍

> A : I would like to make a reconfirmation for my flight.
> B : Do you have a ticket?
> 두 유 햅어 티킽
> (항공권은 가지고 있습니까?)

☐ 몇 시에 출발하는지 확인하고 싶은데요.

I want to make sure what time it's leaving.
아 원트투 메잌 슈어 왙 타임 이츠 리빙

☐ 2등석을 부탁합니다.

Economy-class, please.
이카너미 클래스   플리즈

☐ 예약을 재확인했습니다.

You're reconfirmed.
유어 리컨펌드

항공편의 변경 및 취소

☐ 일정을 변경하고 싶은데요.

I want to change the flight.
아이 원트투 체인쥐 더 플라잍

☐ 죄송합니다만, 비행편을 변경하고 싶은데요.

Excuse me, I want to change the flight.
익스큐즈 미   아이 원트 투 체인쥐 더 플라잍

☐ 오후 비행기로 변경하고 싶습니다.

I'd like to change it to an afternoon flight.
아이드 라잌 투 체인쥐잍 투 언 앺터눈 플라잍

☐ 미안합니다, 그 편은 다 찼습니다.
I'm sorry, but that flight is fully booked up.
아임 쏘리   벋 댇 플라읻 이즈 풀리 북트 엎

A : I'd like to fly on the 15th, on the same flight.
아이드 라읶 투 플라이 온 더 핍틴쓰 온 더 세임 플라읻잇
(15일의 같은 편으로 해 주세요.)
B : I'm sorry, but that flight is fully booked up.

☐ 웨이팅(대기자)으로 해 주세요.
Would you put my name on the waiting list?
욷 유 풀 마이 네임 온 더 웨이팅 리스트

A : Sorry, there're no seats left.
쏘리   데어러 노 시츠 렢트
(죄송하지만, 자리가 하나도 없습니다.)
B : I'm sorry, but that flight is fully booked up.

☐ 어느 정도 기다려야 할까요?
How long do we have to wait?
하우 롱 두 위 햅 투 웨읻

☐ 예약을 취소하고 싶은데요.
I'd like to cancel my reservation.
아이드 라읶 투 캔쓸 마이 레저베이션

공항으로 이동

☐ 공항까지 부탁합니다.
To the airport, please.
투 디 에어포트   플리즈

A : To the airport, please.
B : Which airport do you want?
위치 에어포트 두 유 원트
(어느 공항입니까?)

☐ 짐은 몇 개입니까?
How many pieces of baggage?
하우 메니 피시스 엎 배기쥐

A : How many pieces of baggage?
B : Three. Please put the big one in the trunk.
쓰리   플리즈 풀 더 빅 원 인 더 트렁크
(3개입니다. 큰 것은 트렁크에 넣어 주세요.)

귀국할 때

457

☐ 공항까지 어느 정도 걸립니까?

How long will it take to get to the airport?
하우 롱 윌 일테익 투 겥 투 디 에어포트

> A : How long will it take to get to the airport?
> B : It'll take an hour by bus.
> 잍일 테익 언 아워 바이 버스
> (버스로 1시간입니다.)

☐ 공항까지 요금이 대충 얼마입니까?

What is the approximate fare to the airport?
왙 이즈 디 어프락씨메잍 페어 투 디 에어포트

☐ 빨리 가 주세요. 늦었습니다.

Please hurry. I'm late, I am afraid.
플리즈 허리 　　아임 레잍　 아이 앰 어프레잍

☐ 어느 항공사입니까?

Which airlines?
위치 에어라인즈

물건을 놓고 왔을 때

☐ 기사님, 호텔로 돌아가 주시겠어요?

Driver, Would you go back to the hotel?
드라이버　운 유 고 백 투 더 호텔

☐ 카메라를 호텔에 놓고 왔습니다.

I left my camera in the hotel.
아이 렢트 마이 캐머러 인 더 호텔

☐ 중요한 것을 놓고 왔습니다.

I left something very important there.
아이 렢트 섬씽 베리 임포턴트 데어

☐ 어디에 두었는지 기억하고 있습니까?

Do you remember where you left it?
두 유 리멤버 웨어유 렢트잍

> A : Do you remember where you left it?
> B : I put it in the drawer.
> 아이 풑잍 인 더 드로워
> (서랍에 넣어 두었습니다.)

탑승수속

☐ 대한항공 카운터는 어디입니까?

Where's the Korean Airlines counter?
웨어즈 더 코리언 에어라인스 카운터

> A : Where's the Korean Airlines counter?
> B : Right to your left.
> 롸잍 투 유어 렢트
> (바로 오른쪽에 있습니다.)

☐ 여기서 체크인할 수 있습니까?

Can I check-in here?
캔 아이 췍인 히어

☐ 통로쪽(창쪽)으로 주세요.

An aisle (a window) seat, please.
언 아일 (어 윈도우) 시트   플리즈

☐ 탑승 개시는 몇 시부터입니까?

When is the boarding time?
웬이즈 더 보딩 타임

☐ 출국카드는 어디서 받습니까?

Where can I get an embarkation card?
웨어 캔 아이 겥 언 임바케이션 카드

☐ 꼭 그 비행기를 타야 합니다.

I must catch the flight.
아이 머스트 캐치 더 플라잍

☐ 공항세는 있습니까?

Is there an airport tax?
이즈 데어언 에어포트 택스

☐ 짐의 초과요금은 얼마입니까?

How much must I pay for the extra weight?
하우 머취 머스트 아이페이 포더 엑스트라 웨잍

☐ 이것은 기내에 가지고 들어갈 수 있습니까?

Can I carry this in the cabin?
캔 아이 캐리 디스 인 더 캐빈

귀국할 때

459

비행기 안에서

□ 231편 탑승 게이트는 여기입니까?
Is this the boarding gate for flight 231?
이즈 디스 더 보딩 게잍 포 플라잍 투쓰리원

□ 탑승권을 보여 주세요.
May I have your ticket?
메이아이 햅유어 티킽

> A : May I have your ticket?
> B : Yes, here it is.
> 예스 히어 잍이즈
> (네, 여기 있습니다.)

□ 입국카드는 가지고 계십니까?
Do you have an immigration card?
두 유 햅언 이미그레이션 카드

> A : Do you have an immigration card?
> B : Yes, I'm not sure how to fill out the immigration card.
> 예스 아임 낱 슈어 하우 투 필 아웃 디 이미그레이션 카드
> (입국카드 작성법을 모르겠습니다.)

□ 이것이 세관신고서입니다.
This is the customs declaration form.
디스 이즈 더 커스텀즈 디클러레이션 폼

□ 인천에 언제 도착합니까?
When do we land in Incheon?
웬 두 위 랜드 인 인천

□ 제 시간에 도착합니까?
Are we arriving on time?
아 위 어라이빙 온 타임

□ 목적지는 인천입니까?
Is Incheon your destination?
이즈 인천 유어 데스티네이션

Chapter 49 관광 안내

관광안내소에서

☐ 관광안내소는 어디입니까?
Where's the tourist information center?
웨어즈 더 투어리스트 인포메이션 센터

☐ 안녕하세요. 뭘 도와 드릴까요?
Good morning. May I help you?
굳 모닝 메이아이 핼프유

> A : *Good morning. May I help you?*
> B : *Do you have a sightseeing brochure for this town?*
> 두 유 햅 어싸잍씨잉 브로슈어 포 디스 타운
> (이 도시의 관광안내 팸플릿이 있습니까?)

☐ 택시 승강장은 어디에 있습니까?
Where's the taxi stand?
웨어즈 더 택시 스탠드

☐ 버스 타는 곳은 어디에 있습니까?
Where's the bus stop?
웨어즈 더 버스 스탚

☐ 관광안내 책자를 하나 주시겠어요?
Can I have a sightseer's pamphlet?
캔 아이 햅어 싸잍씨어즈 팸플맅

☐ 무료 시내지도는 있습니까?
Do you have a free city map?
두 유 햅어 프리 씨티 맵

☐ 관광지도를 주시겠어요?
Can I have a sightseeing map?
캔 아이 햅어 싸잍씨잉 맵

461

❐ 이 도시 관광에는 어떤 것들이 있나요?

What does the city tour include?
왓 더즈 더 시티 투어 인클루드

❐ 여기서 볼 만한 곳을 가르쳐 주시겠어요?

Could you recommend some interesting places?
쿧 유   레커멘드 썸 인터리스팅 플레이시즈

❐ 당일치기로 어디에 갈 수 있습니까?

Where can I go for a day trip?
웨어 캔 아이 고포어 데이 트맆

> A : Where can I go for a day trip?
> B : You have many options.
> 유 햅 매니 옵션스
> (많이 있어요.)

❐ 경치가 좋은 곳을 아십니까?

Do you know a place with a nice view?
두 유 노우 어 플레이스 윋어나이스 뷰

❐ 거기에 가려면 투어에 참가해야 합니까?

Do I have to join a tour to go there?
두 아이 햅 투 조인어 투어 투 고 데어

❐ 젊은 사람이 가는 곳은 어디입니까?

Where's good place for young people?
웨어즈 굳 플레이스 포 영 피플

> A : Where's good place for young people?
> B : We have a few discos near by.
> 위 햅어 퓨 디스커즈 니어 바이
> (근처에 디스코장이 있습니다.)

❐ 여기서 표를 살 수 있습니까?

Can I buy a ticket here?
캔 아이 바이 어 티킽 히어

❐ 할인 티켓은 있나요?

Do you have some discount tickets?
두 유 햅 썸 디스카운트 티키츠

462

거리·시간 등을 물을 때

❒ 지금 축제는 하고 있나요?
Are there any festivals now?
아 데어에니 페스티벌스 나우

❒ 유람선은 있습니까?
Are there any sightseeing boats?
아 데어에니 싸잍씨잉 보우츠

> A : Are there any sightseeing boats?
> B : Yes. Can I tell you about them?
> 　예스 캔 아이 텔 유 어바웉 뎀
> 　(네, 설명해 드릴까요?)

❒ 벼룩시장 같은 것은 있나요?
Is there a flea market or something?
이즈 데어어 플리 마켙 오어 썸씽

❒ 여기서 멉니까?
Is it far from here?
이즈잍 파 프럼 히어

> A : Is it far from here?
> B : No, not at all.
> 　노 낱 앹올
> 　(아뇨, 전혀 멀지 않습니다.)

❒ 거기까지 걸어서 갈 수 있습니까?
Can I walk down there?
캔 아이 워크 다운 데어

❒ 왕복으로 어느 정도 시간이 걸립니까?
How long does it take to get there and back?
하우 롱 더즈잍 테잌 투 겥 데어 앤드 백

❒ 버스로 갈 수 있습니까?
Can I go there by bus?
캔 아이 고우 데어 바이 버스

투어를 이용할 때

❒ 어떤 투어가 있습니까?
What kind of tours do you have?
왙 카인드엎 투어스 두 유 햅

관광 안내

☐ 관광버스 투어는 있습니까?

Is there a sightseeing bus tour?
이즈 데어어 싸잍씨잉 버스 투어

> A : Is there a sightseeing bus tour?
> B : Yes. We have many kinds.
> 예스 위 햅 메니 카인즈
> (예, 여러 가지 있습니다.)

☐ 어디서 관광투어를 신청할 수 있습니까?

Where can I book a sightseeing tour?
웨어 캔 아이 북어 싸잍씨잉 투어

☐ 투어는 매일 있습니까?

Do you have tours every day?
두 유 햅 투어즈 에브리 데이

> A : Do you have tours every day?
> B : All days except for Sundays.
> 올 데이즈 익셉트 포 선데이즈
> (일요일을 제외하고 다 있습니다.)

☐ 오전 코스는 있습니까?

Is there a morning tour?
이즈 데어어 모닝 투어

☐ 오후 코스는 있습니까?

Is there a afternoon tour?
이즈 데어 어앺터눈 투어

☐ 야간관광은 있습니까?

Do you have a night tour?
두 유 햅어 나이트 투어

☐ 투어는 몇 시간 걸립니까?

How long does it take to complete the tour?
하우 롱 더즈잍 테잌 투 컴플맅 더 투어

☐ 식사는 나옵니까?

Are any meals included?
아에니 밀스 인클루딛

◪ 시간은 얼마나 걸립니까?
How long does it take?
하우 롱 더즈잍 테읶

◪ 몇 시에 출발합니까?
What time do you leave?
왙 타임 두 유 리브

> A : What time do you leave?
> B : We leave at 9:00 a.m.
> 위 리브 앹 나인 에이 엠
> (오전 9시에 출발합니다.)

◪ 어디서 출발합니까?
Where does it start?
웨어 더즈잍 스타트

> A : Where does it start?
> B : It starts from the hotel.
> 잍 스타츠 프럼 더 호텔
> (호텔에서 출발합니다.)

◪ 몇 시에 돌아옵니까?
What time will we come back?
왙 타임 윌 위 컴 백

> A : What time will we come back?
> B : We'll be back by six.
> 위일 비 백 바이 씩스
> (6시까지 돌아옵니다.)

◪ 한국어 가이드는 있나요?
Do we have Korean-speaking guide?
두 위 햅 코리언 스피킹 가이드

◪ 개인당 비용은 얼마입니까?
What's the rate per person?
와츠 더 레잍 퍼 퍼슨

ENGLISH CONVERSATION DICTIONARY

Chapter 50 관광을 하면서

관광버스 안에서

☐ 지금 어디를 향하고 있습니까?
Where are we headed?
웨어 아 위 헤딛

☐ 저것은 무엇입니까?
What is that?
왙 이즈 댙

☐ 저것은 무슨 강입니까?
What is the name of that river?
왙 이즈 더 네임 옆 댙 리버

☐ 저것은 무슨 산입니까?
What is the name of that mountain?
왙 이즈 더 네임 옆 댙 마운턴

☐ 차 안에 화장실이 있습니까?
Is there a rest room on the bus?
이즈 데어 레스트 룸 온 더 버스

☐ 여기서 얼마나 머뭅니까?
How long do we stop here?
하우 롱 두 위 스탚 히어

> A : How long do we stop here?
> B : A half hour.
>   어 하프 아워
>   (30분간입니다.)

☐ 시간은 어느 정도 있습니까?
How long do we have?
하우 롱 두 위 햅

466

- 몇 시에 버스로 돌아오면 됩니까?

  What time should we be back?
  왓 타임 슈 위 비 백

  > A : *What time should we be back?*
  > B : *By 2:30.*
  > 바이 투 써티
  > (2시 반까지 돌아오십시오.)

입장료 구입

- 티켓은 어디서 삽니까?

  Where can I buy a ticket?
  웨어 캔 아이 바이어 티킽

- 입장료는 유료입니까?

  Is there a charge for admission?
  이즈 데어어 챠지 포 앨미션

- 입장료는 얼마입니까?

  How much is the admission fee?
  하우 머취 이즈 더 앨미션 피

  > A : *Here's Disneyland.*
  > 히어즈 디즈니랜드
  > (어서 오십시오. 디즈니랜드입니다.)
  > B : *How much is the admission fee?*

- 어른 2장 주세요.

  Two adults, please.
  투 어덜츠   플리즈

- 학생 1장 주세요.

  One student, please.
  원 스튜던트   플리즈

- 단체할인은 있습니까?

  Do you have a group discount?
  두 유 햅어 그룹 디스카운트

  > A : *Do you have a group discount?*
  > B : *Yes, for a group of 10 or more.*
  > 예스 포어 그룹 엎 텐 오어 모어
  > (예, 10명 이상이라면요.)

관광지에서

☐ 전망대는 어떻게 오릅니까?
How can I get up to the observatory?
하우 캔 아이 겥 엎 투 디 업저버터리

☐ 정말 아름다운 경치이군요!
What a beautiful sight!
왙 어 뷰티풀 싸이트

☐ 전망이 기가 막히군요!
What a fantastic view!
왙 어 팬태스틱 뷰

☐ 저 동상은 뭐죠?
What's that statue?
와츠 댙 스태츄

☐ 이게(저게) 뭐죠?
What is this(that)?
왙이즈 디스(댙)

☐ 저게 뭔지 아세요?
Do you know what that is?
두 유 노우 왙 댙 이즈

☐ 저 건물은 무엇입니까?
What is that building?
왙 이즈 댙 빌딩

☐ 언제 세워졌습니까?
When was it built?
웬 워즈잍 빌트

☐ 퍼레이드는 언제 있습니까?
What time do you have the parade?
왙 타임 두 유 햅 더 퍼레이드

☐ 화장실은 어디에 있습니까?
Where is the rest room?
웨어이즈 더 레스트 룸

기념품점에서

□ 몇 시에 돌아와요?
What time will we come back?
왓 타임 윌 위 컴 백

□ 기념품 가게는 어디에 있습니까?
Where is the gift shop?
웨어이즈 더 깊트 샵

□ 그림엽서는 있습니까?
Do you have picture postcards?
두 유 햅 픽춰 포스트카즈

> A : Do you have picture postcards?
> B : Yes. They're by the entrance.
> 예스 데이어 바이 디 엔트런스
> (예. 입구에 있습니다.)

□ 기념품으로 인기 있는 것은 무엇입니까?
Could you recommend something popular for a souvenir?
쿤 유 레커멘드 썸씽 파퓰러 포어 수버니어

□ 이 박물관의 오리지널 상품입니까?
Is it an original to this museum?
이즈잍 언 오리지널 투 디스 뮤지엄

사진촬영을 허락받을 때

□ 여기서 사진을 찍어도 됩니까?
May I take a picture here?
메이아이 테익 어 픽춰 히어

> A : May I take a picture here?
> B : Sure. No problem.
> 슈어 노 프라블럼
> (물론, 됩니다.)

□ 여기서 플래시를 터뜨려도 됩니까?
May I use a flash here?
메이아이 유즈어 플래쉬 히어

> A : May I use a flash here?
> B : The sign says no flash.
> 더 싸인 세즈 노 플래쉬
> (플래시 금지라고 적혀 있어요.)

❏ 비디오 촬영을 해도 됩니까?
May I take a video?
메이아이 테익 어 비디오

❏ 당신 사진을 찍어도 되겠습니까?
May I take your picture?
메이아이 테익 유어 픽춰

❏ 함께 사진을 찍으시겠습니까?
Would you take a picture with me?
웃 유 테익 어 픽춰 윋 미

> A : *Would you take a picture with me?*
> B : *Actually, I'm in a hurry.*
>   액츄얼리 아임 인어 허리
>   (사실은 바빠서요.)

사진촬영을 부탁할 때

❏ 제 사진을 찍어 주시겠어요?
Would you take a picture of me?
웃 유 테익 어 픽춰 엎 미

❏ 여기서 우리들을 찍어 주십시오.
Please take a picture of us from here.
플리즈 테이어 픽쳐엎 어스 프럼 히어

❏ 저희들 사진 좀 찍어 주시겠어요?
Would you please take a picture for us?
웃 유 플리즈 테이어 픽쳐 포어스

> A : *Would you please take a picture for us?*
> B : *All right. Smile. Good.*
>   올 롸잍 스마일 굳
>   (알겠습니다. 웃으세요. 좋습니다.)

❏ 셔터를 누르면 됩니다.
Just push the button.
저스트 푸쉬 더 버튼

> A : *Just push the button.*
> B : *This red button, right?*
>   디스 렏버튼   롸잍
>   (이 빨간 버튼 말씀이군요.)

470

❒ 한 장 더 부탁합니다.
One more, please.
원 모어   플리즈

> A : One more, please.
> B : Sure. Say cheese.
>   슈어 세이 치즈
>   (좋아요. 자 김치.)

❒ 나중에 사진을 보내드리겠습니다.
I'll send you the picture.
아일 센드유 더 픽춰

❒ 주소를 여기서 적어 주시겠어요?
Could you write your address down here?
쿠드 유 라이트유어 어드레스 다운 히어

현상·인화를
부탁할 때

❒ 필름은 있습니까?
Do you have any film?
두 유 햅 에니필름

❒ 건전지는 어디서 살 수 있나요?
Where can I buy a battery?
웨어 캔 아이 바이 어 배터리

❒ 이것을 현상해 주시겠어요?
Could you develop this film?
쿠드 유 디벨럽 디스 필름

❒ 인화를 해 주시겠어요?
Could you make copies of this picture?
쿠드 유 메익 카피즈엎 디스 픽쳐

❒ 언제 됩니까?
When can I have it done by?
웬 캔 아이 햅잍 던 바이

> A : When can I have it done by?
> B : Tomorrow afternoon.
>   터모러우 앺터눈
>   (내일 오후입니다.)

Chapter 51 관람을 할 때

ENGLISH CONVERSATION DICTIONARY

미술관에서

☐ 이 티켓으로 모든 전시를 볼 수 있습니까?
Can I see everything with this ticket?
캔 아이 시   에브리씽   윗 디스 티킽

☐ 무료 팸플릿은 있습니까?
Do you have a free brochure?
두 유 햅   어 프리 브로슈어

☐ 짐을 맡아 주세요.
I'd like to check this baggage.
아이드 라익 투 첵 디스 배기쥐

> A : *I'd like to check this baggage.*
> B : *Use the coin lockers, please.*
> 유즈 더 코인 락커스   플리즈
> (코인로커를 이용해 주세요.)

☐ 특별전을 하고 있습니까?
Are there any temporary exhibitions?
아 데어에니 템퍼러리 엑서비션스

☐ 관내를 안내할 가이드는 있습니까?
Is there anyone who can guide me?
이즈 데어에니원 후 캔 가이드 미

☐ 이 그림은 누가 그렸습니까?
Who painted this picture?
후 페인티드 디스 픽처

> A : *This one is very popular.*
> 디스 원 이즈 베리 파퓰러
> (이 그림은 매우 인기가 있습니다.)
> B : *Who painted this picture?*

박물관에서

☐ 그 박물관은 오늘 엽니까?
Is the museum open today?
이즈 더 뮤지엄 오픈 투데이

> A : Is the museum open today?
> B : I'm afraid it's closed today.
> 아임 어프레읻이츠 클로즈드 투데이
> (유감스럽지만, 오늘은 폐관입니다.)

☐ 단체할인은 있나요?
Do you have a group discount?
두 유 햅어 그룹 디스카운트

☐ 재입관할 수 있습니까?
Can I reenter?
캔 아이 리엔터

> A : Can I reenter?
> B : Absolutely.
> 엡설루트리
> (물론입니다.)

☐ 내부를 견학할 수 있습니까?
Can I take a look inside?
캔 아이 테익어 룩 인사이드

☐ 출구는 어디입니까?
Where is the exit?
웨어이즈 디 엑싯

☐ 화장실은 어디입니까?
Where is the rest room?
웨어이즈 더 레스트 룸

극장에서

☐ 극장 이름은 뭡니까?
What's the name of the theater?
와츠 더 네임 엎 더 씨어터

> A : What's the name of the theater?
> B : It's called "The Loge."
> 이츠 콜드   더 로쥐
> (「더 로지」라고 합니다.)

관람을 할 때

473

❒ 오늘밤에는 무엇을 상영합니까?
What's on tonight?
와츠 온 투나잍

> A : What's on tonight?
> B : There's a musical at 8:00 p.m.
> 　데어즈어 뮤지컬 앹 에잍 피엠
> (8시부터 뮤지컬을 공연합니다.)

❒ 재미있습니까?
Is it good?
이즈잍 굳

> A : This opera will be performed.
> 　디스 오퍼러 윌 비 퍼폼드
> (이 오페라를 공연합니다.)
> B : Is it good?

❒ 누가 출연합니까?
Who appears on it?
후　어피어즈　온 잍

❒ 오늘 표는 아직 있습니까?
Are today's tickets still available?
아　데이즈　티키츠 스틸 어베일러블

❒ 몇 시에 시작됩니까?
What time does it start?
왙　타임　더즈　잍 스타트

❒ 뮤지컬을 보고 싶은데요.
We'd like to see a musical.
위드 라잌　투 씨 어 뮤지컬

❒ 여기서 티켓을 예약할 수 있나요?
Can I make a ticket reservation here?
캔 아이 메잌 어 티킽　레저베이션 히어

❒ 이번 주 클래식 콘서트는 없습니까?
Are there any classical concerts this week?
아 데어에니 클래시컬 칸서츠 디스 윜

티켓을
구입할 때

❏ 한 사람에 얼마입니까?

How much is it per person?
하우 머취 이즈 잍 퍼 퍼슨

> A : How much is it per person?
> B : For a reserved seat?
> 포 어 리저브드 시트
> (지정석 말입니까?)

❏ 내일 밤 표 2장 주세요.

Two for tomorrow night, please.
투 포 터머로우 나잍　　　　플리즈

❏ 가장 싼 자리는 얼마입니까?

How much is the cheapest seat?
하우 머취 이즈 더 칩피스트 시트

> A : How much is the cheapest seat?
> B : Let me check for you.
> 렡 미 첵 포 유
> (잠깐 조사해보겠습니다.)

❏ 가장 좋은 자리를 주세요.

I'd like the best seats.
아이드 라익 더 베스트 시츠

> A : I'd like the best seats.
> B : We have two seats in the front row.
> 위 햅 투 시츠 인 더 프런트 로우
> (제일 앞자리에 2자리 있습니다.)

❏ 둘이서 나란히 앉을 수 있나요?

Can we sit together?
캔 위 싵 트게더

❏ 며칠이라면 표가 있나요?

What day is available?
왙 데이 이즈 어베일러블

❏ 환불받을 수 있나요?

Can I get a refund?
캔 아이 겥 어 리펀드

관람을 할 때

475

Chapter 52 긴급상황의 대처

말이 통하지 않을 때

☐ 영어를 할 줄 압니까?
Do you speak English?
두 유 스피크 잉글리쉬

> A : Do you speak English?
> B : I can't speak English.
> 아이 캔트 스피크 잉글리쉬
> (영어는 할 줄 모릅니다.)

☐ 영어는 압니까?
Do you understand English?
두 유 언더스탠드 잉글리쉬

> A : Do you understand English?
> B : My English isn't very good.
> 마이 잉글리쉬 이즌트 베리 굳
> (영어는 잘 못합니다.)

☐ 영어로는 설명할 수 없습니다.
I can't explain it in English.
아이 캔트 익스플레인 잇 인 잉글리쉬

☐ 통역을 부탁하고 싶은데요.
I need an interpreter.
아이 니드 언 인터프리터

> A : I need an interpreter.
> B : What language do you speak?
> 왙 랭귀지 두 유 스피크
> (어느 나라 말을 하십니까?)

☐ 좀더 천천히 말씀해 주세요.
Speak more slowly, please.
스피크 모어 슬로울리   플리즈

◻ 당신이 말하는 것을 모르겠습니다.
I can't understand you.
아이 캔트 언더스탠드 유

◻ 그건 무슨 뜻입니까?
What do you mean by that?
왙 두 유 민 바이 댙

◻ 써 주세요.
Write it down, please.
롸잍 잍 다운   플리즈

◻ 한국어를 하는 사람은 있습니까?
Does anyone speak Korean?
더즈 에니원 스피크 코리언

> A : Does anyone speak Korean?
> B : No one here speaks Korean, sir.
>   노 원 히어 스픽스 코리언   써
>   (여기서는 아무도 한국어를 못 합니다.)

◻ 한국어로 쓰인 안내서는 있습니까?
Do you have any information in Korean?
두 유 햅에니 인포메이션 인 코리언

◻ 한국어판은 있습니까?
Do you have one in Korean?
두 유 햅 원 인 코리언

난처한 상황에
빠졌을 때

◻ 문제가 생겼습니다.
I have a problem.
아이 햅어 프라블럼

> A : I have a problem.
> B : Can I help you?
>   캔 아이 햅프유
>   (무슨 일이세요?)

◻ 지금 무척 난처합니다.
I'm in big trouble now.
아임 인 빅 트러블 나우

❒ 무슨 좋은 방법이 없을까요?

Do you have any suggestions?
두 유 햅에니 써제스쳔스

❒ 어떻게 하면 좋을까요?

What should I do?
왇 슏 아이 두

> A : What should I do?
> B : Well, let me help you.
> 웰　렡미 핼프유
> (도움이 되어 드리겠습니다.)

❒ 화장실은 어디죠?

Where's the rest room?
웨어즈 더 레스트 룸

❒ 어떻게 해 주십시오.

Do something about this.
두 썸씽 어바웉 디스

> A : I don't think I can help you.
> 아이 돈트 씽크 아이 캔 핼프유
> (도움이 되어 드릴 수 없을 것 같습니다.)
> B : Do something about this.

상황이
위급할 때

❒ 무엇을 원하세요?

What do you want?
왇 두 유 원트

❒ 알겠습니다. 다치게만 하지 마세요.

Okay. Don't hurt me.
오케이　돈트 허트 미

❒ 시키는 대로 할게요.

Whatever you say.
왇에버 유 세이

❒ 누구야?

Who are you?
후 아 유

☐ 가진 돈이 없어요!
I don't have any money.
아이 돈트 햅에니 머니

> A : I don't have any money.
> B : I don't believe you.
> 　　아이 돈트 빌리브 유
> 　　(누가 믿을 줄 알아.)

☐ 잠깐! 뭘 하는 겁니까?
Hey! What are you doing?
헤이　왙 아유 두잉

☐ 그만 두세요.
Stop it!
스탑 잍

☐ 잠깐! 뭐하는 겁니까?
Hey! What are you doing?
헤이　왙 아유 두잉

☐ 만지지 말아요!
Don't touch me!
돈트 터취 미

> A : Don't touch me!
> B : Just shut up!
> 　　저스트 셭 업
> 　　(닥쳐!)

☐ 저리 가! *그냥 좀 내버려 두세요.
Leave me alone!
리브 미 얼론

☐ 다가서지 말아요.
Stay away from me!
스테이 어웨이 프럼 미

☐ 경찰을 부르겠다!
I'll call the police!
아일 콜 더 폴리스

도움을 요청할 때

☐ 도와줘요!
Help!
헬프

> A : Help!
> B : What's wrong!
> 　　와츠 렁
> 　(무슨 일이세요!)

☐ 누구 없어요!
Somebody!
썸바디

> A : Somebody!
> B : What is it!
> 　　왓 이즈 잍
> 　(무슨 일이세요!)

☐ 경찰 아저씨!
Police!
폴리스

☐ 경찰을 불러 주세요!
Call the police!
콜 더 폴리스

☐ 저놈 잡아라!
Get him!
겥 힘

☐ 불이야!
Fire!
파이어

> A : Fire!
> B : Oh, my God! Where!
> 　　오 마이 갇　　웨어
> 　(에, 어디요!)

☐ 문 열어!
Open the door!
오픈 더 도어

Chapter 53

도난 · 분실 · 사고

도둑맞았을 때

☐ 멈춰! 도둑이야!
Stop! Thief!
스탑 씨프

　A : *Stop! Thief!*
　B : *Which way did he go?*
　　위치 웨이 딛 히 고
　　(어디로 갔어요?)

☐ 내놔! *돌려줘!
Give it back to me!
깁 잍 백 투 미

☐ 소매치기야!
Pickpocket!
픽 파킽

☐ 경찰을 부르겠다!
I'll call the police.
아일 콜 더 폴리스

☐ 지갑을 도둑맞았어요!
I had my wallet stolen!
아이 핻 마이 왈맅 스톨런

　A : *I had my wallet stolen!*
　B : *Did it happen here?*
　　딛 잍 해편 히어
　　(여기서 도둑맞았습니까?)

☐ 저놈이 내 가방을 뺐어갔어요!
He took my bag!
히 툭　　마이 백

481

❏ 지갑을 소매치기 당했어요!
My wallet was taken by a pickpocket.
마이 왈릿 워즈 테이큰 바이 어 픽파킽

> A : *My wallet was taken by a pickpocket.*
> B : *Did you see his face?*
> 딛 유 씨 히스 페이스
> (상대의 얼굴을 보았습니까?)

❏ 방에 도둑이 들어왔습니다.
A burglar broke into my room.
어 버글러 브로욱 인투 마이 룸

> A : *What's the matter with you?*
> 와츠 더 매터 윋 유
> (무슨 일이십니까?)
> B : *A burglar broke into my room.*

❏ 도난당한 물건이 있습니까?
Is anything missing?
이즈 에니씽 미씽

> A : *Is anything missing?*
> B : *I was robbed of my purse.*
> 아이 워즈 랍트 엎 마이 퍼스
> (지갑을 도난당했습니다.)

❏ 도난신고를 하고 싶습니다.
I'd like to report a theft.
아이드 라익 투 리포트 어 쩨프트

❏ 한국대사관에 전화해 주세요.
Please call the Korean embassy.
플리즈 콜 더 코리언 엠버씨

분실했을 때

❏ 분실물 취급소는 어디에 있습니까?
Where is the lost and found?
웨어이즈 더 로스트 앤드 파운드

❏ 열차 안에 지갑을 두고 내렸습니다.
I left my wallet on the train.
아이렢트 마이 왈릿 온 더 트레인

분실물을 신고할 때

☐ 여행가방을 분실했습니다.
I lost my suitcase.
아이 로스트 마이 슈케이스

☐ 여행자 수표를 잃어버렸습니다.
I've lost my traveler's checks.
아이브 로스트 마이 트레블러즈 첵스

☐ 무엇을 잃어버렸습니까?
What did you lose?
왓 딛 유 루즈

> A : What did you lose?
> B : I lost my passport.
> 　　아이 로스트 마이 패스포트
> 　　(여권을 잃어버렸습니다.)

☐ 여기서 카메라 못 보셨어요?
Did you see a camera here?
딛 유 씨 어 캐머러 히어

☐ 언제 어디서 분실했습니까?
When and where did you lose it?
웬 앤드 웨어 딛 유 루즈 잍

> A : When and where did you lose it?
> B : I'm not sure where I lost it.
> 　　아임 낱 슈어 웨어아이 로스트 잍
> 　　(어디서 잃어버렸는지 기억이 안 납니다.)

☐ 택시 안에 가방을 두고 왔습니다.
I left my bag in a taxi.
아이 렢트 마이 백 인어 택시

☐ 신용카드를 잃어버렸습니다.
I lost my credit card.
아이 로스트 마이 크레딛 카드

> A : I lost my credit card.
> B : Did you keep the number of your card?
> 　　딛 유 킾 더 넘버 옆 유어 카드
> 　　(카드번호는 적어두었습니까?)

도난·분실·사고

❏ 경찰서는 어디에 있습니까?
Where's the police station?
웨어즈 더 폴리스 스테이션

❏ 경찰에 신고해 주시겠어요?
Will you report it to the police?
윌 유 리포트 잍 투 더 폴리스

❏ 누구에게 알리면 됩니까?
Who should I inform?
후 슏 아이 인폼

> A : *Who should I inform?*
> B : *The police officer over there.*
>   더 폴리스 오피서 오버 데어
>   (저기에 있는 경찰관에게 알리세요.)

❏ 경찰에 도난신고서를 내고 싶은데요.
I'd like to report the theft to the police.
아이드 라잌투 리포트 더 쎄프트 투 더 폴리스

❏ 분실한 짐을 찾으러 왔습니다.
I'm here to pick up my luggage that I lost.
아임 히어 투 픽 엎 마이 러기쥐 댙 아이 로스트

❏ 어디서 찾았습니까?
Where did you find it?
웨어 딛 유 파인드 잍

> A : *Where did you find it?*
> B : *In the lobby.*
>   인 더 로비
>   (로비에서 찾았습니다.)

❏ 찾으면 한국으로 보내주시겠어요?
Could you please send it to Korea when you find it?
쿧 유 플리즈 센드 잍 투 코리어 웬 유 파인드 잍

❏ 도난증명서는 어디서 발행합니까?
Where should I go for a theft report?
웨어 슏아이 고 포 어 쎄프트 리포트

교통사고를
당했을 때

❒ 큰일 났습니다.
It's an emergency.
이츠 언 이머전시

   A : *It's an emergency.*
   B : *Do you want me to call an ambulance?*
      두 유 원트 미 투 콜 언 앰뷸런스
      (앰뷸런스를 부를까요?)

❒ 교통사고를 당했습니다.
I was in a car accident.
아이 워즈 인어 카 액시던트

   A : *I was in a car accident.*
   B : *Where did it happen?*
      웨어 딛 잍 해편
      (어디서 말입니까?)

❒ 친구가 차에 치었습니다.
My friend was hit by a car.
마이 프렌드 워즈 힡 바이 어 카

   A : *My friend was hit by a car.*
   B : *What street are you on?*
      왙 스트맅 아 유 온
      (지금 어느 도로에 있습니까?)

❒ 구급차를 불러 주세요.
Please call an ambulance!
플리즈 콜 언 앰뷸런스

   A : *Please call an ambulance!*
   B : *What happened?*
      왙 해편드
      (무슨 일이세요?)

❒ 다친 사람이 있습니다.
There is an injured person here.
데어이즈 언 인쥬어드 퍼슨 히어

❒ 저를 병원으로 데려가 주시겠어요?
Could you take me to a hospital?
쿧 유 테잌 미 투 어 하스피털

교통사고를 냈을 때

□ 사고를 냈습니다.

I've had an accident.
아이브 햌 언 액시던트

□ 보험을 들었습니까?

Are you insured?
아유 인슈어드

> A : Are you insured?
> B : I'm insured
> 　　아임 인슈어드
> 　　(들었습니다.)

□ 렌터카 회사로 연락해 주시겠어요?

Would you contact the car rental company?
운 유 칸택트 더 카 렌틀 컴퍼니

> A : Would you contact the car rental company?
> B : Is this a rental car?
> 　　이즈 디스 어 렌탈 카
> 　　(이 차는 렌터카입니까?)

□ 사고증명서를 써 주시겠어요?

Will I get a police report?
윌 아이 겟 어 폴리스 리포트

> A : Will I get a police report?
> B : Please show me your driver's license.
> 　　플리즈 쇼우 미 유어 드라이버스 라이선스
> 　　(먼저 면허증을 보여 주십시오.)

교통사고를 진술할 때

□ 속도위반입니다.

You were speeding.
유 워 스피딩

> A : You were speeding.
> B : I was driving within the speed limit.
> 　　아이 워즈 드라이빙 위던 더 스피드 리미트
> 　　(제한속도로 달렸는데요.)

□ 도로표지판의 뜻을 몰랐습니다.

I didn't know what that sign said.
아이 디든트 노우 왙 댙 싸인 셑

❏ 신호를 무시했습니다.
I ignored a signal.
아이 이그노드 어 시그널

❏ 나는 아무것도 모릅니다.
I don't know anything about it.
아이 돈트 노우 에니씽 어바웉 잍

❏ 나는 관계가 없습니다.
I have nothing to do with it.
아이 햅 나씽 투 두 윋 잍

❏ 제 탓이 아닙니다.
It wasn't my fault.
잍 워즌트 마이 폴트

> A : *It wasn't my fault.*
> B : *Then whose fault was it?*
> 덴 후즈 폴트 워즈 잍
> (그럼 누구 탓이죠?)

❏ 제 책임이 아닙니다.
I'm not responsible for it.
아임 낱 리스판서블 포 잍

❏ 상황이 잘 기억나지 않습니다.
I don't remember what happened.
아이 돈트 리멤버 왙 해픈드

❏ 저야말로 피해자입니다.
I'm the victim.
아임 더 빅팀

> A : *I'm the victim.*
> B : *I realize that, sir.*
> 아이 리얼라이즈 댙 써
> (그건 알고 있어요.)

❏ 여행을 계속해도 되겠습니까?
Can I continue on my way?
캔 아이 컨티뉴 온 마이 웨이

Chapter 54
직업과 사업

직업을 물을 때

☐ 당신 직업은 무엇입니까?
What's your occupation?
와츠 유어 아큐페이션

☐ 직업을 알려 주시겠습니까?
Would you let me know your occupation?
욷 유 렡 미 노우 유어 아큐페이션

☐ 어떤 업종에 종사하십니까?
What line of business are you in?
왙 라인 엎 비즈니스 아 유 인

> A : *What line of business are you in?*
> B : *I'm in the publishing industry.*
> 아임 인 더 퍼블리싱 인더스트리
> (출판업에 종사하고 있습니다.)

☐ 실례지만, 지금 어떤 일을 하고 계십니까?
What do you do, if I may ask?
왙 두 유 두   잎아이 메이 애스크

> A : *What do you do, if I may ask?*
> B : *I'm not working now.*
> 아임 낱 워킹 나우
> (지금은 일을 하지 않습니다.)

☐ 어떤 일을 하십니까?
What's your business?
와츠 유어 비즈니스

☐ 거기서 무슨 일을 하세요?
What do you do there?
왙 두 유 두 데어

직업을 말할 때

☐ 저는 자영업자입니다.
  I'm self-employed.
  아임 셀프 임플로이드

> A: *What do you do?*
>   왈 두 유 두
>   (직업이 무엇입니까?)
> B: *I'm self-employed.*

☐ 저는 봉급생활자입니다.
  I'm a salaried worker.
  아임 어 샐러리드 워커

☐ 저는 지금 실업자입니다.
  I'm unemployed right now.
  아임 언임플로이드 롸잍 나우

> A: *What do you do, if I may ask?*
>   왈 두 유 두   잎아이 메이 애스크
>   (실례지만, 지금 어떤 일을 하고 계십니까?)
> B: *I'm unemployed right now.*

☐ 부업으로 보험 세일을 하고 있습니다.
  I sell insurance on the side.
  아이 셀 인슈어런스 온 더 사이드

☐ 컴퓨터 분석가입니다.
  I'm a computer analyst.
  아임 어 컴퓨터 애널리스트

☐ 저는 사무원예요
  I'm an office worker.
  아임 언 오피스 워커

☐ 저는 공무원이에요
  I'm a public officer.
  아임 어 퍼블릭 오피서

☐ 저는 기술자예요.
  I'm an engineer.
  아임 언 엔지니어

직업과 사업

❏ 저는 정비사예요.
I'm a mechanic.
아임 어 머케닉

❏ 저는 프리랜서예요
I'm a freelance worker.
아임 어 프리랜스 워커

❏ 저는 요리사예요.
I'm a chef.
아임 어 쉐프

❏ 저는 점원이에요
I'm a salesclerk.
아임 어 세일즈클러크

❏ 저는 주부예요.
I'm a homemaker.
아임 어 홈메이커

❏ 저는 노동 일을 해요.
I'm a laborer.
아임 어 레이버러

사업에 대해 말할 때

❏ 사업은 잘 돼 갑니까?
How is business doing?
하우 이즈 비즈니스 두잉

> A : How is business doing?
> B : My business is brisk.
> 마이 비즈니스 이즈 브리스크
> (사업이 잘 됩니다.)

❏ 새로 시작한 사업은 어떠세요?
How's your new business coming?
하우즈 유어 뉴 비즈니스 커밍

❏ 최근에 적자를 보고 있습니다.
We've has been in the red lately.
위브 해즈 빈 어 더 렌 레이트리

490

❒ 늘 어렵습니다.
I'm in trouble all the time.
아임 인 트러벌 올 더 타임

❒ 그럭저럭 버텨 나가고 있습니다.
I'm just getting by.
아임 저스트 게팅 바이

❒ 장사가 안 되서 큰일이에요.
My business is in trouble.
마이 비즈니스 이즈 인 트러블

❒ 당신의 일은 어떻게 돼가고 있나요?
How's your job going?
하우즈 유어 잡 고잉

> A : *How's your job going?*
> B : *My business is dull.*
> 마이 비즈니스 이즈 덜
> (사업이 잘 안 됩니다.)

❒ 우리 회사가 파산했어요.
Our company went bankrupt.
아워 컴퍼니 웬트 뱅크럽트

❒ 당신의 회사의 규모는 얼마나 큽니까?
How large is your company?
하우 라쥐 이즈 유어 컴퍼니

❒ 그는 재정적인 곤란을 겪고 있습니다.
He's having financial troubles.
히즈 해빙 파이낸셜 트러블즈

❒ 그는 쫄딱 망했어요.
He lost his shirt.
히 로스트 히즈 셔트

❒ 그는 망해서 문을 닫았습니다.
He's gone out of business.
히즈 건 아웃 엎 비즈니스

Chapter 55 직장 생활

직장에 대해서

☐ 어디서 근무하세요?
Where do you work?
웨어 두 유 워크

> A : Where do you work?
> B : I work for a trading company.
> 아이 워크 포 어 트레이딩 컴퍼니
> (무역 회사에 다닙니다.)

☐ 어느 회사에 근무하십니까?
What company are you with?
왙 컴퍼니 아유 윝

☐ 회사는 어디에 있습니까?
Where's your office?
웨어즈 유어 오피스

☐ 직책이 무엇입니까?
What's your job title?
와츠 유어 잡 타이틀

☐ 직위가 어떻게 되십니까?
What position do you hold?
왙 포지션 두 유 홀드

☐ 그 회사에서 무슨 일을 하십니까?
What so you do at the company?
왙 쏘 유 두 앹 더 컴퍼니

☐ 어떤 일을 맡고 있습니까?
What are you in charge off?
왙 아 유 인 차쥐 오프

492

▫ 어느 부서에서 근무하세요?
What department do you work in?
왙 디파트먼트 두 유 워크 인

> A : What department do you work in?
> B : I work in the sales department.
> 아이 워크 인 더 세일즈 디파트먼트
> (저는 영업부에서 일해요.)

▫ 저는 경리부에서 일해요.
I work in the accounting department.
아이 워크 인 디 어카운팅 디파트먼트

▫ 저는 총무부에서 일해요.
I work in the general affairs department.
아이 워크 인 더 제너럴 어페어즈 디파트먼트

▫ 저는 AS부에서 일해요.
I work in the service department.
아이 워크 인 더 써비스 디파트먼트

▫ 저는 인사부에서 일해요.
I work in the personnel department.
아이 워크 인 더 퍼써널 디파트먼트

▫ 저는 기획부에서 일해요.
I work in the planning department.
아이 워크 인 더 플래닝 디파트먼트

▫ 저는 홍보부에서 일해요.
I work in the publicity department.
아이 워크 인 더 퍼블리써티 디파트먼트

근무에 대해서

▫ 거기서 근무하신 지는 얼마나 됐습니까?
How long have you worked there?
하우 롱 햅 유 웍트 데어

▫ 회사는 언제 입사하셨습니까?
What are your hours of work?
왙 아 유어 아워즈 옆 웤

❏ 근무 시간이 어떻게 됩니까?
What are the regular work hours?
왓 아 더 레귤러 워크 아워즈

> A : *What are the regular work hours?*
> B : *Our company has a five-day week.*
> 아워 컴퍼니 해즈 어 파이브 데이 윅
> (저희 회사는 주 5일제 근무입니다.)

❏ 저희는 격주로 토요일에는 쉽니다.
We get every other Saturday.
위 겟 에브리 아더 새터디

❏ 내일은 쉬어요.
I'll be off tomorrow.
아일 비 오프 터머러우

❏ 당신 회사에서는 점심시간이 몇 시죠?
What time is lunch at your company?
왓 타임 이즈 런취 앹 유어 컴퍼니

❏ 저는 오늘밤 야근이에요.
I'm on duty tonight.
아임 온 듀티 투나잍

급여에 대해서

❏ 급여를 어떤 식으로 받으세요?
How do you get paid?
하우 두 유 겟 페이드

> A : *How do you get paid?*
> B : *I'm paid every month.*
> 아임 페이드 에브리 먼쓰
> (월급으로 받습니다.)

❏ 연봉이 얼마나 됩니까?
What's your yearly salary?
와츠 유어 이어리 샐러리

❏ 봉급날이 언제입니까?
When is your payday?
웬 이즈 유어 페이데이

❏ 오늘이 월급날이에요.
Today is payday.
투데이 이즈 페이데이

❏ 제 급여는 쥐꼬리만해요.
My salary's chicken feed.
마이 샐러리즈 치킨 피드

❏ 일하는 시간에 비하면 매우 낮아요.
It's very low for my work hours.
이츠 베리 로우 포 마이 워크 아워즈

승진에 대해서

❏ 내년에는 승진하실 바랍니다.
I hope you will be promoted next year.
아이 호웁 유 윌 비 프러모티드 넥스트 이어

❏ 저 부장으로 승진했어요.
I was promoted to a manager.
아이 워즈 프러모티드 투 어 매니져

> A : *I was promoted to a manager.*
> B : *When did you become manager?*
> 웬 딛 유 비컴 매니져
> (언제 부장이 되셨어요?)

❏ 우리 회사에서는 승진하기가 어려워요.
It's hard to move up in our company.
이츠 하드 투 무브 엎 인 아워 컴퍼니

❏ 그에게는 강력한 후원자가 있어요.
He has a powerful supporter.
히 해즈 어 파워풀 써포터

❏ 그의 승진은 이례적이었어요.
His promotion was unusual.
히즈 프로모션 워즈 언유쥬얼

❏ 승진은 성적에 달렸어요.
Promotion goes by merit.
프러모션 고우즈 바이 메리트

출퇴근에 대해서

❏ 어떻게 출근하세요?
How do you get to work?
하우 두 유 겔 투 웍

> A : How do you get to work?
> B : I drive my own car.
> 아이 드라이브 마이 오운 카
> (제 차를 운전해서 갑니다.)

❏ 대개 지하철을 이용해서 출근해요.
I usually take the subway to work.
아이 유쥬얼리 테익 더 썹웨이 투 웍

❏ 출근하는 데 시간이 얼마나 걸려요?
How long does it take you to commute?
하우 롱 더즈 잍 테익 유 투 커뮤트

❏ 몇 시까지 출근합니까?
What time do you report to work?
왙 타임 두 유 리포트 투 워크

❏ 사무실이 집에서 가까워요.
The office is near to my house.
더 오피스 이즈 니어 투 마이 하우스

❏ 지각한 적은 없습니까?
Haven't you ever been late for work?
해븐트 유 에버 빈 레잍 포 워크

❏ 몇 시에 퇴근하십니까?
What time so you punch out?
왙 타임 쏘 유 펀취 아웉

휴가에 대해서

❏ 휴가는 며칠이나 됩니까?
How many vacation days do you have?
하우 메니 버케이션 데이즈 두 유 햅

❏ 휴가 기간은 얼마나 됩니까?
How long does your vacation last?
하우 롱 더즈 유어 버케이션 라스트

❒ 당신의 휴가는 언제 시작되죠?

When does your vacation start?
웬 더즈 유어 버케이션 스타트

A : When does your vacation start?
B : My vacation begins tomorrow.
   마이 버케이션 비긴즈 터머로우
   (저는 내일부터 휴가예요.)

❒ 휴가 언제 떠나세요?

When are you leaving for your vacation?
웬 아 유 리빙 포 유어 버케이션

❒ 너무 바빠서 휴가를 가질 여유가 없어요.

I'm too busy to take holidays.
아임 투 비지 투 테익 할러데이즈

❒ 휴가 계획을 세우셨어요?

Have you planned your vacation yet?
햅 유 플랜드 유어 버케이션 옡

상사에 대해서

❒ 상사가 누구입니까?

Who is your boss?
후 이즈 유어 보스

❒ 당신 상사와의 사이가 어떠세요?

How do you stand with your boss?
하우 두 유 스탠드 윋 유어 보스

A : How do you stand with your boss?
B : I hate my boss.
   아이 헤읻 마이 보스
   (저는 제 상사가 싫습니다.)

❒ 저는 제 상사를 존경합니다.

I respect my boss.
아이 리스펙트 마이 보스

❒ 그분은 매우 관대합니다.

He's very generous.
히즈 베리 제너러스

497

사직·퇴직에
대해서

☐ 그는 잔소리가 심해요.

He nags too much.
히 낵스 투 머취

☐ 당신 상사와의 관계는 어떠십니까?

How is your relationship with your boss?
하우 이즈 유어 릴레이션쉽 윋 유어 보스

☐ 도대체 왜 사직하셨어요?

What's all this about resigning?
와츠 올 디스 어바웉 리자이닝

☐ 당신 회사는 정년이 몇 살입니까?

What's the age of retirement in your company?
와츠 디 에이쥐 엎 리타이어먼트 인 유어 컴퍼니

☐ 그만두기로 결심했어요.

I've decided to quit my job.
아이브 디싸이딛 투 퀕 마이 잡

☐ 이 일에는 안 맞는 것 같아요.

Maybe I'm not suited to this business.
메이비 아임 낱 수팉 투 디스 비즈니스

> A : How do you like your new job?
> 하우 두 유 라잌 유어 뉴 잡
> (새로운 직업이 마음에 드세요?)
> B : Maybe I'm not suited to this business.

☐ 언제 퇴직하십니까?

When are you going to retire?
웬 아 유 고잉 투 리타이어

☐ 저는 지금 놀고 있습니다.

I'm out of a job now.
아임 아웉 엎 어 잡 나우

☐ 그는 해고됐어요.

He was fired.
히 워즈 파이어드

Chapter 56 거래처 방문

ENGLISH CONVERSATION DICTIONARY

방문 약속

❏ 마이크 씨와 만날 약속을 하고 싶은데요.
I'd like to make an appointment with Mr. Mike.
아이드 라익 투 메익 언 어포인트먼트 윌 미스터 마이크

❏ 말씀드리고 싶은 게 있는데요.
There's something I'd like to discuss with you.
데어즈 썸씽 아이드 라익 투 디스커스 윌 유

❏ 신제품을 보여드리고 싶습니다.
I'd like to show you our new products.
아이드 라익 투 쇼우 유 아워 뉴 프러덕츠

❏ 시간이 있으면 내일 뵙고 싶습니다만.
If you have time, I'd like to meet with you tomorrow.
잎 유 햅 타임   아이드라익투 미트   윌유 터머로우

❏ 내일 2시는 어떠세요?
How about two o'clock tomorrow?
하우 어바웉 투 어클락 터머로우

> A : How about two o'clock tomorrow?
> B : That would be fine.
> 댙 욷 비 파인
> (좋습니다.)

회사 방문

❏ 안녕하세요. ABC사의 김입니다.
Good afternoon, I'm Kim of ABC corporation.
굳 앱터눈   아임 킴 엎 에비씨 코퍼레이션

❏ 기획부 그린 씨를 뵈러 왔는데요.
I'd like to see Mr. Green of the Planning Department.
아이드라익투씨 미스터 그린 엎 더 플래닝 디파트먼트

499

방문객의 접수

☐ 누구십니까?

May I have your name, please?
메이아이 햅유어 네임 플리즈

☐ 어느 회사에서 오셨습니까?

What company are you from?
왓 컴퍼니 아유 프럼

☐ 무슨 용건이십니까?

May I help you?
메이아이 핼프 유

☐ 약속은 하셨습니까?

Do you have an appointment?
두 유 햅 언 어포인트먼트

> A : Do you have an appointment?
> B : I have an appointment with Mr. Green at three o'clock.
> 아이 햅언 어포인트먼트 윝 미스터 그린 앹 쓰리 어클락
> (그린 씨와 3시에 약속을 했습니다.)

☐ 잠시 기다려 주십시오.

Please take a seat for a minute.
플리즈 테잌 어 시트 포 어 미닡

☐ 죄송합니다만, 외출중입니다.

I'm sorry, but he is out now.
아임 쏘리 벝 히 이즈 아웉 나우

☐ 10분 정도면 이리 오십니다.

He'll be here in ten minutes.
히일 비 히어 인 텐 미니츠

☐ 지금 중요한 회의 중입니다.

He's in an important meeting.
히즈 인 언 임포턴트 미팅

☐ 바쁘시면 내일 다시 오겠습니다.

If he's busy, I'll come again tomorrow.
잎 히즈 비지 아일 컴 어게인 터머로우

인사를 나눌 때

□ 처음 뵙겠습니다. 브라운 씨.
How do you do, Mr. Brown.
하우 두 유 두   미스터 브라운

　A : How do you do, Mr. Brown.
　B : I'm very happy to meet you.
　　　아임 베리 해피 투 미트 유
　　　(만나서 무척 반갑습니다.)

□ 한국에 잘 오셨습니다.
Welcome to Korea!
웰컴 투 코리어

□ 명함을 주시겠습니까?
May I have your business card?
메이아이 햅유어 비즈니스 카드

　A : May I have your business card?
　B : Here is my business card.
　　　히어이즈 마이 비즈니스 카드
　　　(이건 제 명함입니다.)

□ 당신 이름을 발음해 주시겠습니까?
Would you pronounce your name for me?
운 유 프러나운스 유어 네임 포 미

□ 이 전화번호로 저에게 연락이 가능합니다.
You can reach me at this number.
유 캔   리취 미 앹 디스 넘버

□ 이건 직통 번호입니다.
This is my direct number.
디스 이즈 마이 다이렉트 넘버

**회사를
안내할 때**

□ 저희 회사를 찾아주셔서 감사합니다.
Thank you for visiting our company.
쌩크 유 포 비지팅 아워 컴퍼니

□ 제가 안내해 드리겠습니다.
May I show you the way?
메이아이 쇼우   유   더 웨이

☐ 제가 회의실로 모시겠습니다.
Let me take you to the boardroom.
렡 미 테잌 유 투 더 보드룸

☐ 이쪽으로 오십시오.
This way, please.
디스 웨이 플리즈

☐ 화장실은 엘리베이터 옆에 있습니다.
The rest room is next to the elevator.
더 레스트 룸 이즈 넥스트 투 디 엘러베이터

☐ 잠깐 쉴까요?
Shall we have a break?
쉘 위 햅 어 브레이크

☐ 여기가 저희 본사입니다.
This is main office.
디스 이즈 메인 오피스

☐ 여기서는 담배를 피워도 괜찮습니다.
You may smoke here.
유 메이 스모욱 히어

Chapter 57

비즈니스

회사 소개

❒ 그럼 일에 관한 이야기를 할까요?
Shall we get down to business?
쉘 위 겥 다운 투 비즈니스

❒ 저희 회사는 업무용 소프트웨어를 전문으로 하고 있습니다.
We're specialized in business software.
위어 스페셜라이즈드 인 비즈니스 소프트웨어

❒ 저희 회사는 각종 혁신적인 서비스로 알려져 있습니다.
We're known for a variety of innovative services.
위어 노운 포 어 버라이어티 엎 이노베이티브 서비시즈

제품 소개

❒ 이것이 저희 회사의 신제품입니다.
This is our newest product.
디스 이즈 아워 뉴이스트 프러덕트

❒ 아마 저희 제품을 들어보셨으리라 생각됩니다.
Perhaps you've heard our product's name.
퍼햅스 유브 허드 아워 프러덕츠 네임

❒ 이것과 비슷한 제품을 사용해본 적이 있으십니까?
Have you used any products similar to this?
햅 유 유즈드 에니 프러덕츠 씨밀러 투 디스

> A : Have you used any products similar to this?
> B : Yes, but we are not satisfied with any of them.
>   예스 벝 위 아 낱 새티스파이드 윋 에니 엎 뎀
>   (예, 하지만 만족할만한 것은 아닙니다.)

❒ 지난주에 갓 발매되었습니다.
It was just put on the market last week.
잍 워즈 저스트 풀 온 더 마켙 라스트 윅

503

제품 권유

❏ 이게 제품 카탈로그입니다.
Here's our product catalog.
히어즈 아워 프러덕트 캐털럭

❏ 이 제품의 특징에 대해 설명해 드리겠습니다.
Let me explain the features of this product.
렡 미 익스플레인 더 피쳐스 엎 디스 프러덕트

❏ 이것은 혁신적인 제품입니다.
This is an innovative product.
디스 이즈 언 이노베이티브 프러덕트

❏ 최첨단의 기술이 적용되었습니다.
It employs the most advanced technology.
잍 임플로이즈 더 모스트 어드밴스트 테크날러지

❏ 이 제품은 상당한 수요가 예상됩니다.
A great demand is expected for this product.
어 그레잍 디맨드 이즈 익스펙티드 포 디스 프러덕트

❏ 많은 주목을 받고 있습니다.
It has been attracting a great deal of attention.
잍 해즈 빈 어트랙팅 어 그레잍 딜 엎 어텐션

❏ 다양한 연령층이 사용할 수 있습니다.
It can be used by people of all ages.
잍 캔 비 유즈드 바이 피플 엎 올 에이쥐스

> A : *Who are the main users of this product?*
> 후 아 더 메인 유저즈 엎 디스 프러덕트
> *(이 제품의 사용하는 주요 연령층은 어떻게 됩니까?)*
> B : *It can be used by people of all ages.*

❏ 조작은 매우 간단합니다.
The operation is very simple.
더 오퍼레이션 이즈 베리 씸플

❏ 놀라울 정도로 효율이 높습니다.
It's amazingly efficient.
이츠 어메이징리 이피션트

판매 대응

☐ 분명 만족하실 겁니다.
I'm sure you'll be pleased with this.
아임 슈어 유일 비 플리즈드 윌 디스

☐ AS는 충실합니다.
We'll provide extensive aftersales service.
위일 프로바이드 익스텐시브 애프터세일즈 써비스

☐ 흥미있는 제안이군요.
Your proposal sounds interesting.
유어 프로포절 싸운즈 인터레스팅

☐ 확인하고 싶은 점이 몇 가지 있습니다.
There're some points I need to clarify.
데어러 썸 포인츠 아이 니드 투 클래러파이

> A : *There're some points I need to clarify.*
> B : *Please ask me anything about our service.*
> 플리즈 애스크 미 에니씽 어바웃 아워 써비스
> (저희 회사의 서비스에 대해서 무엇이든 물으십시오.)

☐ 그것을 증명할 데이터가 있습니까?
Do you have any data to prove it?
두 유 햅에니 데이터 투 프루브 잇

☐ 여러 회사의 오퍼를 비교할 필요가 있습니다.
We need also to compare offers from different companies.
위 니드 올쏘 투 컴페어 오퍼스 프럼 디퍼런트 컴퍼니즈

☐ 지금 그와 같은 서비스에 흥미가 없습니다.
We're not interested in such services at the moment.
위어 낫 인터레스티드 인 써취 써비시즈 앳 더 모먼트

가격과 조건을 교섭할 때

☐ 가격에 대해서 말씀드리고 싶은데요.
We'd like to discuss the price.
위드 라잌 투 디스커즈 더 프라이스

☐ 가격에 대해서 어느 정도 생각하십니까?
As for the price, what do you have in mind?
애즈 포 더 프라이스 왓 두 유 햅 인 마인드

❏ 귀사의 최저가격을 제시하십시오.

Please offer your best price.
플리즈 오퍼 유어 베스트 프라이스

❏ 견적을 내 주십시오.

We'd like to have an estimate.
위드 라익 투 햅 언 에스티메이트

❏ 단가는 얼마입니까?

What's the unit price?
와츠 더 유닡 프라이스

❏ 그 가격으로는 받아들일 수 없습니다.

I'm afraid we can't accept that price.
아임 어프레잉 위 캔트 억셉트 댙 프라이스

> A : *How about three million won for ten units?*
> 하우 어바웉 쓰리 밀리언 원 포 텐 유니츠
> *(10대에 300만원은 어떠세요?)*
> B : *I'm afraid we can't accept that price.*

❏ 할인을 부탁합니다.

We'd like you to offer us a discount.
위드 라익 유 투 오퍼 어스 어 디스카운트

❏ 지난번 주문과 같은 조건으로 해 주세요.

We'd like the same conditions as our last order.
위드 라익 더 세임 컨디션스 애즈 아워 라스트 오더

❏ 배송료는 어느쪽 부담입니까?

Who assumes delivery cost?
후 어슘즈 딜리버리 코스트

❏ 납품은 언제가 되겠습니까?

When could we expect delivery?
웬 쿧 위 익스펙트 딜리버리

❏ 납품은 어느 정도 시간이 걸립니까?

How long will it take you to delivery them?
하우 롱   윌 잍 테익 유   투 딜리버리 뎀

계약할 때

☐ 대충 합의가 되었군요.
We're in agreement on the whole.
위어 인 어그리먼트 온 더 홀

☐ 합의한 내용에 만족하십니까?
Are you satisfied with the contents of our agreement?
아 유 세티스파이드 윋 더 컨텐츠 엎 아워 어그리먼트

> A : *Are you satisfied with the contents of our agreement?*
> B : *We'd like to reconsider the volume of the order.*
> 위드 라익 투 리컨시더 더 볼륨 엎더 오더
> (주문 수량에 대해서 다시 한번 검토하고 싶습니다.)

☐ 모든 점에서 합의가 되었군요.
We seem to have agreed on everything.
위 씸 투 햅 어그리드 온 에브리씽

☐ 이 계약은 3년간 유효합니다.
This contract is valid for three years.
디스 컨트랙트 이즈 밸리드 포 쓰리 이어스

> A : *What's the term of the contract?*
> 와츠 더 텀 엎더 컨트랙트
> (계약 기간은 어느 정도입니까?)
> B : *This contract is valid for three years.*

☐ 이 조항에 몇 가지 첨가하고 싶은 게 있는데요.
We'd like to add a few things to this article.
위드 라익 투 애드 어 퓨 씽스 투 디스 아티클

☐ 이 조항은 합의한 내용과 다른 것 같습니다.
I think this article isn't what we've agreed on.
아이 씽크 디스 아티클 이즌트 왙 위브 어그리드 온

☐ 이제 계약에 사인할 수 있을 것 같습니다.
I think we're ready to sign the contract.
아이 씽크 위어 레디 투 싸인 더 컨트랙트

☐ 귀사와 합의가 되어서 매우 기쁩니다.
We're very happy to make a contract with you.
위어 베리 해피 투 메익 어 컨트랙트 윋유

비즈니스

제품의 문의

☐ 귀사의 제품에 대해 여쭙고 싶은데요.
I'd like to inquire about your products.
아이드 라익 투 인콰이어 어바웉 유어 프러덕츠

☐ RC-707은 제고가 있습니까?
Do you have any RC-707 in stock?
두 유   햅에니   알씨 세븐지로세븐 인 스탁

> A: Do you have any RC-707 in stock?
> B: I'll check our stock immediately.
>   아일 첵 아워 스탁   이미디어틀리
>   (즉시 재고를 알아보겠습니다.)

☐ 금요일까지 10대 납품해 줄 수 있습니까?
Could you deliver ten units by Friday?
쿧   유   딜리버   텐 유니츠 바이 프라이데이

☐ 언제 납품받을 수 있나요?
When will you be able to deliver them?
웬 윌 유 비 에이블 투 딜리버 뎀

☐ 가능하면 빨리 필요한데요.
We need to have them as soon as possible.
위 니드 투 햅 뎀 애즈 쑨 애즈 파써블

☐ 다음주에는 입하할 예정입니다.
We expect it to come in next week.
위   익스펙트 잍   투 컴   인 넥스트 윜

> A: Will you have the component sometime soon?
>   윌 유 햅 더 컴포넌트 썸타임 쑨
>   (그 부품은 곧 입하됩니까?)
> B: We expect it to come in next week.

클레임 제기

☐ 클레임이 있는데요.
I'd like to make a complaint.
아이드 라익 투 메익 어   컴플레인트

☐ 클레임을 다루고 있는 사람은 누구입니까?
Who handles complaints?
후 핸들즈 컴플레인츠

❒ 귀사의 제품에 문제가 있습니다.
We have a problem with your products.
위 햅 어 프라블럼 윋 유어 프러덕츠

❒ 책임자와 이야기를 나누고 싶은데요.
I'd like to speak with the person in charge.
아이드라익 투 스피크 윋 더 퍼슨 인 차쥐

❒ 주문한 상품이 아직 도착하지 않았습니다.
We haven't received the merchandise we ordered.
위 해븐트 리씨브드 더 머천다이즈 위 오더드

❒ 주문한 물건이 도착했는데, 1케이스 부족합니다.
Our order was delivered one case short.
아워 오더 워즈 딜리버드 원 케이스 쇼트

❒ 당장 알아봐 주세요.
We want you to deal with it immediately.
위 원트 유 투 딜 윋 잍 이미디어틀리

❒ 왜 이런 일이 일어났는지 설명해 주세요.
We want to know how that happened.
위 원트 투 노우 하우 댙 해펀드

클레임 대응

❒ 조사해서 즉시 연락드리겠습니다.
I'll check into it and call you back.
아일 첵 인투 잍 앤드 콜 유 백

❒ 당장 조치하겠습니다.
We'll do that immediately.
위일 두 댙 이미디어틀리

❒ 당장 올바른 물건을 보내드리겠습니다.
We'll send you the corrected items immediately.
위일 샌드 유 더 코렉티드 아이템스 이미디어틀리

   A : *What we received isn't what we ordered.*
       왙 위 리씨브드 이즌트 왙 위 오더드
     (주문한 것과 다른 물건이 도착했습니다.)
   B : *We'll send you the corrected items immediately.*

- 그 문제는 저희들이 처리하겠습니다.
  We'll take care of the problem.
  위일 테익 케어 엎 더 프라블럼

- 당장 부족분을 보내드리겠습니다.
  We'll deliver the missing items to you right away.
  위일 딜리버 더 미씽 아이템스 투 유 롸잍 어웨이

- 곧바로 대체품을 보내드리겠습니다.
  We'll send you a replacement immediately.
  위일 센드 유 어 리플레이스먼트 이미디어틀리

- 저희들의 착오였습니다.
  It was our mistake.
  잍 워즈 아워 미스테이크

- 폐를 끼쳐드려 죄송합니다.
  We're very sorry for the inconvenience.
  위어 베리 쏘리 포 디 인컨비니언스

왕초보가 수다를 떨 수 있는
영어회화사전

펴낸날 2025년 8월 20일
지은이 이동만
펴낸이 배태수 ___펴낸곳 신라출판사
등록 1975년 5월 23일
전화 032)341-1289 ___팩스 02)6935-1285
주소 경기도 부천시 소사구 범안로 95번길 32

ISBN 978-89-7244-167-0 13740
*잘못된 책은 구입한 곳에서 바꾸어 드립니다.